LOGISTICS MANAGEMENT

21世纪物流管理系列规划教材

U0814588

供应链管理

第2版

Supply Chain Management

王昭凤 主 编
曹海鸥 袁伯友 副主编

電子工業出版社
Publishing House of Electronics Industry
北京 · BEIJING

内 容 简 介

作为 21 世纪物流管理系列规划教材之一，本书主要介绍供应链导论、供应链的类型和构建、供应链管理方法、供应链管理中的采购与库存、供应链管理中的生产系统、供应链管理中的信息技术、供应链管理中的供应商与客户管理、供应链战略联盟、供应链绩效管理与绩效评价以及全球化供应链管理。本书适合高等院校物流管理与物流工程专业师生教学使用，同时也可供从事物流管理的人员阅读参考。

图书在版编目（CIP）数据

供应链管理 / 王昭凤主编. —2 版. —北京：电子工业出版社，2012.8
21 世纪物流管理系列规划教材
ISBN 978-7-121-17419-3

Ⅰ. ①供… Ⅱ. ①王… Ⅲ. ①供应链管理－高等学校－教材 Ⅳ. ①F252

中国版本图书馆 CIP 数据核字（2012）第 135756 号

责任编辑：杨洪军
印　　刷：
装　　订：三河市鑫金马印装有限公司
出版发行：电子工业出版社
北京市海淀区万寿路 173 信箱　邮编 100036
开　　本：787×980　1/16　印张：18　字数：394 千字
印　　次：2012 年 8 月第 1 次印刷
定　　价：35.00 元

凡所购买电子工业出版社图书有缺损问题，请向购买书店调换。若书店售缺，请与本社发行部联系，联系及邮购电话：（010）88254888。
质量投诉请发邮件至 zlts@phei.com.cn，盗版侵权举报请发邮件至 dbqq@phei.com.cn。
服务热线：（010）88258888。

21 世纪物流管理系列规划教材

编委会名单

再版总序

在中国经济持续高速发展的推动下，近几年来，中国物流行业有了长足的发展。物流教育也由稚嫩逐步走向成熟，物流产业和物流教育相得益彰、互相促进、共同发展。这套21世纪物流管理系列规划教材自问世以来，受到了广大读者的青睐，越来越多的院校选择了这套丛书作为物流专业本科生的教材。为将新的学术成果及时纳入本科教学，并满足培养应用型物流管理人才的教学需要，我们决定对整套教材陆续进行修订。新修订的教材将保持原来教材的特点，听取各方建议，着力加强前瞻性、理论性和应用性相结合的特点。对新的研究成果有选择地编入丛书，同时按照内容难易程度进行标记，通过分级式的内容安排，满足不同层面的教学需求。教师可根据学生的具体情况，或者偏重理论，或者偏重实际应用，从而在进行有选择教学的同时也满足不同层面读者自学的需求，扩大教材的适用范围。这套丛书继续坚持通俗性原则，在对概念的解释、原理的阐述和物流管理流程的描述等方面，力求深入浅出，用通俗的语言阐述深奥的道理。

全体编写人员本着“允公允能，日新月异”的南开校训，必将不负众望，以高质量的再版丛书答谢广大读者的厚爱。

刘秉镰

总　序

物流业作为国民经济发展的动脉和基础产业，具有十分重要的地位。国际上，物流业的发展水平已经成为衡量一个国家社会经济发展水平和综合国力的重要指标。随着我国市场经济的快速发展、科学技术的进步及消费者需求的日益多元化和个性化，物流业作为“第三利润源泉”日益受到企业的关注。为进一步促进我国经济发展，近年来，政府大力推动各地区兴建不同类型的物流中心，我国物流业作为一个独立的产业部门迅速崛起。但由于目前我国的物流业还处于初步发展阶段，企业物流和物流企业的发展仍具有一定的盲目性。受物流人才短缺的制约，物流运作中的技术运用和物流管理仍处于较低水平，物流规划、仓储管理、合理化运输及物流信息系统等方面的发展与世界先进水平相比仍有较大的差距，无法完全适应不断发展的市场需求。因此，加强物流技术人员和物流管理人员的培养是我国物流业发展的关键。

为适应物流业发展的要求，自 2000 年以来，经教育部批准，各高等院校纷纷设立了与物流相关的专业。南开大学滨海学院的物流管理专业正是在这一背景下诞生的。滨海学院物流管理专业自诞生之日起，就明确地把专业目标确定为：面向社会培养应用型中高级物流管理人才。为了实现这一专业培养目标，南开大学滨海学院于 2004 年年底启动了 21 世纪物流管理系列规划教材的编写工作。

本套教材共 9 册，包括《物流管理概论》、《物流运输组织与管理》、《物流管理信息系统》、《物流系统规划与设计》、《供应链管理》、《物流财务管理》、《国际物流组织与管理》、《物流法理论与实务》和《仓储和配送管理》。本套教材的编写工作由南开大学滨海学院物流管理专业主任王昭凤具体负责策划和组织，以南开大学经济学院、经济与社会发展研究院相关专业以及滨海学院物流管理专业的师资为主要编写力量。参编人员结合本科生的特点和我国物流业发展的实际情况，在以往研究的基础上，参阅了国内外大量同类教材和相关的研究资料，经过一年多的努力，完成了本套教材的编写工作。

本套教材具有以下几个突出特点：

第一，系统性与完整性。从整套教材到每一分册，在内容设计上都坚持突出系统性与完整性的原则。本套教材在集体讨论的基础上形成各分册的内容，既囊括物流管理的全部内容，又保证每本教材在逻辑结构上的完整性，同时避免各单本教材之间的重复。

第二，理论性与应用性。中高级物流管理人才既要具备必要的理论基础，能够指导实践，又必须了解实际的物流运作。因此，本套教材一方面注重对物流理论的全面阐述，另一方面又注重实际应用，尽可能多地收集和分析国内外的成功案例，以加深学生对物流管理的感性认识。

第三，前瞻性。好的教材必须具有前瞻性，能够给学习者以启迪，引导其思考和创新。本套教材的编写目的在于总结现有的理论和实践，使学习者能够系统地掌握相关知识，同时，编写人员对物流研究的最新动态、物流产业的最新发展方向等给予高度关注，并体现在教材中，力求在前瞻性上有所贡献。

第四，通俗性。教材在语言上努力做到通俗易懂，在概念的解释、原理的阐述及物流管理流程的描述等方面深入浅出，力求用通俗的语言阐述深奥的理论。

本套教材主要作为高等院校物流管理专业本科生用书，也可作为高等职业教育和中高级物流专业人才培训用书，还可供物流业从业人员阅读参考。

全体参编人员对本套教材倾注了大量心血，希望能够对中国物流管理研究、物流业的发展有所贡献。

刘秉镰

前　　言

本书囊括了供应链管理的各个主要方面。作为21世纪物流管理系列规划教材之一，本教材自出版以来，以其供应链管理知识的全面性、系统性和前瞻性及其丰富的案例而受到了广大师生的喜爱和好评。在此，谨对关注本教材，尤其是在教材使用过程中提出修改建议的师生表示感谢。

本次修订在保留原教材10章内容的基础上，广泛吸收师生建议，从教学实践需要出发，对部分章节的内容做了调整、补充和修改，使教材的逻辑性更强，内容更加顺畅易读。同时，根据近几年国内外企业供应链运作的具体情况，增加了新的有代表性的供应链管理教学案例，以保证学院教育与现实社会经济活动密切联系，希望对高校改进供应链管理教学有所裨益。

本次修订由王昭凤、曹海鸥和袁伯友三位老师共同完成。曹海鸥老师主要负责各章节案例的补充和第3、4、8、10章的修改；袁伯友老师负责第5、6、9章的修改；王昭凤老师负责第1、2、7章的修改以及全部章节的审定工作。

本书在修订过程中参考了相关文献，在此向有关作者深表谢意。

由于编者水平有限，修改过程中难免有所疏漏，敬请广大读者批评指正。

编者

2012年5月

目　录

第 1 章

导　论

本章学习目标

- ◇ 掌握供应链和供应链管理的含义与特征。
- ◇ 了解供应链管理的内容、形成与发展过程及其与物流管理的关系。
- ◇ 了解供应链管理对企业管理与发展的作用及其实施步骤。
- ◇ 了解供应链管理的研究现状及有关前沿问题。

1.1 供应链与供应链管理

随着经济全球化的发展，市场竞争更加激烈，社会分工更加细密，任何企业都不可能单独有效地完成与企业核心产品相关的所有业务。企业必须依靠上下游企业的协同合作，才能有效地调动和利用企业内外资源，在竞争中取胜，这必然使企业在管理企业内部事务、关注内部价值链的同时，更加注重外部关系。供应链理论实际上是价值链理论从企业内部延伸到企业外部。美国战略管理学家迈克尔·波特指出，企业在对内部价值活动分类的基础上，通过对自己价值链的分析，剔除没有价值增值或者价值增值不高的业务活动，巩固和提高价值增值能力强的环节，以实现、维持和发展自己的竞争优势。而供应链（Supply Chain）则是涉及具有交易关系的多个上下游企业的整体价值系统，供应链管理就是通过管理活动促成这些上下游企业之间的合作，使其协调一致，共同创造价值。

同时，在新的竞争环境下，每个企业都面临时间、成本、质量三方面的压力，单靠一个企业的能力，已经无法适应这种激烈的市场竞争环境。企业更要依靠供应链上下游企业的通力协作，以实现更短的生命周期、更快的产品研发、全球化的采购，保持较低的库存成本，满足顾客的定制化要求。

1.1.1 供应链

1. 供应链的含义

自 1985 年侯里瀚首次提出"供应链"的概念后，相关学者和有关组织在对供应链研究的基础上，从不同的角度提出了许多不同的定义，从而丰富和发展了供应链的内涵。与早期相比，如今人们对供应链的理解更加深刻。

一般来说，现代社会人们的生产和生活所需的物品，都要经过最初的原材料生产、零部件加工、产品装配和分销，最终才能进入消费的过程。这个过程既有物质形态的产品的生产和消费，也有非物质形态（如服务）产品的生产（提供服务）和消费（享受服务）。它涉及原材料供应商、产品制造商、产品销售商、运输服务商和最终用户等多个独立的厂商及其相互之间的交易，并因此形成物流/服务流、资金流和信息流，最后使产品到达消费者手中。上一个业务流程为下一个业务流程提供物料或服务，由此形成环环相扣的链条。链条上的每个企业都构成一个节点，节点企业之间构成供需关系，并形成交易，即上游企业向下游企业提供产品或服务，而下游企业对上游企业形成对产品或服务的需求。这种由多个节点构成的企业业务流程就叫做供应链，也有人称为"需求链"。它既存在于制造行业，也存在于服务行业，也就是说，供应链上传递的既可以是产品也可以是某种服务。多条供应链通过节点企业连接在一起，就形成了供应链网络。

图 1-1 形象地说明了供应链中产品和服务从生产到消费的全过程，它是一个非常复杂的网链模式，覆盖了供应、生产、运输、储存和销售等所有环节的整个过程。

可见，供应链就是围绕核心企业，通过信息流、物流/服务流、资金流，从采购原材料开始，到制成中间产品以及最终产品，最后由销售网络把产品送到消费者手中的将供应商、制造商、分销商、零售商直到最终客户连成一个整体的功能网链，它是在多个存在关联交易的企业基础上形成的范围广阔的虚拟企业结构模式。物料在供应链上因加工、包装、运输等过程而发生增值，从而给关联企业带来收益。[①]因此，供应链不仅是一条连接供应商到客户的物流链、信息链、资金链，而且是一条增值链。

① 2001 年，中国发布实施的国家标准 GB/T 18354—2001《物流术语》对供应链的定义是："生产及流通过程中，涉及将产品更新换代或服务提供给最终客户的上游或下游企业所形成的网链结构。"

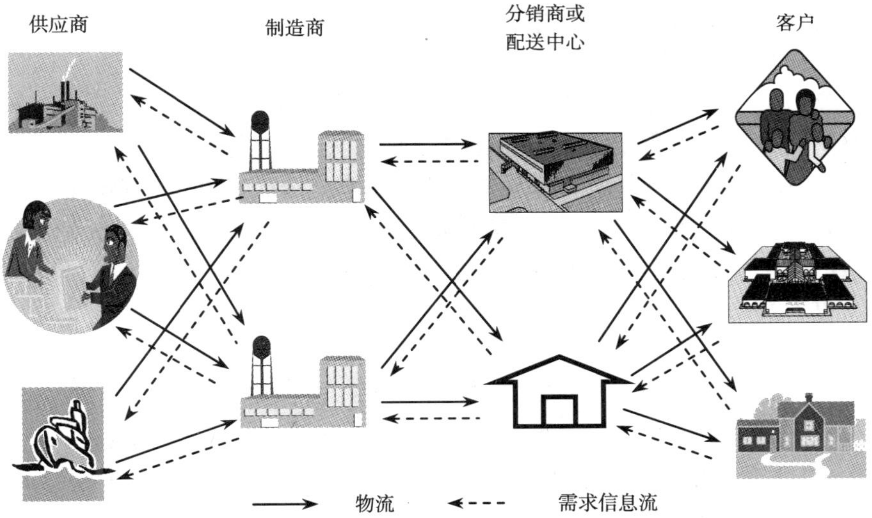

图 1-1　供应链示意图

理解供应链应注意以下几点：

（1）供应链是一种网链结构。从供应链的结构模型中可以看出，供应链中的企业之间通过物流/服务流、资金流和信息流联结成一个网链，每个企业都是这个网链中的一个节点，每个节点既是供方又是需方，节点之间则形成供需关系。

（2）面向客户需求。供应链的形成、存在、重构都是基于一定的市场需求而发生的。在供应链的运作过程中，客户的需求信息引导着供应链中的物流/服务流和资金流。因此，客户需求是供应链运作的驱动源。

（3）供应链是一种增值链。供应链的形成是相关企业基于分工基础上的合作，目的在于提高企业运营效率，获取更大的收益。没有增值，供应链就没有存在的必要。所有形式的供应链（如以制造企业为核心的供应链）都是通过承担不同职能的企业进行资源转换和组合，将原材料加工成在产品或产成品，然后通过一定的流通渠道“分送”到客户手中。

2．供应链的构成

从供应链的组成来看，参与供应链的基本实体主要有供应商（还包括供应商的供应商等）、制造商、配送中心或分销商、零售商、客户等。其中，配送中心、零售商、最终客户等可被看成制造商的客户、客户的客户。

供应链中的各个实体在其物流活动以及由物流活动引起的资金往来和信息沟通过程中，形成了三个明显的流，这就是物流/服务流、资金流和信息流。其中，物流/服务流从上游向下游流动，资金流从下游向上游流动，而信息流的流动则是双向流动的。这三个流贯穿于供应链的全过程，囊括了供应链上所有企业的全部活动，它们将供应商、制造商、分销商、零售商、客户等连接为一个整体。

核心企业是整个供应链的信息流、资金流和物流的调度与协调中心。其他企业则在核心企业需求信息的驱动下，参与供应链的职能分工与合作（生产、分销、零售等）。从供应链的实际运行情况来看，一个供应链系统一般至少有一个企业处于核心地位，它可以是制造型企业（如汽车制造商），也可以是零售型企业（如美国的沃尔玛）。无论是核心企业，还是非核心企业，它们都是在合作中，通过资金流、物流或/和服务流实现整个供应链的不断增值，如图 1-2 所示。

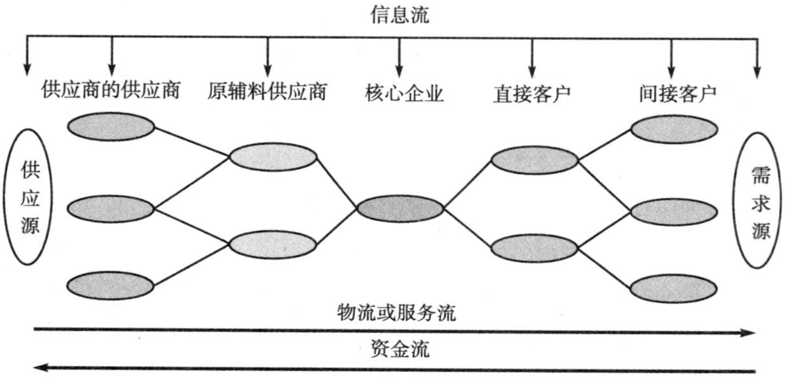

图 1-2　供应链结构模型

3．供应链的特征

从总体上看，供应链具有层次性、复杂性、动态性和交叉性等基本特征。

（1）供应链的层次性。各企业在供应链中的地位不同，其作用也各不相同。按照企业在供应链中地位的重要性，各节点可以分为核心主体企业、非核心主体企业和非主体企业。

主体企业一般是行业中实力较强的企业，它拥有决定性资源，在供应链管理中起主导作用，它的进入和退出直接影响供应链的存在状态。在一个供应链中，居于中心位置的是核心主体企业，它是供应链运作的关键，它不仅推动整个供应链运作，为客户提供最大化的附加值，而且能够帮助供应链上的其他企业参与到新的市场中。一个供应链中可能存在一个主体企业，也可能存在多个主体企业，但核心主体企业是唯一的。当供应链中只存在一个主体企业时，它就是核心主体企业，而当供应链中存在多个主体企业时，就形成了以主体企业群为中心的合作团队。团队中的核心主体企业是唯一的，但不是固定的，它随着供应链的变动而变动。哪个主体企业是核心主体，取决于其在供应链中的地位和作用。核心主体企业以外的主体企业就是非核心主体企业。它们虽然实力较强，但在供应链中，只是主动响应核心主体企业，对其他企业的带动作用并不突出。

在供应链上处于被动响应地位的其他企业则是非主体企业，按照它们与主体企业的关系可以分为紧密层企业和非紧密层企业。紧密层企业通常与主体企业直接相连，形成与主体企业的上下游关系，它们与主体企业通过契约形成相对稳定的关系。由于它们对供应链有重要的作用，因此，主体企业对其选择也十分严格，契约关系一旦确立，就不会轻易解除。紧密层企业虽然拥有独立的法人地位，但是在业务上直接或间接受主体企业影响。非紧密层企业构成供应链的外围，与主体企业或紧密层企业存在一定的交易关系，它们对供应链没有特殊意义，在供应链上是不稳定的，它们经常处于变动的游离状态，一旦有机会就会成为供应链的成员。

（2）供应链的复杂性。一个供应链往往由多个不同类型以及同一类型、不同规模的企业构成，有生产型的，有加工型的，还有服务型的等。各企业在法律上都是独立的，它们之间形成基于供应、生产和销售的多级复杂交易关系，这就使它们在经济利益上不可避免地存在着冲突和矛盾。这些企业分布的地理范围十分广泛，甚至可能属于不同的国家。所有这些都增加了供应链的复杂性。

（3）供应链的动态性。供应链的动态性主要表现为成员的不稳定性和成员之间关系的不稳定性。供应链面向市场，以客户需求为导向，各成员企业因共同的利益而合作，它们在利益的引导下决定参与与否，这必然导致成员企业因利益的消失而退出供应链，而另一些企业因利益的存在而加入，因此，供应链成员总处于变动状态。同时，由于供应链成员之间的关系是既合作又竞争，一旦成员企业的相对经济实力发生改变，其在网络中的地位也将随之发生变化，从而造成成员间关系的变动。

（4）供应链的交叉性。任何一个处于供应链上的节点企业在其市场经营活动中都必须和不同的企业进行交易。例如，生产企业需要采购不同的原材料，就要和不同原材料供应商进行交易，并把自己的产品出售给不同的客户，而这些与之交易的企业又处于不同的供应链上，从而使节点企业经常处于几个不同的供应链中，它既是这个供应链的成员，又是另一个供应链的成员。这样，不同的供应链就通过节点企业连接起来，形成相互交叉的网络结构。供应链的这种交叉性增加了供应链管理的难度。

1.1.2 供应链管理

1. 供应链管理的含义

供应链中的每个节点企业在网络中扮演着不同的角色，它们既相互合作，谋求共同的收益，同时在经济利益上又相互独立，存在一定的冲突。处于同一供应链中的企业在分工基础上相互依赖，资源共享，结成伙伴关系或战略联盟，通过优势互补，谋求整体利益最大化；同时，在利益分割中又相互矛盾和冲突。因此，要使一个供应链获得良好的整体绩效，使整个供应链的价值最大化，在供应链之间的竞争中获得优势，实现各节点企业的双赢或者多赢，就必须对供应链中各节点企业进行有效的组织和协调。供应链管理就是利用计算机网络技术，组织供应链上的各个企业，对供应链中的商流、物流、信息流、资金流等进行协调与控制，通过建立企业之间战略伙伴关系，最大限度地减少内耗和浪费，提高各节点企业的运营绩效，以实现供应链整体效率最优化。它要求各节点企业在内部整合的基础上，服从于供应链的整体网络管理。

供应链管理体现的是集成的系统管理思想和方法。正如全球供应链论坛所描述的："为消费者带来有价值的产品、服务以及信息的、从源头供应商到最终消费者的集成业务流程。"[①]供应链管理把供应链上的各个节点企业作为一个不可分割的整体，通过对节点企业的相关运营活动进行同步化、集成化管理，整合它们的资源和竞争优势，从而形成较强的竞争力，使供应链整体价值最大化。通过计划和控制贯穿于从供应商到最终客户的物流、信息流、资金流的供应链全过程的活动，将供应链上各企业分担的采购、生产、分销和销售的职能联系起来并协作运营，使生产资料以最快的速度，通过生产、分销环节变成增值的产品，到达消费者手中，以寻求在快速多变的市场中处于领先地位。

2．供应链管理的目标

供应链管理使节点企业在分工基础上密切合作，通过外包非核心业务、资源共享和协调整个供应链，不仅可以降低成本，减少社会库存，使企业竞争力增强，而且通过信息网络、组织网络实现生产与销售的有效连接和物流、信息流、资金流的合理流动，使社会资源得到优化配置。

供应链管理的目标是客户满意度。通过信息共享，协调供应链上的物流、资金流，调和总成本最小化、客户服务最优化、总库存最少化、总周期时间最短化和物流质量最优化等目标之间的冲突，实现供应链绩效最大化。供应链管理强调以客户为中心，即做到将适当的产品或服务（Right Product or Service），按照合适的状态与包装（Right Condition and Packaging），以准确的数量（Right Quantity）和合理的成本（Right Cost），在恰当的时间（Right Time）送到指定地方（Right Place）的确定客户（Right Customer）手中。因此，最好的供应链管理不是将财务指标作为最重要的考核标准，而是密切注视产品进入市场的时间、库存水平和市场份额这一类情况。通过供应链管理，改革和优化链中各环节，在提高客户满意度的同时实现销售的增长（市场份额的增加）、成本的降低以及固定资产和流动资产更加

① 其他有关供应链管理的定义请参考本章后面的阅读资料。

有效的运用，从而全面提高企业的市场竞争实力。

3．供应链管理的内容

作为供应链中各节点企业相关营运活动的协调平台，供应链管理的内容包括以下几个方面：

（1）供应链战略管理。供应链管理本身属于企业战略层面的问题，因此，在选择和参与供应链时，必须从企业发展战略的高度考虑问题。它涉及企业经营思想，在企业经营思想指导下的企业文化发展战略、组织战略、技术开发与应用战略、绩效管理战略等，以及这些战略的具体实施。供应链运作方式、为参与供应链联盟而必需的信息支持系统、技术开发与应用以及绩效管理等都必须符合企业经营战略。

（2）信息管理。信息管理是供应链管理的重要方面之一。信息以及对信息的处理质量和速度是实现供应链整体效益的关键，决定着节点企业能否在供应链中获益以及获益大小。信息管理的基础是构建信息平台，通过 ERP 和 VMI 等系统的应用，将供求信息及时、准确地传递到相关的节点企业，实现供应链的信息共享，从技术上实现与供应链成员的集成化和一体化。

（3）客户管理。客户管理是供应链管理的起点。如前所述，供应链源于客户需求，同时也终于客户需求，因此供应链管理是以满足客户需求为核心来运作的。通过客户管理，详细地掌握客户信息，从而预先控制，在最大限度地节约资源的同时，为客户提供优质的服务。

（4）库存管理。借助先进的信息技术，及时收集和传递供应链各节点以及市场需求方面的信息，减小需求预测的误差，用实时、准确的信息流引导和控制物流，减少甚至取消实物库存（实现库存的“虚拟化”），从而降低库存的持有风险。

（5）关系管理。通过协调供应链各节点企业，改变传统的企业间进行交易时的“单向有利”意识，使节点企业在协调合作关系基础上进行交易，从而有效地降低供应链整体的交易成本，实现供应链的全局最优化，使供应链上的节点企业增加收益，进而取得双赢的效果。

（6）风险管理。信息不对称、信息扭曲、市场不确定性以及其他政治、经济、法律等因素，都有可能导致供应链上的节点企业运作风险，因此，加强风险管理，通过提高信息透明度和共享性、优化合同模式、建立监督控制机制，在供应链节点企业间合作的各个方面、各个阶段，建立有效的激励机制，促使节点企业间的诚意合作，尽可能地减少风险带来的损失。

从供应链的具体运作流程看，供应链管理主要涉及五个领域：需求（Demand）、计划（Plan）、物流（Logistics）、供应（Sourcing）、回流（Return）。如图 1-3 所示，供应链管理以同步化、集成化生产计划为指导，以各种技术为支持，尤其以网络信息技术为依托，围绕供应、生产作业、物流（主要指制造过程）、满足需求来实施。对从供应商到客户的物料（零部件和成品等）和信息进行计划、协调和控制，以提高客户服务水平和降低总的交易成本，并且寻求存在冲突的目标之间的平衡。因此，从业务流程的角度，供应链管理除了关注企业内部与企业之间的运输问题和实物分销以外，还包括以下主要内容：

（1）战略性供应商和客户合作伙伴关系管理。

（2）供应链产品需求预测和计划。

（3）供应链的设计（全球节点企业、资源、设备等的评价、选择和定位）。

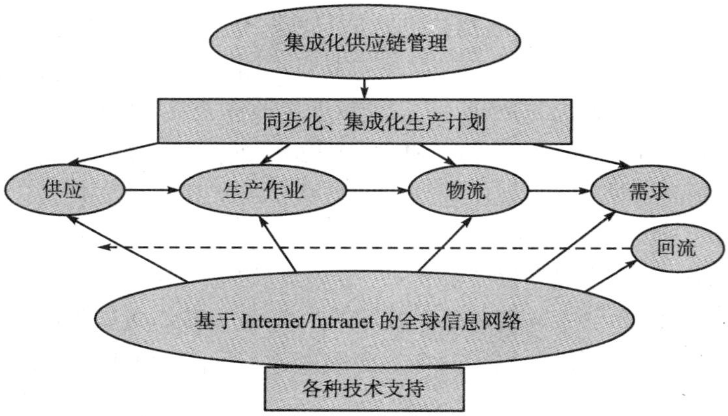

图 1-3　供应链管理涉及的领域

（4）企业内部与企业之间物料供应与需求管理。

（5）基于供应链管理的产品设计与制造管理、生产集成化计划、跟踪和控制。

（6）基于供应链的客户服务和物流（运输、库存和包装等）管理。

（7）企业间资金流管理（汇率和成本等问题）。

（8）基于 Internet/Intranet 的供应链交互信息管理等。

（9）逆向物流管理（Reverse Logistics）。

4．供应链管理的特征

（1）以客户满意为最高目标。供应链管理以客户为中心，客户服务目标的设定优先于其他目标。它通过降低供应链总成本和实现对客户需求的快速反应，提高客户满意度，获取竞争优势。

（2）企业之间关系更为密切。在供应链管理中，参与各方超越了单个企业组织机构的界限，进行跨部门、跨职能和跨企业的密切合作，建立合作伙伴关系，共享利益，共担风险，实现双赢。

（3）实施集成化管理。供应链管理不仅是节点企业和技术方法等方面的简单连接，而且是应用网络技术和信息技术，重新组织和安排业务流程，追求物流、信息流和资金流等方面的集成化。

（4）把供应链中所有节点企业作为一个整体进行管理。供应链管理涵盖了从供应商到最终客户的采购、制造、分销、零售等职能领域和过程（见图 1-4）。

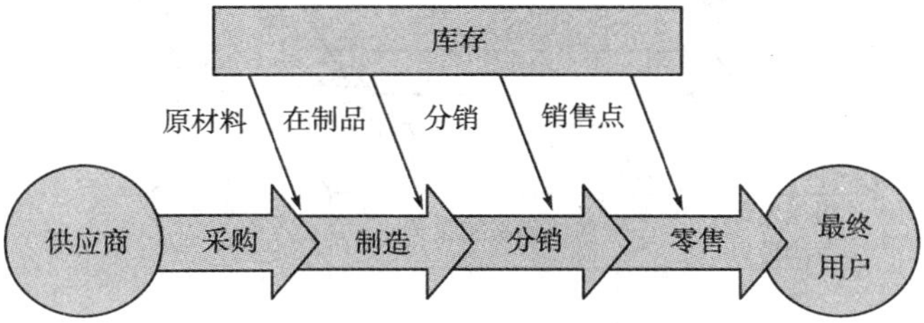

图 1-4 供应链管理的范围

（5）供应链管理强调和依赖战略管理。供应链管理注重从战略的、全局的和长远的角度考虑企业以及整个供应链的生存与发展问题，如供应链企业合作伙伴关系的建立、供应链运作绩效的评价、供应链成员激励机制的建立等。

（6）供应链管理具有更高的目标。供应链管理通过管理库存和合作关系以达到高水平的服务，而不仅仅完成一定的市场目标。

（7）供应链管理更具柔性。在供应链管理的环境下，企业和供应链具有快速响应环境变化的能力，系统的运作更能适应快速变化的市场需求。例如，各节点企业的技术具有相互协调性和兼容性，各节点企业在面对市场的不确定需求时能确保及时有效的供给。

1.1.3 供应链管理与物流管理

随着全球制造的出现，供应链管理已经成为企业的一种新管理模式。它虽然在 20 世纪 90 年代才出现，但已经引起人们的广泛关注。供应链管理不仅着眼于降低库存，而且伸展到企业内外的各个环节和各个方面，是穿越不同企业界限的、一体化的物流管理，供应链管理战略的成功实施必然以成功的物流管理为基础。因此，供应链管理与物流管理既有密切联系，又存在一定的差别。

1. 供应链管理和物流管理的联系

（1）供应链管理是在物流发展的基础上产生的，是物流管理的延伸或扩展。“供应链管理”一词最早用来强调企业在物流管理过程中，不仅要减少企业内部库存，而且应考虑减少企业之间的库存。它是对整个供应链的整合，它能够将物流的各项职能、企业的其他管理职能（采购、生产、销售和研究开发等）、企业组织机构与信息处理平台较好地整合起来，在供应链成员和谐关系基础上，提高物流效率，进而提高供应链成员的整体价值和市场竞争力。图 1-5 所示的物流立方体充分显示了这一思想。

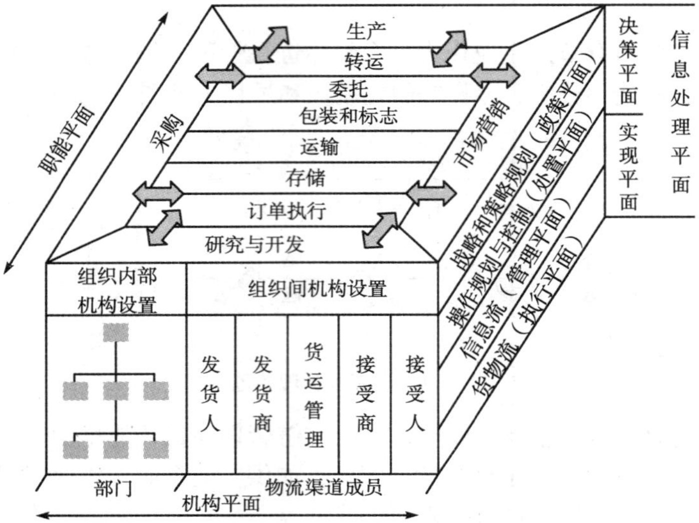

图 1-5 物流立方体

物流立方体的机构平面显示着企业间在供应链中各自的角色、地位和彼此之间的关系。职能平面显示的是物流职能和研究与开发、供给、生产以及专业销售等企业职能部门之间的密切联系，但需要说明的是，供应链上企业间合作的密切程度存在很大的差异。信息处理平面说明，供应链管理的难点在于战略和策略规划等步骤以及政策平面与其他信息处理平面联系的加强，这主要依靠绩效测评工具统一协调不同的平面来实现。

成功的供应链管理能够制定出有效的供应链组织规划与政策，将供应链管理的思想体现在所有参与供应链合作的机构和企业政策的主导原则中。

（2）物流管理是供应链管理系统的子集。供应链的每个节点代表着“供”与“需”两方面，它也可以理解为“供需链”。物流连接供应链的各个企业，从供方开始，沿着各个环节向需方移动，是企业间合作的纽带。物流效率的高低决定了供应链管理的效率高低，因此，物流管理是供应链管理的一部分。从范围来看，供应链管理穿越企业间的界限，将许多物流以外的功能整合起来，涉及从新产品的研发、工程设计、节点选址、原料采购、生产制造、储存管理、运输、配送和履行订单直到客户服务及市场需求预测的全过程。

（3）供应链管理是对物流各环节的一体化管理。供应链管理把从供应商开始到最终消费者的物流活动作为一个整体进行统一管理，它始终从整体和全局上把握物流的各项活动，目标是使整个供应链的库存水平最低，实现供应链整体物流最优化。通过不同职能部门之间或不同企业之间的合作，减少不必要的作业环节，加快物流速度，从而大幅度降低整体供应链的成本，提高整个物流过程的效率。

2. 供应链管理和物流管理的区别

（1）范围和角度不同。供应链管理是基于穿越企业界限的、由多个企业组成的联合体的企业管理，它着眼于企业间的合作，通过合作获得价值增值。而物流管理属于企业内部管理的一个层面，着眼于单个企业的营运和效率。

（2）运营基础不同。供应链管理是在供应链伙伴间相互信任、相互依赖的基础上，为实现互惠互利和共同发展的价值观，构建的信息化网络平台，依靠 Internet 进行信息交换，通过信息共享和协同管理等方式加强相互间的合作。因此，供应链管理的运营基础是可靠的及时信息交流。而物流管理限于物品的流动，其运营基础是合理地选择运输工具和运输线路，保证物品的顺畅流动。

（3）整合资源的方式不同。供应链管理强调利用“外源”。在供应链管理中，企业在自己的“核心业务”基础上，通过协作的方式整合外部资源以获得最佳的总体运营效益，除了核心业务以外，几乎每件事都可能是从公司外部获得的资源。著名企业如耐克公司和 Sun 微系统公司，通常外购或外协所有的部件，而自己集中精力于新产品的开发和市场营销，形成“虚拟企业”或者“网络组织”。物流管理主要是利用企业自身的资源，强调的是如何提高企业内部的资源效率。

（4）管理难度不同。在企业实践中，供应链管理属于企业战略层面的管理，战略与策略的联系更紧密，管理的效率取决于成员企业的相互合作程度，因而难度更大。物流管理属于企业具体的事务性管理工作，相对简单，但更具有操作性。

1.1.4 供应链管理的形成与发展

1. 供应链管理产生的背景与环境

20 世纪后半期特别是 80 年代以后，企业面临的外部环境和企业内部都发生了巨大的变化，具体表现在以下几个方面：

（1）科学技术迅速发展。随着科技飞速发展，功能更强的信息技术开始走向商业化，给企业带来了深刻的影响。信息技术打破了企业间竞争与合作的地域限制，增加了企业海外市场的可拓展性和外部资源的可利用性，企业间的合作不断加强，生产技术指标也趋于国际化。

（2）全球经济一体化的发展。世界贸易组织推行的贸易自由化促进了生产要素的自由流动和全球经济一体化，使资源不断优化配置。与此同时，跨国企业不断发展壮大，推动了全球采购、全球制造和全球销售的发展。

（3）市场发生剧烈变化。全球市场逐渐由卖方市场转向买方市场，消费者消费观念和消费行为发生了根本的变化。理性化的个性消费，使产品市场需求变化节奏加快，产品寿命周期越来越短，产品品种数越来越多，批量越来越小，客户对交货期的要求越来越高。这使企业面临严峻的挑战。

（4）企业内部的变化。随着知识经济和信息化时代的到来，外部环境发生了巨大变化，这使企业从组织结构、经营理念到经营方式，都发生了根本性的改变。为适应新的市场环境，具有先进管理理念的企业在许多方面率先进行创新与变革，倡导新的管理模式和生产模式，加强企业间的合作，有效地利用企业外部资源。企业组织结构也由“金字塔”式转变为扁平化结构或网络化结构，企业运营规则由“推式”开始向“拉式”转变，生产方式由大量生产（Mass Production）转向大规模定制生产（Mass Customization，MC）。这些变革为企业带来了巨大的效益。

2. 供应链管理模式的形成与发展

长期以来，企业一般采取“纵向一体化”的管理模式，以具有竞争优势的核心企业为中心，通过投资自建、投资控股或兼并等方式扩大企业经营规模，实现多元化经营，同时加强核心企业对原材料供应、产品制造、分销和销售全过程的控制，实现产、供、销的自给自足，以减少市场不确定因素的影响，改变企业在市场竞争中的被动地位。然而，“纵向一体化”导致企业规模过大，企业管理成本提高，管理效率下降，从而使资源配置效率低，企业对市场反应迟钝。

为此，20 世纪 80 年代后期，企业逐渐放弃了“纵向一体化”的经营模式，转而实施“横向一体化”的新管理模式。在这种管理模式下，利用社会分工将其他业务或经营环节交由协作企业来完成。企业集中资源进行优势经营，通过利用企业外部资源，快速响应市场需求。例如，自己制造关键零部件，其他部分以委托加工的形式完成。福特汽车公司的 Festival 汽车，由美国人设计，在日本生产发动机，由韩国生产其他零件和装配，最后在美国市场上销售。这样，制造商就把零部件生产和整车装配都放在了企业外部，从而避免了因经营内容过多、企业规模过大而产生的管理效率低下和对市场反应迟钝的弊病，同时又大幅度减少了因市场波动带来的不确定性。

“横向一体化”的管理模式直接导致了从供应商到制造商再到分销商的贯穿众多企业的供应链的形成，通过供应链管理，使处于同一链条上的节点企业同步和协调运行，能够提升整个供应链的运作效率，从而提高经济效率，使链上的所有企业都能受益。

供应链管理模式的正式提出是在 20 世纪 80 年代末，在美国著名管理学家迈克尔·波特的“价值链”基础上形成和发展起来的。随着市场竞争的加剧，企业的竞争动力从“产品制造推动”转向“客户需求拉动”，从原材料到生产制造再到销售，整个供应链条上的企业活动都由最终客户需求拉动，包括人力资源、财务、采购订单、生产计划、库存运输和销售服务等。供应链管理就是对企业内部及与外部发生紧密联系的所有业务活动的统一“横向一体化”管理。它是在合作竞争基础上，业务伙伴之间结成战略联盟关系，以客户满意度作为目标，突出企业核心竞争力，将非核心业务分散外包给业务伙伴，把从供应商、制造商到销售商和客户的整个供应链看做一个有机的整体，追求物流、信息流和资金流的集成，共同开发新技术，实现优势互补、成果共享。

如今，在供应链管理建模技术、供应链管理技术和供应链管理支持技术等方面已经取得了巨大的进展，供应链管理模式日益丰富，并朝着集中计划与分散执行相结合的管理模式发展。按照供应链管理模式运作的特点，可以将其发展分为两个阶段：20 世纪 80 年代末期到 90 年代后期的集成供应链阶段和 20 世纪 90 年代后半期的价值链网络阶段。

（1）集成的供应链管理。20 世纪 80 年代末期到 90 年代后期，随着人们对供应链认识的深入，企业开始认识到，必须把需求预测、生产计划和调度作为一个集成的业务流程看待，实行跨职能部门的协同决策和一体化管理，才有可能制定和实施最佳的销售和运营计划，真正提升供应链整体价值。技术的进步和计算机处理成本的降低，推动了高级计划排程（APS）系统和企业资源规划（ERP）系统在企业中的广泛传播和应用，使业务信息标准化。同时，结合业务流程重组（BPR），企业对组织结构实施改造，重新确定相关人员的业务目标，并根据新的业务目标制定相关的激励机制，形成跨职能部门的协作团队，使供应链业务流程更加一体化。采购部门和制造部门能够共同对原材料的采购进行决策，实现产品总体生产成本最小化；而客户服务、分销和物流部门共同决策并履行订单，则可以实现客户服务成本最小化。这样，大幅度地提高了供应链管理效率。

（2）价值链网络管理。价值链网络阶段的供应链系统包括供应链流程管理和事件管理，以此为核心，形成包括执行层、中高级管理层的多层面一体化管理团队。20 世纪 90 年代后半期，网络技术的发展为供应链管理提供了新的平台，它使跨部门的集成的供应链流程管理更加有效。各部门通过网络可以同时获得相关信息，并随时了解相关部门的业务状态，不同部门的相关人员可以根据其他部门业务状况的最新进展来检查和调整有关信息，并调整自己的业务活动；销售部门可以根据最新的客户信息，及时更新需求预测，同时支持客户的信息更新，与客户协同新产品的新闻发布和促销活动。而基于事件的实时信息则通过网络传递给相关的人，由他来具体处理事件并将事件对企业的不利影响降到最低，或充分利用该事件创造新的商业契机，提高供应链执行的可预见性。这表明，价值链网络管理具有集中计划和分散执行相协调的特点。实时监控和快速反应是有效处理个别事件、及时调整和补救因事件引起的问题的基础，网络可视技术的发展为此提供了技术上的保证。

1.2 供应链管理与企业发展

现代社会，由于国际政治、经济和技术等方面都发生了巨大的变化，市场的不确定性明显增强，市场更加复杂、竞争更加激烈。环境的变化给企业带来了巨大的压力和挑战，原有管理模式的缺陷日益突出，不能适应新的经营要求。因此，创新管理模式成为企业生存和发展的必要条件。物流是企业必不可少的环节，任何企业在其经营过程中都必然涉及商品在时空中的运动，但长期以来，企业都把物流看做一项辅助性的活动，严重地忽略了物流管理。新的市场环境使竞争更加激烈，人们逐步认识到物流对于企业经营的重要性，并把物流管理作为继生产和销售之后企业发展的第三利润源泉。如今，企业不仅再也无法忽略物流管理，而且还必须利用社会分工，积极参与并实施供应链管理。

1.2.1 激烈的市场竞争导致企业管理重点的变化

20 世纪末期以来，经济的发展带来了居民收入的增长以及与之对应的消费水平的提高，人们对生活质量也随之提出了更高的要求，最终导致消费观念和消费习惯发生变化，从而导致企业的市场经营环境发生了剧烈的变化。表现在消费行为上，人们不再单纯地为满足生理需求而购买，而是通过消费体现自己的生活理念和生活方式，追求消费的个性化和差别化，这必然导致市场的复杂化和多样化。它要求企业不仅提供高质量的产品，而且必须改变大批量生产方式，快速响应客户要求，根据客户需求进行定制生产，改变大批量生产方式和供货方式，及时为消费者提供定制化产品和服务以满足人们的消费个性化需求。企业必须改变传统的管理重点，才能在激烈的市场竞争中保留一席之地。企业管理重点的改变具体体现在以下几个方面。

1. 缩短产品研发周期

人们消费习惯的变化强化了消费者对产品的求新求异，这就要求企业及时响应市场变化，缩短开发周期，不断推陈出新，向市场提供适合客户需求的新产品，而技术的飞速发展则为产品创新提供了可能。因此，在市场竞争日益激烈的情况下，为适应消费者需求的频繁变化，缩短了产品研发周期。20 世纪 90 年代，日本汽车制造商平均每 2 年推出一个车型，而美国推出相当档次的车型却要 5 ~ 7 年，这就是日本在汽车市场上获胜之关键。

2. 及时交货

企业间竞争的关键是，20 世纪 60 年代在于控制成本，80 年代为质量，90 年代为交货期，而进入 21 世纪则为响应周期（Cycle Time）。企业不仅要有很强的开发能力、完善的产品品种和对供应链成本的控制，而且要提高对客户需求的响应速度，缩短生产周期和供货时间。产品生命周期的缩短，必然导致市场变化速度加快，经营的不确定性越来越大，无论是生产商还是销售商都必须根据市场的变化及时做出反应。因此，必须缩短产品从生产到消费者消费的周期，在尽可能短的时间内将产品交到客户手中，才能避免因产品创新或技术创新带来的精神损耗，保证生产出来的产品及时出现在市场上，并最终为消费者所消费。也就是说，根据市场需要，及时交货必须成为企业管理者聚焦的核心。

3．提供定制化产品和服务

如前所述，20 世纪 90 年代以后，消费者追求个性化消费，不再满足于从市场上挑选购买生产企业提供的标准化产品，而是希望企业能够按照自己的要求设计并制造定制化的产品或提供定制化服务。为了在新的市场环境下生存和发展，企业必须改变传统的大批量标准化生产经营方式，努力实现“一对一”的定制化服务，根据客户的要求定制产品或服务。例如，生产芭比娃娃的玛泰尔公司，让消费者通过公司的网站将自己的设计告知公司，消费者自己选择娃娃的肤色、眼睛、发型和头发颜色、附件，甚至命名，公司根据消费者的设计生产出独一无二的产品，如今玛泰尔公司生产的芭比娃娃“一个一样”。现在，实现高质量地快速响应消费需求，为客户提供定制化产品和服务成为企业市场竞争制胜的必备能力。

4．控制库存成为企业降低经营成本的关键

为满足客户需求个性化和多样化要求，企业不断推出新产品和新品种，产品品种数成倍增长，必然使制造商和销售商背上沉重的库存负担。大量库存不仅造成企业大量资金沉淀，严重影响企业的资金周转速度，降低企业营运能力，而且使企业承受着巨大的市场风险。随着产品更新速度的加快，这种风险也越来越大，严重地威胁着企业市场竞争力。因此，企业必须有效地利用市场分工，及时掌握和处理市场信息，把库存控制在最小范围内，平衡保持较低库存水平与满足客户需求的关系，保证既满足企业生产需要，又减少资金占用和市场风险。

全球经济一体化导致市场竞争更加激烈，新的市场环境在对企业经营提出新的要求的同时，也给企业带来了新的发展机遇。一方面，随着世界统一大市场的形成，世界经济呈现多元化的格局，这为企业提供了更加广阔的市场空间。企业可以跨国界经营，把产品销售到世界各地的市场，或到其他国家开办工厂，在全球范围内开展经营活动。另一方面，新的科学技术的发展，推动了全球范围内的企业分工与协作，企业若能及时更新观念，在经营理念、组织机构和管理模式等方面进行切实有效的创新，增强自身竞争实力，在全球供应链中占有一席之地，就能很好地适应这种市场环境，并保持有利的竞争地位。

1.2.2 供应链与企业管理模式

管理的专门化伴随着现代企业的出现而诞生，管理思想、管理模式也随着现代企业生产方式的发展而日益丰富和发展。专业化管理的重要职能在于协调企业内部各职能部门，提高企业营运效率，并减少外部市场不确定性对企业经营的影响。随着经济的发展，市场竞争日益激烈，企业为在严峻的竞争环境中获得生存和发展，就必须具有较强的应对市场环境变化的能力。为此，企业必然会根据市场环境的变化，不断调整自己的经营模式，以保持自己的竞争优势。

1. 传统企业管理模式及其缺陷

长期以来，企业为节约交易费用、稳定交易关系、获得技术经济和规模经济，一直采用基于所有权关系的企业管理模式。它以产品生产职能为中心，核心生产企业为了加强对原材料供应、产品制造和销售全过程的有力控制，采用投资自建和控股等形式组建辅助性企业，从而形成“大而全”、“小而全”的多元化经营模式。这种“纵向一体化”的经营模式在物资短缺环境下，通过规模性的条块垄断维持企业的生产和发展，取得了明显的效果。但是，在全球经济一体化、信息技术飞速发展、消费者个性化需求不断提高、企业之间竞争日益激烈的形势下，这种基于所有权关系的“纵向一体化”的管理模式显示出致命缺点。

（1）在“纵向一体化”经营模式下，企业除了管理生产外，还要管理原料供应和产品销售等全部经济活动，管理跨度过大导致管理效率低下，企业资源配置效率不高。

（2）“纵向一体化”经营模式以生产为核心，企业组织结构中各职能部门相互独立，很容易使客户需求与生产制造相脱节，导致物流和信息流经常被扭曲变形，企业对市场变化的反应迟缓。

（3）“纵向一体化”经营的企业业务链过长，不能有效地获得社会分工的好处。这不仅使企业在每个业务领域都直接面临众多竞争对手，人为地增大了竞争压力；而且企业花费了大量人力、物力和财力从事并不擅长的业务，无力顾及核心竞争力管理，限制了竞争力的提高，容易使企业丧失发展机会，从而增大了企业经营风险。

（4）“纵向一体化”导致企业规模庞大，管理工作复杂，企业内部各经营单元相互依赖，很难界定一个部门或员工的经营绩效，因而不能对部门或员工进行有效激励，无法发挥企业内部的竞争效率。

基于“纵向一体化”经营模式已经不能适应新的市场竞争环境，人们尝试着在传统管理模式基础上，对制造技术、生产方式和管理方法进行创新。20 世纪 60 年代以后，相继出现了物料需求计划（Material Requirement Planning，MRP）、制造资源计划（Manufacturing Resources Planning，MRPII）、准时制（Just-in-Time，JIT）生产和精益生产等新的生产方式。它们着眼于企业内部资源的优化利用，对提高企业整体效益和竞争能力做出了不可低估的贡献。随着信息经济时代的到来，市场竞争更加激烈，消费者要求定制化产品和服务等，最终导致传统生产方式和管理模式的改变。

2. 供应链管理与现代企业发展

供应链作为一种新型的管理思想和经营模式，正在取代“纵向一体化”的经营模式。它以客户为中心，强调企业间的协作，通过统一的信息系统，协调并整合整个供应链上所有企业的业务流程和活动，利用从供应商、制造商、第三方物流和销售商等所有相关企业的无缝连接，发挥社会分工效率，实现对市场需求的快速反应，因而能够较好地适应新的市场环境。

要充分发挥供应链的优越性，参与供应链的企业必须进行业务流程再造和相应的组织结构重构，以加强企业核心竞争力为经营目标，放弃“大而全”、“小而全”的传统“纵向一体化”经营方式，充分利用社会分工和企业外部资源，通过选择恰当的合作伙伴，规范企业间联系的程序和技术，实行风险和利益的合理分担，突出整体供应链价值。只有这样，企业才能最大限度地降低总库存量和总成本，有效地利用社会分工，避免资源浪费，减少经营的不确定性。供应链管理产生的效益具体体现在以下几个方面：

（1）通过建立共享的电子数据交换系统，实现合作伙伴间的信息共享，企业可以有效地减少因信息缺失或失真所带来的不确定性，有效地减小或消除“需求放大”效应，从而减少资源浪费。

（2）供应链成员间的协同管理，可以剔除流程中的多余步骤，有效地减少成员企业间的重复工作，从而使供应链流程简单化、高效化和低成本，提高供应链整体营运效率。

（3）优化成员组合，实施快速客户反应，创造竞争的时间和空间优势。通过在全球范围内优化选择供应链成员企业，既可以实现相互间的优势互补，又能够最大限度地缩短产品销售、服务提供的空间距离和时间距离，大幅度地缩短从订货到完成交货的周期，从而实现对客户需求的快速有效反应。此外，以 Internet/Intranet 为技术支撑，成员企业实时获取并处理相关信息，实现供应链各环节即时出售、即时制造、即时供应，进一步提高了整个供应链对客户需求快速有效的反应能力，将客户需求的提前期减少到最低限度，从而有利于获取市场竞争的时间和空间优势。

（4）充分利用社会分工，发挥整体优势。供应链管理使原来客观存在的供应链有机地连接起来，成员企业通过合作竞争，实现“共赢”。例如，汽车制造商将大部分零部件的生产任务包给其他专业性制造商，自己则只从事核心部件的生产和整车的组装；计算机制造商采取 OED（原始设备设计）和 OEM（原始设备制造）方式将计算机芯片、其他配套器件和设备委托给有实力的专业公司去设计与生产，然后通过其高效的全球供应链系统合理、快速地组织物流，将这些计算机组件运往某个地区的配送中心进行组装和检测，再配送给最终客户。

基于上述原因，供应链管理在企业战略管理中的地位日益突出，它是企业提高整体竞争力的一个十分有效的手段。企业通过供应链管理，改变供应商与下游客户（如分销商和零售商）之间的对抗关系，利用互联网整合供应链，通过合作，降低了存货水平和采购成本，缩短了交易时间，大大降低了供应链内各环节的交易成本；利用现代化的信息平台，及时交流，实现快速响应客户，提高客户满意度，为企业带来了丰厚的利润。

正如戴维·霍尔（David Hole）所说，通过良好的供应链管理，企业可以在进入新市场，开发新产品，开发新分销渠道，改善售后服务水平，提高用户满意程度，降低库存、后勤成本和单位制造成本，以及提高工作效率等方面获得满意的效益。

1.2.3 供应链管理在企业中的实施

企业要有效地实施供应链管理，首先，管理者和全体职工必须对供应链管理有充分的认识，包括供应链管理的重要性及其意义，供应链以及供应链管理的思想和模式等，才能使相关人员积极、主动地参与供应链管理。其次，必须成立强有力的专门领导机构和整合的内部组织机构，具体负责制定合理的规划方案，指导整个实施进程。供应链管理的具体实施步骤可以分解如下（见图 1-6）。

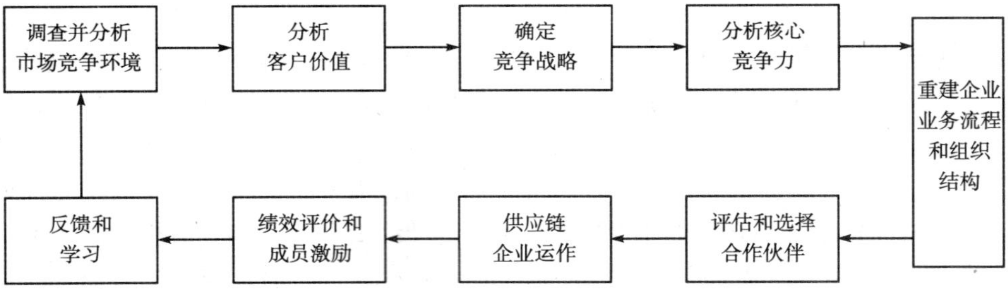

图 1-6　实施供应链管理的步骤

1. 调查并分析市场竞争环境

市场竞争环境分析是为了识别企业所面对的市场特征和市场机会。通过调查、访问和分析等手段，对供应商、客户、现有竞争者和潜在竞争者进行深入研究，掌握第一手准确的数据和资料。市场环境调查与分析的质量一方面取决于企业经营管理人员的素质和对市场的敏感性，另一方面企业必须有相应的市场信息采集监控系统，以及对复杂信息的分析和决策系统。企业只有在深入调查的基础上，才能掌握详细的市场信息，做出正确的分析和判断。

2. 分析客户价值

按照营销大师科特勒的定义，客户价值是指客户从给定产品或服务中所期望得到的所有利益，包括产品价值、服务价值、人员价值和形象价值。供应链管理的目标就在于提高客户价值和降低总的交易成本，因此管理人员必须从客户价值的角度定义产品和服务，在提高客户价值的前提下，寻求最低的交易成本。分析客户价值就是发现市场机会，只有真正了解某种产品或服务在客户心目中的价值，从客户价值的角度定义产品或服务的具体特征，才能不断为客户提供超值的产品，满足客户的需求，拉动整个供应链运作。

3. 确定竞争战略

从客户价值出发找到企业产品或服务的定位之后，管理人员要在明确目标的基础上，确定相应的竞争战略，选择相应的合作伙伴以及和合作伙伴的联盟方式。根据波特的竞争理论，企业获得竞争优势有三种基本战略形式：成本领先战略、差别化战略和目标集中战略。当企业确定应用成本领先战略时，就应选择与具有相似资源的企业结成联盟，以形成规模经济；当企业确定应用差别化战略时，就必须选择具有很强的创新能力和应变能力的企业作为自己的合作伙伴。

4. 分析核心竞争力

核心竞争力是指企业在研发、设计、制造、营销和服务等方面具有明显优于并且不易被竞争对手模仿的、能够满足客户价值需要的独特能力。核心竞争力是企业供应链管理的重点和核心，企业把内部的智能和资源集中在有核心竞争优势的活动上，将剩余的其他业务活动移交给在该业务上有优势的专业公司，以弥补自身的不足，从而使整个供应链具有竞争优势。为此，企业必须解决以下问题：① 企业的资源或能力是否有价值。② 资源和能力是否稀有，拥有较多的稀有资源才可以获得暂时的竞争优势。③ 企业拥有的稀有资源或能力是否易于模仿。只有有竞争对手难以模仿的资源和能力，才能使企业获得持续竞争优势。④ 这些资源或能力是否被企业有效地利用。

5. 重建企业业务流程和组织结构

如前所述，供应链管理与传统的企业管理存在很大的差异，它建立在整合的业务流程基础上。因此，企业要实施供应链管理，就必须重整业务流程，以核心业务为中心，改造原有的组织结构，使之符合业务流程的整体性要求。

6. 评估和选择合作伙伴

选择适当的合作伙伴是供应链管理中能否成功运营的最重要环节。合作伙伴不当，供应链就无法正常运作，这不仅会降低企业的利润，还会使企业失去与其他企业合作的机会，从而无形中抑制了企业竞争力的提高。因此，企业必须建立有效的评估体系，从管理水平、生产研发能力、合作诚意、产品的交货时间、质量、售后服务和产品价格等方面全面对合作企业进行考核，选择真正具有合作诚意、能够与企业实现优势互补的合作伙伴。

7．供应链企业运作

根据对市场竞争环境和客户机制的分析，企业确定了相应的竞争战略，并根据自己的竞争优势，对业务流程和组织结构进行重组，选择适当的合作伙伴。在此基础上，企业开始具体的供应链运作。供应链运作属于战术层面的工作，其主要内容包括生产计划与控制、库存管理、物流管理与采购管理和信息技术支撑体系的建立等，涉及企业的各个层面，需要一定的人员整合和资金投入。

8．绩效评价和成员激励

为了不断提高供应链管理运作的效果，企业必须建立一系列评价指标体系和度量方法，对供应链的运作进行实时监测，发现问题及时解决。同时，企业还必须制定相应的激励措施，并建立有效的奖惩机制，激励供应链成员企业诚意合作，树立供应链整体价值观念，并以供应链整体价值增值为目标，组织完成各自的业务流程。

9．反馈和学习

反馈和学习对供应链节点企业非常重要，有效的供应链运作关系到每个节点企业的运作。相互信任和学习，从失败中吸取经验和教训，通过反馈的信息修正供应链，并寻找新的市场机会成为每个节点企业的职责。因此，企业必须建立一定的信息反馈渠道，且逐渐从根本上使企业演变为自觉的学习型组织。

可见，企业要有效地实施供应链战略，必须根据市场环境，从客户需求出发，从战略高度出发，以构筑企业核心竞争力为中心，适当调整企业组织结构，选择合适的合作伙伴，并对整个供应链运营进行管理和控制，及时反馈并调整企业行为。

1.3 供应链管理理论的研究现状与前沿问题

1.3.1 供应链管理的研究现状

自供应链管理诞生以来，学术界在理论和方法等方面进行了大量的研究与探讨，并获得了可喜的成果。例如，人们从核心企业出发来讨论供应链的组成问题，研究供应链的运作方法与运作效率，供应商与制造商、制造商与分销商等的关系，以及供应链中的库存等问题。随着供应链理论研究的不断深入以及供应链应用的扩展，人们对于供应链的研究逐步从点到线、从线到网络。例如，供应链的系统支持与协调控制方法、供应链中的信任机制、供应链中的不确定性问题、供应链的全球化趋势等以及由此带来的一系列问题。网络设计方法、近似方法和仿真方法以及综合集成等方法的发展和应用，有力地推动了供应链管理理论和供应链管理实践。目前，供应链管理的研究可以归纳为以下几个方面。

1．供应链和供应链管理概念的发展

随着企业竞争环境的变化和管理学理论的发展，供应链概念也在不断地丰富和发展。供应链一开始是作为制造企业的一个内部过程，即将采购的原材料和零部件，通过生产转换和销售等过程，将产品传送到制造企业的用户的全过程，它局限于企业的内部操作，以单个企业利益为目标。

20 世纪 80 年代末期，合作竞争思想为供应链概念注入了新的内容，人们开始注意到企业间的联系以及整合相关企业业务流程的潜在收益，并将供应链定义为存在业务关系的不同企业在制造、组装、分销、零售等过程中，将原材料转换成产品到达最终用户的整体链条，它包括供应商、制造商、分销商和最终用户。

20 世纪 90 年代末期 Internet 技术的发展，使供应链概念更加注重围绕核心企业的网链关系，如核心企业与供应商、供应商的供应商乃至与一切前向的关系，与客户、客户的客户及一切后向的关系，将供应链看成包含不同企业及其复杂关系的价值链网络。

供应链管理则是围绕供应链展开的。人们从不同角度探讨供应链管理的内容：菲利普（Philip）等人从竞争的角度定义供应链管理，认为供应链管理是一种基于时间的竞争策略（Time-based Strategy）；特纳则从管理技术层面认识供应链，认为它是市场渠道各层之间的一个连接，是控制供应链中原材料通过各制造和分销层直到最终用户的一种技术。但无论如何，供应链管理都是围绕三个主题展开：一是有效的采购与分销；二是合作伙伴的长期合作关系；三是合作者间的运作集成。它是通过集成各个组织的目标提高整个供应链的价值，从而提高相关企业的经营效率。

2．关于供应链管理的策略性研究

围绕着供应链的策略性研究主要包括准时制采购、快速反应（Quick Response）、有效客户反应（Effective Customer Response）、IT 应用（Information Technology Application）、延迟技术（Postponement Technology）等。

有效客户反应与快速反应是分别基于不同的行业的策略研究。有效客户反应主要是 1992 年后从美国食品业兴起的一种供应链策略。其主要观点是：通过企业间的密切合作，不断降低供应链的成本，而给客户更大的利益与更有效的反应。快速反应则是美国纺织与服装行业在 20 世纪 80 年代以后发展起来的。其主要观点是：最大限度地减少从原材料到最终销售的运行时间与库存数量，以提高对于客户的快速反应性。这两种策略关注的重点不同：有效客户反应侧重于减少成本，而快速反应侧重于时间的节约。两者的共同点在于，都依赖于供应链企业间的良好合作关系，并使用 IT 技术作为支持平台。

延迟技术最早用于市场营销，后来逐渐用于物流管理。它是为响应客户需求、提高产品设计与制造柔性的一种有效的经营策略。其基本思想是把产品最终定型的位置与时间尽可能地靠近客户，以便为客户提供定制化产品。为此，产品采用标准、模块化方法进行设计制造，然后运送到分销中心，再由分销中心根据客户的具体要求进行组装，满足客户对产品多样化的要求，提高供应链的市场反应能力。惠普公司成功地运用了延迟化策略生产与销售打印机，取得了明显的经济效果。

3．供应链模型

供应链建模就是通过建立模型来描述供应链系统的运营机制，以支持对供应链管理的各种分析和决策活动。供应链模型的发展经历了从简单模型到复杂模型、从单阶段模型到多阶段模型、从单产品模型到多产品模型、从国家模型到国际模型、从确定型模型到随机型模型的发展过程。概括起来，供应链模型有三类：信息系统模型、经济运行模型和功能结构模型。按照分析研究方法，供应链模型又可以分为排队论模型（Queuing Theoretic Models）、对策论模型（Game Theoretic Models）、网络流模型（Network Flow Models）和策略评价模型（Option Valuation Models）等。

（1）排队论模型主要用于研究生产企业平稳生产状态下的情况（如各个设备或车间等的输出率等），通过合理安排各个设备的加工任务、合理安排人员的加工任务等，实现资源的优化配置，以提高生产效率（如利用M/G/I排队系统研究生产批量和生产准备时间的关系等问题）。

（2）对策论模型主要用于研究供应商与制造商之间、制造商与销售商之间的相互协调（如研究制造商和销售商之间的协调）问题，确定产品价格、订货时间以及制造商和销售商各自的相关对策，以获得比原来更好的收益。

（3）网络流模型则用于研究供应链中成员的选择、布局和供应链的协调问题。用网络流模型可以很方便地表示出供应链中各种活动的先后次序，从而显示出一个供应链的独特优点。

（4）策略评价模型主要用于研究供应链在不确定情况下的管理和协调问题。对跨国企业而言，不确定事件会经常发生，如汇率波动、政府政策改变或新技术的发明等。企业可以采取各种不同策略对此做出反应，如调整供应链成员的数量、采用不同的生产技术等。策略评价模型属于随机动态规划模型，通过计算不同策略各个时期的期望费用总和最小或总收益最大，确定最优策略。

通过大量运用整数规划或混合整数规划方法，研究者已经建立了全球供应链模型、全球制造与分销的资源优化供应链模型、面向供应链优化的动态需求计划模型和基于资源配置的供应链设计模型等。由于供应链涉及面广，问题复杂，在一个模型中同时考虑所有的因素几乎是不可能的，因此，建立一个比较接近实际情况而又可以求解的供应链模型是很困难的。现有的许多模型还只是研究人员提出的一个框架，没有具体的模型进行研究，甚至一些重要的因素在框架中也不能很好地体现，如信息流、现金流和供应链重组等。因此，供应链模型的研究还有待深入和发展。

4．节点企业合作关系研究

节点企业合作关系是供应链运营成败的关键。在建立企业间合作关系的研究中，学者们认为供应商—制造商关系在供应链企业关系中是最重要的；建立企业良好的合作关系，需要双方的相互信任，制造商对于供应商的信任程度与供应商的声誉和规模呈正相关，与供应商为制造商而进行专门投资的意愿、信息共享的程度和双方合作时间的长短呈正相关。研究人员探讨了供应链系统中企业间合作关系与委托实现机制的发展动态，认为合作对策与委托实现机制是合作型竞争企业实现供应链管理的重要环节，并提出了基于企业间委托代理关系的三种激励模型。此外，人们还提出了基于企业间战略伙伴关系的企业集成模式，并对供应链系统中合作伙伴的选择问题进行了深入的探讨。

5．供应链绩效评价

关于供应链绩效评价问题的研究也是学者们关心的问题。不同节点企业对于客户需求和各自工作业绩的评价是不同的。例如，客户对交货期更为敏感，下游企业对客户需求更为敏感。通过研究供应链上不同企业对各自行为和相互行为的满意度评价，学者们提出了供应链绩效评价的框架核定量化评价的方法体系，即资源指标、输出指标和柔性指标。其中，资源指标主要是关于成本和投资回收率等方面的指标，输出指标是关于产出与用户服务方面的指标，柔性指标则反映供应链的市场响应能力。

6．供应链管理的支持技术

信息技术对供应链管理提供了有效的支持。这方面的研究可分为两部分：一是研究企业内部基于供应链管理的多种信息系统的集成，从而形成一个开放的和可伸缩的集成框架；二是研究企业间或多个企业组成的虚拟企业内部的信息共享和相互协作。

1.3.2　供应链管理研究的前沿问题

近年来，供应链管理越来越受到人们的重视，学术界对供应链管理的研究也不断拓展和深入，在集成化供应链管理、供应链重构、供应链的协调、供应链委托代理、供应契约和供应链绩效评价等方面取得了可喜的成果。目前，供应链管理研究的前沿问题如下。

1．集成化供应链管理问题

独立的供应链管理正在向半集成化的供应链管理和集成化的供应链管理发展，企业内外部物流集成化成为重要的课题。研究者将研究视角放在了供应链与物流管理的结合点上，从企业的产业链静态层面和物流、信息流与价值流等动态层面，分析集成供应链的形成。有的学者根据供应链所涉及的研发、资源、制造、物流、信息和决策 6 个柔性子系统关系，研究建立了供应链柔性系统集成模型。

2．供应链中的绩效评价问题

供应链管理的绩效评价问题实质上对供应链整体运行情况、供应链成员和供应链企业间的合作关系的度量，一般涉及供应链上各企业内部绩效度量、供应链上企业外部合作绩效度量和供应链整体绩效度量三个方面。不同供应链模型结构对绩效评价有重要影响，如利润、成本、时间、客户服务、柔性和可靠性等指标。供应链绩效评价指标选择研究是当今社会的一个热点和难点问题。

3．供应链重构与优化问题

在市场剧烈变化、竞争加剧和客户需求多样化（人们所说的 3C）的市场环境中，供应链的动态性十分明显，这就需要企业对供应链不断进行优化或重构。因此，供应链的建模与重建，成为企业供应链成功运营的重要保障，因而成为供应链管理研究的一项重要内容。国内外学者就如何运用多种模型或方法，构建高柔性、精细的和敏捷性的供应链管理系统等方面已经展开了研究，这必将推动供应链理论的发展，对提高企业供应链管理水平具有重要的意义。

4．供应链中的协调问题

企业间的合作与协调是供应链有效运营的基础。由于信息不对称，信息传递失真等原因，供应链中普遍存在着牛鞭效应；同时，供应链上整体和个体之间的目标差异导致决策差异，即双边际化（Double Marginalization）效应，容易使成员企业从个体利益出发，损害供应链整体收益。因此，如何解决这些问题，平衡供应链与其成员、整体与个体之间的关系和利益，成为供应链管理研究的又一重要问题。

5．敏捷供应链问题

20 世纪 90 年代初，美国学者针对制造技术领域提出了“敏捷”概念，它体现了一种新型的战略管理思想，其目的在于提高制造系统对外部环境变化的应变能力。以此为基础，20 世纪 90 年代末期，美国学者又提出了敏捷供应链的概念。所谓敏捷供应链（Agile Supply Chain），就是指以核心企业为中心，通过对资金流、物流和信息流的控制，将供应商、制造商、分销商、零售商和最终消费者用户整合到一个统一的、无缝化程度较高的功能网络链条，以形成一个极具竞争力的战略联盟。它强调运用网络技术，与合作伙伴结成动态联盟，提高对多样化客户需求的响应速度，突出市场敏感性、组织虚拟性和过程集成性等特点。敏捷供应链研究的主要问题包括：如何选择合作伙伴和建立合作伙伴关系，并组成动态联盟；怎样建立有效的利益共享和风险共担机制；如何对供应、制造和销售活动进行调度与协调；如何在不确定性的环境中对风险进行评估、分析与控制；怎样根据市场环境和产品变化优化与重组供应链；以什么方式实现动态分布系统中的决策支持功能；怎样对敏捷供应链运营过程的绩效进行评价等。

6．精益供应链问题

精益制造是生产领域的管理技术，精益管理就是通过减少浪费、降低成本、缩短操作周期、提供强化的客户价值从而增强企业的竞争优势，它在生产过程已经取得了巨大的成功。把精益的理论和方法应用到物流与供应链管理过程，就形成精益物流和精益供应链。精益物流强调同步操作环境、循环时间压缩、全过程的可视性、精确时点绩效以及过程的一致性和无缺陷。而精益供应链则是精益物流的进一步发展。精益供应链（Lean Supply Chain）的基本计划方法是设定企业目标、部门目标和操作目标，明确现有绩效与目标值的差别，制定达到预期目标的时间框架和要求。

7．电子供应链问题

关于电子供应链，目前还没有统一的定义。一般认为，电子供应链（Electronic Supply Chain）是利用 Internet 和供应链管理信息系统，整合供应商、制造商、分销商、零售商和服务提供商，形成一个以客户需求为导向，以供应链上的资源共享为基础，以企业间的同步、协调运行为前提的利益共同体。电子供应链的特点是：有效客户反应（ECR）、市场信息集中分析、辅助市场决策、节约交易成本、减少循环周期、收入和利润增加等。电子供应链面临的问题是网络安全、商业流程变化、供应链中的薄弱环节和利益分配等。因此，确定电子供应链的基本思想、运营模式，解决其所面临的问题是电子供应链研究的主要任务。目前，人们还不清楚电子供应链运营对企业、社会乃至政府会产生怎样的冲击和影响，它需要哪些法律法规来规范和保障等，这些问题也需要深入的探讨。

8．供应链管理中的安全与可靠性问题

关于供应链管理中的安全与可靠性问题，在美国的“9・11”之前，人们的注意力主要集中在盗窃、毒品和走私等违法事件上。“9・11”之后，人们将安全问题转向了与恐怖活动有关的问题，关注供应链承受突发事件打击的能力，以及如何避免因此造成供应链中断而带来的损失。国内外的学者甚至一些国家政府特别关注一些与武器运输、危险品运输有关的物流企业的供应链系统，并将其作为供应链管理运营安全的首要问题。

本章小结

供应链围绕核心企业，通过信息流、物流和资金流，将供应商、制造商、分销商、零售商和最终客户连成一个功能网链，它是一条物流链、信息链，也是一条增值链，它具有复杂性、动态性和交叉性等特征。而供应链管理则利用计算机网络技术，对供应链中的商流、物流、信息流和资金流等进行组织、协调与控制，协调节点企业之间的关系，从而最大限度地减少内耗和浪费，提高各节点企业的运营绩效，实现供应链整体效率与效益最优化的目标。供应链管理主要内容包括供应链战略管理、信息管理、客户管理、库存管理、关系管理和风险管理等，它与物流管理既有联系又有区别。

随着全球经济一体化和科学技术迅速发展以及企业内外部环境的变化，企业管理模式因其原有的缺陷而难以适应新的市场环境，所以逐渐由“纵向一体化”转向横向联合，并向集成化的和网络化的供应链管理模式发展。供应链管理在现代企业管理中具有重要的作用，企业管理者对此应有深刻的认识，在实践中遵循合理的实施步骤。

目前，学术界在供应链管理与企业战略的关系、供应链模型、上下游合作关系研究、供应链绩效评价和供应链管理的支持技术等方面的研究取得了可喜的成果，并在集成化供应链管理问题、供应链中绩效管理、供应链重构与优化问题、敏捷供应链问题、精益供应链、供应链环境下的生产制造等问题进行了深入的研究。

阅读资料

供应链管理的有关定义

时间	学　　者	供应链管理定义说明
1984	侯里瀚	供应链管理最早是由侯里瀚提出的，它是指供应链上的成员在包含产品、服务或信息在订单产生、订单处理和订单分配间的协调管理
1988	侯里瀚	供应链管理和传统物料制造控制的区别是：① 供应链被看成一个统一的过程。链上的各个环节不能分割成诸如制造、采购、分销和销售等职能部门。② 供应链管理强调战略决策。“供应”是链上每个职能的共同目标并具有特别的战略意义，因为它影响整个链的成本和市场份额。③ 供应链管理强调以不同的观点看待库存，将其看成新的平衡机制。④ 一种新系统方法——整合而不是接口连接

续表

时间	学者	供应链管理定义说明
1989	佩奇	供应链管理是以组成供应链所有成员的利益为依归，通过成员间共同管理及一致性的规划，在满足渠道客户服务水准的目标下，使现有资源获得最充分的运用。以链的名称稍嫌不足，实际上该物料流通的过程，常以“合作网络”结构出现，因此，供应链亦可延伸为供应合作网络
1989	史蒂文斯	以信息的观念，定义供应链管理为信息流的传输、实物流的反馈，物料供应商、采购、仓储管理、产能设备、配送、客户服务等一系列活动的管理哲学
1991	埃拉姆	供应链管理是处理从供应商至最终客户的物料规划和管制的整合方法，以组成渠道所有成员的利益为依归，通过成员间共同管理和规划的一致性，在满足渠道客户服务水准下，使现有资源、产能获得最充分的运用。实际上，该物料流通的过程，常以“网络”结构出现。供应链管理之所以获得普遍重视，是因为受到下列三项主要趋势的影响：① 顺应企业全球化过程；② 降低进入市场的时间；③ 高要求的客户服务水准
1992	克里斯托珀	描述供应链管理，涵盖由供应商经过制造程序与配送渠道后到达最终消费者之商品流通过程的范畴
1992	库珀	供应链管理的目的，在于提供从原材料到商品配送的全体渠道成员管理，突破单一企业的限制，因此，整个渠道成员应整体来考量，进行从生产、配送和营销等活动的整合决策
1997	约翰逊、伍德（1996）	两位学者强调，供应链管理必须做到将供应链成员包括供应商、制造厂、批发商和零售商等渠道与客户提供彼此必要的信息分享，使整体渠道更有效率与竞争力，同时紧密彼此的关系
1997	利恩德斯、费伦	两位学者将供应链管理定义为管理信息、原材料和服务整个流程的一种系统性方法，从原材料供应商经工厂与批发商到最终消费者，均强调商业流程的整合，主要目标在于降低供应链的不确定性与风险
1997	罗斯	认为供应链管理是持续演进中的一种管理哲学。因此，如果从企业和企业间的整合观点来看，供应链代表供应商至最终消费者之间，每一个环节灵巧地予以组合，并试图连接企业内部和外部结盟企业伙伴集体生产能力与资源，使供应链成为具有高竞争力，以及使客户丰富化的供应系统，以使其得以集中力量，发展创新方法，并使市场产品、服务与信息同步化，进而创造独一且个别化的客户价值源头

续表

时间	学　　者	供应链管理定义说明
1997	摩根	供应链管理提供了一个降低产品研发时间、存货成本、节省时间、更有弹性地利用和开发客户需求与提供服务的机会。因此，客户和企业供应商从产品生命周期的观念来看，应该被视为一个连续性的流程，供应链应该注重流程而非任务
1999	兰伯特	供应链管理涵盖自最终客户回至起点供应商之间各种商业程序的整合，此整合程序可提供产品、服务和信息，并增加客户和各层利益单位的附加价值
2003	美国物流管理协会	供应链管理专注于对有关资源获取与转换以及物流管理的所有计划和管理活动，它主要包括供应商、中间商、第三方物流企业和消费者等流通渠道中的伙伴之间的协调与协作。本质上，供应链管理是对贯穿于企业内外的供应管理与需求管理的整合

案　例

诺基亚公司的供应链管理

一部手机，用到的零配件有几千个，模块则有数百个，对于诺基亚这样实现大规模批量生产的企业，一年要生产1.5亿～2亿部的手机，所需零配件量之大可以想象。虽然当时的诺基亚中国公司已经拥有众多全球优秀的原材料、零部件供应商，但在北京却没有一家成规模的供应商，要么从国内其他省、市、自治区的厂商购进原材料，要么不辞辛劳地从国外直接进口相关零部件。于是，诺基亚产生了成立一个工业园，把遍布全球、相对分散的供应商聚集在自己的北京手机工厂周边的想法。

2000年5月，星网工业园奠基于北京经济技术开发区，它以北京首信诺基亚移动通信有限公司为龙头，带动30多家国内外著名的移动通信设备配套厂商共同投资兴建。

星网工业园的最大特色在于超强的快速反应能力。诺基亚在接到订单后，立即组织生产，24小时内就要由物流中心发出成品。目前，在星网工业园已有超过30家诺基亚配套供应厂商，围绕诺基亚提供其所需的零配件，以保证及时生产、供货。为配合生产企业的需要，星网物流中心也实行7天24小时运作。

星网工业园成功运作的关键在于有先进的信息系统作支撑。中央物流管理系统（the Central Services Management System，CSMS）既是星网工业园的物流监管系统，也是中央管理平台，是支配园区内各项活动的“神经中枢”，对星网工业园中的生产企业、物流中心、海关、经贸委等成员，通过先进的计算机网络有机地结合在一起，从而大大简化相关政府职能部门对园区的管理，同时带给园区企业更强的竞争力。

一方面，对政府部门而言，通过CSMS平台，海关和有关政府部门（如经贸委、外管局、税务局、银行等）可以随时登录这个系统中，对星网工业园进行实时监督管理，实现了政府对企业的网络化管理，减少了政府对企业行为的介入，提高了政府的办事效率。对园区内企业来说，借助CSMS，进出口业务从纸面报关变为网上报关，不需申请进出口手册，而生产计划登记、报关、清关等工作都可以在网上完成，办事手续从原来的11个减少到6个，大大提高了办事效率，降低了成本；而且，园区内企业实现了信息共享，整条供应链的可视性大大增强，总库存下降，供应链总体成本降低，竞争力提高。

另外，在信息系统的支持下，把所有的供应商经过供应链整合系统进行整合之后，把供应商全部汇集在一起，在统一品牌的领导下，采用自动补货系统，供应商可以直接了解到其货品目前在生产企业的库存，可随时根据生产情况进行补货，整个流程变得更加透明。

在供应链的下游，诺基亚早在2001年就开始了直供模式的试验。当时诺基亚选择了上海的润讯、光大开始直供，在得到良好的效果反馈之后，从2002年6月开始，诺基亚就开始在全国大规模寻找省级代理商，此前它的产品一直依靠蜂星等六家全国总代理商进行销售。

此后，诺基亚同国美签订了全国性的直供协议，而迪信通、苏宁等也在同诺基亚谈判，希望能够实行全国性的产品直供。通过直供，迪信通等可以享受同蜂星等全国总代理商一样的优惠政策，而直接从厂商手中提货，绕开蜂星等代理商，也无形中增加了迪信通的利润空间，同时，使诺基亚对于终端市场的掌控能力大为增强。

采取直供模式，从而令渠道更加扁平化，一定程度上也可视为诺基亚高效的供应链管理思想的延伸，不过，直供其实是规模优势的最佳体现，它对于零售终端的要求也比较高，从2003年到现在，诺基亚之所以在直供上没有大的突破，和目前国内手机零售商普遍小规模经营有关。

复习思考题

1. 供应链和供应链管理的基本含义是什么？
2. 简述供应链管理与物流管理的关系。
3. 医药行业的供应链由哪些供应商、分销商和客户组成？
4. 根据案例，请分析诺基亚供应链的特点是什么，以及供应商进入星网工业园，对于诺基亚供应链上游的采购管理有什么好处。
5. 根据案例，请分析直供模式给诺基亚供应链下游的销售管理带来什么好处。

第 2 章

供应链的类型和构建

本章学习目标

- ◇ 了解供应链的主要类型。
- ◇ 理解供应链的基本结构及其特点。
- ◇ 掌握供应链设计的基本内容、原则和步骤。
- ◇ 了解主要的供应链设计策略。

作为企业经营的新模式，供应链的发展历史虽短，但由于它适应新的市场环境，在激烈的市场竞争中具有明显的优势，因此引起了学界和企业界的广泛关注。供应链本身在实践中也已经演绎出具有明显特点和结构的不同类型。

2.1 供应链的类型

20 世纪以来，世界经济的一体化，导致企业在国际上的竞争更加激烈，越来越多的企业开始关注供应链，并在企业经营实践中加以应用。学术界的研究也日益丰富。随着研究角度和着眼点的不断变化，人们对供应链的认识逐步深入。供应链的类型可以从不同的角度出发，按照不同的标准来划分。

2.1.1 按照供应链管理的对象划分

不同目的的供应链，其管理对象各不相同。供应链管理的对象包括企业及其产品、企业参与供应链的成员、部门和活动等。按照供应链管理的对象和范围，可以将供应链分为三类：企业供应链、产品供应链和基于企业间契约关系的供应链。

（1）企业供应链。它以某个企业为核心，以该企业的产品为主导，形成包括该企业的供应商、供应商的供应商以及一切向前的关系，和客户、客户的客户以及一切向后的关系。这个核心企业（Focal Company）在整个供应链中具有明显的主导地位和作用，对整个供应链的建立和组织起关键作用。

（2）产品供应链。它以某一特定产品或项目为中心、由特定产品或项目需求所拉动的、包括与此相关的所有经济活动的供应链。例如，一个汽车生产公司需要成千上万家企业为其提供从钢材、塑料等原材料到变速器、车灯、制动系统、汽车轮胎等配件，从而形成以汽车产品为核心的供应链系统。产品供应链上的企业关系紧密，它们相互依存。供应链的效率取决于相关企业的密切合作，因此，以信息共享为目标，基于信息技术的系统化管理是提高供应链运作绩效的关键。

（3）基于企业间契约关系的供应链。具有交易关系的企业间以契约的形式相互连接形成的供应链，或者竞争者之间通过契约结成基于战略意义的合作性质的供应链。基于契约关系的供应链一般通过契约协调双向或多向间的利益，实现物流、资金流和信息流的流动与交换。

在实际经济活动中，上述三种供应链之间存在着一定的重叠和交叉，它们的侧重点不同，各种供应链是相对于研究问题的角度而言的。

2.1.2 按照供应链网络结构划分

在现实生活中，同一供应链上的企业都是自主程度和竞争实力不同的、存在上下游关系的业务实体，这些企业具有独立的法人地位，它们在战略、任务、资源和能力等方面相互依赖，在市场上又相互竞争。它们按照供应、生产和销售关系，共同组成跨越地区限制的复杂网络。按照供应链的网络结构不同，可以将供应链划分为发散型供应链（V 形供应链）、会聚型供应链（A 形供应链）和介于二者之间的 T 形供应链。

（1）V 形供应链。这是具有 V 形结构或分散型网络结构的最基本的供应链。这种供应链以大批量物料存在方式为基础，相对于供应商，中间产品生产商拥有更多的客户，从而形成发散状的网络结构。例如，原料经过中间产品的生产和转换，成为工业原材料，如石油、化工、造纸和纺织等企业，这些企业产生种类繁多的产品，满足众多下游客户的需求，从而形成了 V 形供应链。

（2）A 形供应链。这种供应链是指具有 A 形或会聚型结构的供应链。它在结构上与分散型供应链相反，其突出特点是：供应链上的核心企业拥有大量供应商，而面向数量较少的最终客户。整个链条自上而下呈现出不断收缩的会聚状态。例如，汽车业、航空业或机械制造业等行业的供应链都属于这种类型，其核心生产企业或装配企业需要从大量的供应商手中采购大量种类繁多的物料或零部件，然后生产或组装成较少数量的产品。由于这些行业在产品的制造过程中，使用大量的零部件，而产品寿命周期长，市场相对稳定，会使零部件的库存占用大量资金。因此，其供应链一般要加强供应商和制造商之间的密切合作，共同控制库存量，以降低供应链总成本。

（3）T 形供应链。这种供应链介于 A 形和 V 形之间，它存在于接近最终客户的行业，如医药保健品、电子产品和食品、饮料等，以及总装配公司，如汽车、电子器械和飞机主机厂商提供零部件的公司。它们通常根据订单确定通用件，从与自己相似的供应商公司采购大量的物料，通过制造标准化来降低订单的复杂程度，为大量终端客户和合作伙伴提供构件和套件。

T 形供应链涉及的产品种类繁多，管理上一般采取多点控制方法，如生产地的选择，促销活动的开展地区和时机，以及对分销成本的控制等，因此这种供应链的管理相对复杂。由于该供应链（食品、服装和医药等行业的供应链）所提供的产品生命期短，市场环境变化迅速，市场变动非常频繁，因此供应链必须适应这种市场要求，在及时掌握市场信息的基础上，尽可能准确估计市场需求的变化趋势，根据市场的变化，及时做出反应，抓住市场机遇，合理安排生产和供应，保证连续的生产过程能够动态地适应不断变化的市场。

2.1.3 按照供应链容量与客户需求的关系划分

根据供应链容量与客户需求的关系可以将供应链划分为平衡的供应链和倾斜的供应链。每个供应链都具有一定的、相对稳定的设备容量和生产能力（所有节点企业能力的综合，包括供应商、制造商、分销商和零售商等），但客户需求处于不断变化的过程中。当供应链的生产能力和客户需求达到平衡时，该供应链就处于平衡状态，这种供应链就被称为平衡供应链。平衡供应链可以实现各主要职能（低采购成本、规模效益、低运输成本、产品多样化和资金运转快）之间的平衡；而当市场变化加剧，引起供应链成本增加、库存增加、浪费增加等现象时，供应链就失去平衡，导致各节点企业无法有效地发挥其职能，此时的供应链变成了倾斜供应链，如图 2-1 所示。

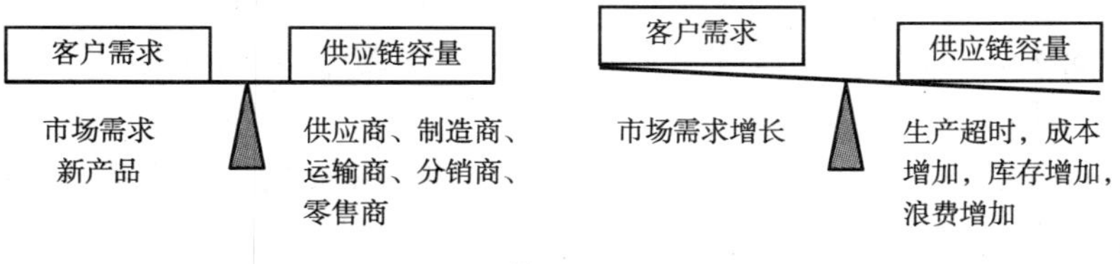

图 2-1　平衡供应链与倾斜供应链

平衡供应链使供应链成员暂时处于稳定状态，企业间合作意愿强烈，合作有序，共同创造价值效果明显。而处于倾斜供应链上的成员企业，由于利益矛盾凸显，企业间的竞争意识强烈，成员间的冲突容易导致合作破裂而引起供应链的变动。

2.1.4 按照供应链存在的稳定性划分

根据供应链存在的稳定性，可以将供应链分为稳定的和动态的供应链。稳定的供应链是基于相对稳定、单一的市场需求而组成的供应链，具有较强的稳定性。建立在成熟产品、竞争相对平缓、处于朝阳产业的产品市场或垄断市场基础上的供应链；市场竞争激烈、处于更新换代时期的产品，其需求市场变动频繁，市场环境比较复杂，基于这类市场的供应链，其成员变动就十分频繁，因而表现出较高的动态性，这种供应链就是动态供应链。

2.1.5 按照供应链的功能划分

根据供应链所支持的产品市场特点，供应链具有不同功能。按照供应链的功能（物料转换功能和市场中介功能）可以把供应链划分为效率性供应链（Efficient Supply Chain）和响应性供应链（Responsive Supply Chain）。效率性供应链主要体现供应链的物料转换功能，即以最低的成本将原材料转化成零部件、半成品、产品，以及实现整个过程中的物流运输等。响应性供应链主要体现供应链的市场中介功能，即把产品分配到满足客户需求的市场，对未预知的需求做出快速反应等。两者的比较如表 2-1 所示。

表 2-1 效率性供应链与响应性供应链的比较

比较内容	响应性供应链	效率性供应链
基本目标	尽可能快地对不可预测的需求做出反应，使缺货、降价、库存最小化	以最低的成本供应可预测的需求
制造的核心	配置多余的缓冲库存	保持高的平均利用率
库存策略	部署好零部件和成品的缓冲库存	产生高收入而使整个链的库存最小化
提前期	大量投资以缩短提前期	尽可能短的提前期（在不增加成本的前提下）
供应商标准	以速度、柔性和质量为核心	以成本和质量为核心
产品设计策略	用模块化设计以尽可能延迟产品差别	绩效最大化而成本最小化

2.1.6 按照供应链驱动力的来源划分

按照供应链驱动力的来源，供应链可以分为推动式供应链和拉动式供应链。推动式的供应链以制造商为核心，产品生产出来后从分销商逐级推向客户，分销商和零售商处于被动接受的地位，各个企业之间的集成度较低，通常采取提高安全库存量的办法应付需求变动。因此，整个供应链上的库存量较高，对需求变动的响应能力较差。这种运作方式适用于产品或市场变动较小、供应链管理初期阶段。拉动式供应链的驱动力产生于最终客户，整个供应链的集成度较高，信息交换迅速，可以有效地降低库存，并可以根据客户的需求实现定制化服务，为客户提供更大的价值。采取这种运作方式的供应链系统库存量较低，相应市场的速度快。但这种模式对供应链上的企业要求较高，对供应链运作的技术基础要求也较高。拉动式供应链适用于供大于求、客户需求不断变化的市场环境。这两种模式的示意图如图 2-2 所示。

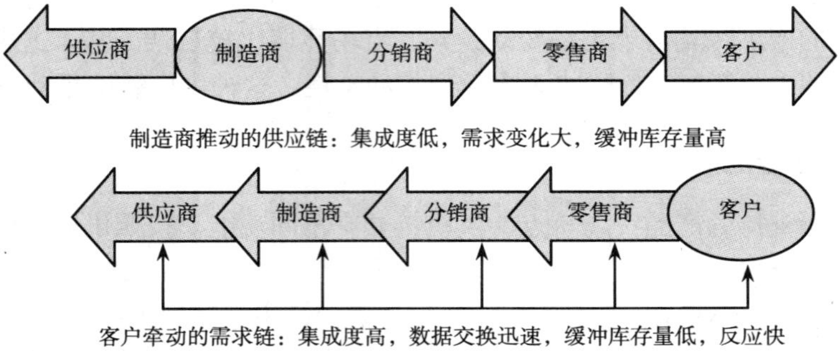

图 2-2　推动式供应链与拉动式供应链

2.1.7　按照供应链主体划分

经营主体一般包括生产商、批发商、零售商和各种形式的物流服务提供商，不同的供应链中，各种经营主体处于不同的地位，它们影响着供应链的模式和类型。按照供应链核心企业的经营主体，可以将供应链分为以生产商、批发商、零售商和第三方物流商为主体的供应链模式。

1．以生产商为主体的供应链

这种模式主要产生于中间商实力还比较小或生产企业的实力比较强大的情况，其主要原因是生产企业内部资源的挖掘空间已相当小，同时企业产品的销售渠道又难以控制。在这种情况下，生产企业往往会建立自己的销售渠道或严格控制原有的渠道成员，后者就形成了以生产企业为主导的供应链。这种供应链的结构相对复杂，如图 2-3 所示。

2．以批发商为主体的供应链

批发商在供应链结构中一般执行配送功能，其供应链结构取决于产品的特征、生产商所选择的渠道、消费者的购买渠道和批发商的营销策略。图 2-4 表示了消费品批发商的供应链结构的形式和变化。在所显示的 4 种结构中，对消费者来说最典型的是批发商—零售商—消费者结构，绝大多数批量生产的消费品都是这样到达市场的。

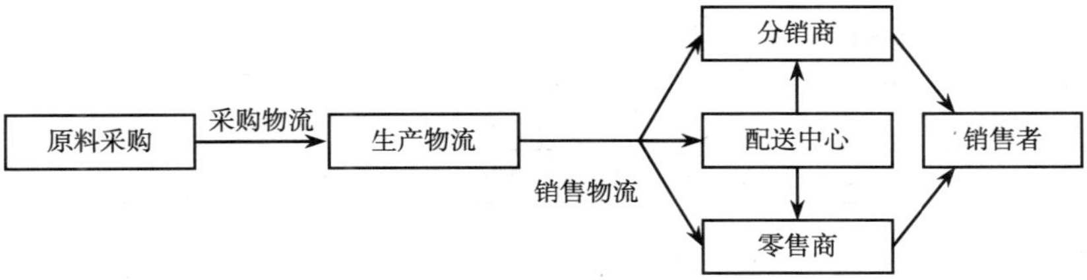

图 2-3　以生产商为主体的供应链模式

图 2-5 所示是工业品批发商的供应链结构。在工业品市场中，绝大多数产品都是直接从生产者手中转移到消费者手中的，批发商往往只处理供应品，替换零件和小批量项目的订货。

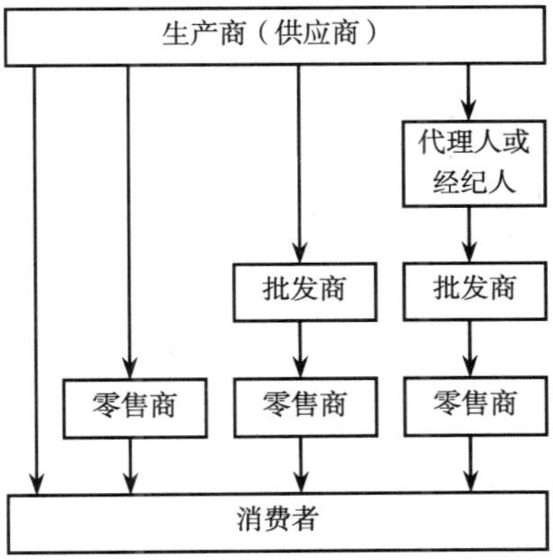

图 2-4　消费品批发商供应链结构

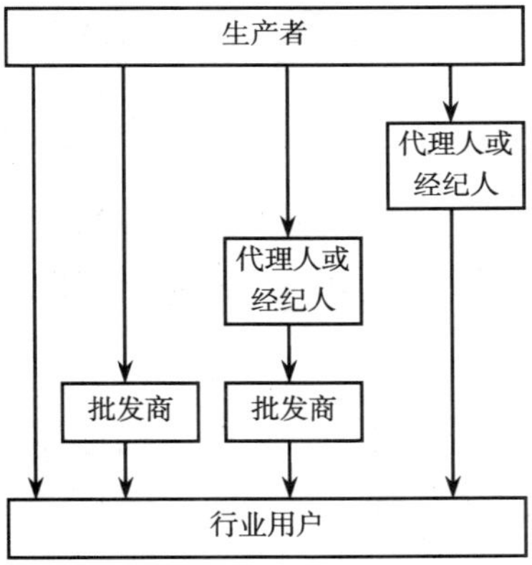

图 2-5　工业品批发商供应链结构

3. 以零售商为主体的供应链

这种模式是在以需求为导向、产品市场从卖方市场转变为买方市场的大背景下产生的。由于消费者的力量日益强大，制造企业又远离消费者，无法及时、正确地了解消费者的需求，而零售商特别是享有强大的品牌优势的零售商，由于贴近消费者，可以通过自己的品牌优势建立以自己为中心的供应链。沃尔玛就是这种模式的典型案例。这种模式如图 2-6 所示。

4. 以第三方物流商为主体的供应链

第三方物流企业在参与供应链管理过程中，与供应链其他成员之间的合作不断加深，而将业务延伸出物流领域，并成为对整个供应链运作质量的真正控制者。这样就形成了以第三方物流企业为主导的供应链模式，如图 2-7 所示。

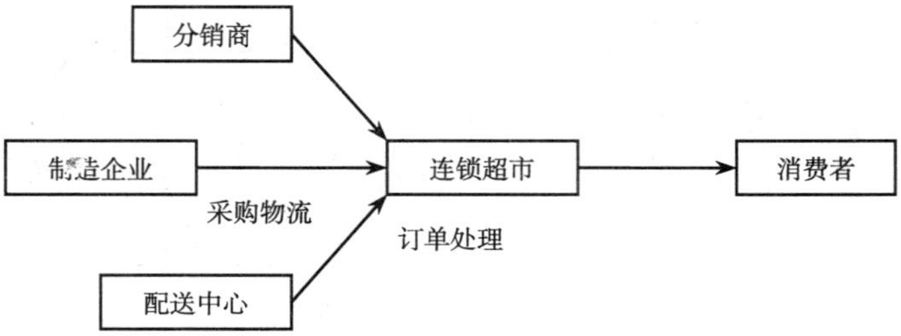

图 2-6　以零售商为主体的供应链

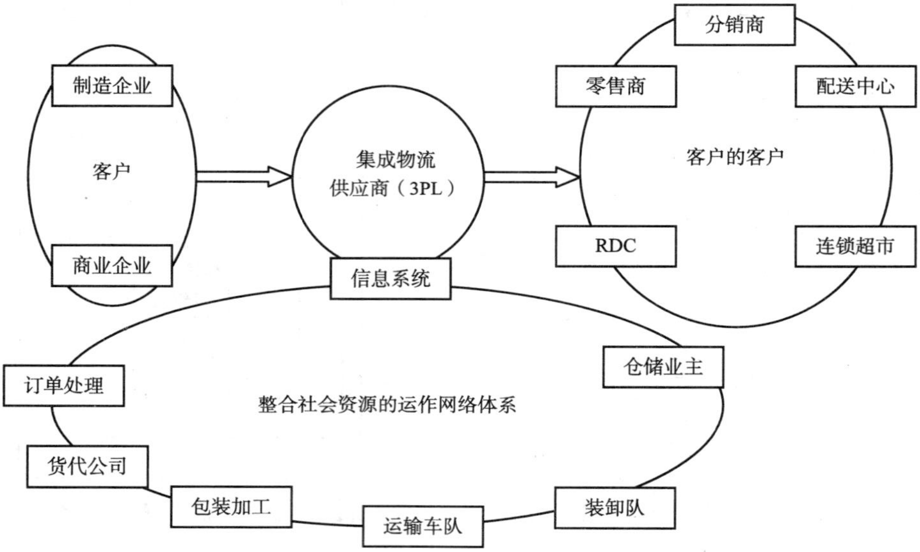

图 2-7　第三方物流企业为主导的供应链

这种模式可以分为三个层次或三个阶段：

（1）第一层次或第一阶段，主导供应链的第三方物流企业完全或主要提供物流服务，并依靠物流特色服务来赢得消费者。这是最低级的一种模式，也可以看做供应链形成的初级阶段。

（2）第二层次或第二阶段，主导供应链的第三方物流企业既提供物流服务又提供供应链整合方案。它不再处于被动地位，而是借助自己特色服务的核心地位优势积极主动地组织和管理整个供应链，是此模式的发展阶段。

（3）第三层次或第三阶段，主导供应链的第三方物流企业只提供供应链整合方案。公司通过运用各种先进的理论和信息技术，最大限度地发挥供应链的整合优势，实现供应链的无缝连接。这是本模式的成熟阶段，它实际形成了真正的虚拟企业，也有人将其称为第四方物流公司主导的供应链模式。

2.2 供应链设计

供应链设计是一项复杂而艰巨的工作，也是供应链管理的重要环节，它涉及供应链组织机制、供应链成员的选择、供应链成员之间的相互关系、物流网络、管理流程的设计与规划，以及信息支持系统等多方面的内容。供应链设计必须遵循一定的设计原则，运用合理的科学方法和步骤才能完成。

2.2.1 供应链设计的基本要求

尽管从不同的角度，可以将供应链划分不同的类型，但由于实施供应链的最终目的都是为了有效发挥社会分工优势，强化企业市场竞争力，提高企业经营效益，因此，各种供应链的设计都遵循基本的要求。

1. 客户优先

客户是供应链中唯一真正的资金流入点，任何供应链都只有唯一收入来源——客户。客户服务由客户开始，以客户终止，客户最能感受到供应链中复杂的相互影响的全部效应。因此，供应链的设计要考虑客户优先原则。供应链的设计必须具有高度柔性和快速响应能力，才能够满足客户的现实需求和潜在需求。

2. 定位明确

供应链由原料供应商、制造商、分销商、零售商、物流与配送商及消费者组成。专业化就是优势，供应链本来就是为了实现优势互补，一条富有竞争力的供应链要求组成供应链的各成员都具有相对竞争优势，因此，不管成员企业在整个供应链上处于什么位置，每个成员企业都必须明确自己的专业化优势。根据自己的优势来确定自己在供应链中的位置，并据此制定企业的发展战略，着重培养自己的业务优势，对自己的业务活动进行适当的调整和取舍，保证以自己的优势业务参与供应链。只有这样，企业才有可能在供应链中被认同，并通过与其他企业合作，最终实现共赢。

3. 防范风险

供应链是一个松散的组织，供应链上成员企业间依赖共同利益而相互合作。由于市场是变动的，受到自然和非自然因素的影响，供应链上成员的共同利益有可能消失，从而瓦解成员企业间的合作基础，因此，供应链的运作实际上存在着很大的不确定性，这就使参与供应链的成员企业面临着一定的风险。企业必须对这些风险有充分的估计和准备，保证在市场波动时能够应对自如。例如，为达到客户服务的目标，企业必须维持足够的库存（也就是安全库存）。尽管理论上说，供应链管理可以通过无缝衔接，使处于中间环节的成员企业尽可能降低库存，甚至可以实现零库存，但是，由于市场需求的经常变化，供应链上的每个节点企业都必须保持一定的库存。这样即使供应链上游环节出现问题，下游企业也不至于因此而影响正常的经营活动。因此，参与供应链的企业必须对供应链上各种可能的风险因素进行估计，了解各种不确定性因素对供应链系统所产生的影响，并制定相应的防范措施。

4．量力而行

供应链的建立与运行是十分复杂的工程，它要求企业必须具备较强的经济实力、较高的决策水平和较高的供应链运作技巧。企业应根据自己的实际情况和具体的市场环境，对建立或参与什么样的供应链、自己在供应链中的地位和作用、供应链运作的未来预期状况等问题，做出理性的判断并量力而行，使自己在未来的供应链运作中能够进退有道，有效控制自己的经营活动。只有这样，企业才有可能达到供应链设计与实施的目的。

2.2.2　供应链构建的基本内容

了解了供应链设计的基本要求，并不能保证能够构建出一个完整的供应链，下面我们具体介绍供应链构建的基本内容。

1．供应链成员的选择

每个供应链都包括从采购、供应、生产到仓储、运输、销售等多个环节的多家供应商、制造商和销售商以及专门从事物流服务的多家企业，供应链成员囊括了为满足客户需求，从原产地到消费地，供应商或客户直接或间接的相互作用的所有公司和组织。因此，供应链成员的选择是构建供应链的基础。供应链成员的选择是双向的。一般而言，参与供应链的成员在市场交易的基础上，为了共同的利益而结成相对稳定的交易伙伴关系。但供应链的主体企业，尤其是核心企业，主导整个供应链的存在和管理，因而在对供应链其他成员的选择上具有一定的主动性；其他非主体企业，规模和经济势力相对较小，在供应链上处于从属的地位，往往无法主宰自己能否成为供应链成员。从这个意义上说，供应链成员及其合作伙伴的选择又是单向的。

2．供应链网络结构设计

供应链网络结构一般与供应链所处的行业有关。如上所述，供应链网络结构可以归结为三种类型，即分散型、集中型和适应型，它们分别对应于不同状态的产品生产和产品市场。因此，供应链网络设计往往围绕着这三种基本类型，根据具体的情况进行设计。整个网络结构由供应链成员、成员间的联系和供应链间工序连接方式三方面组成，网络本身体现供应链成员及其分布和成员间的相互关系。供应链网络结构设计的中心是保证网络能合理利用和分配资源，提升物流效率，从而达到提高供应链整体价值的目的。

3. 组织机制和管理程序

供应链的组织机制和管理程序是保证供应链有效运营的关键。由于供应链涉及多家企业的多个业务环节，而这些企业都是独立的市场经济主体，在管理上自成体系，要实现供应链的无缝衔接，各个独立的企业必须在相关环节上达成一致，才能保证整体的协调性。供应链的组织机制和管理程序实际上是各成员企业相关业务组织机制和管理程序的集合。各成员企业必须从供应链整体出发，设计相关的组织机制和管理程序。尤其是核心企业，其组织机制和管理程序是整个供应链效率的关键。

4. 供应链运行基本规则

供应链上节点企业之间的合作是以信任为基础的。信任关系的建立和维系，除了需要各个节点企业的真诚和行为之外，还必须有统一的规则和管理协调平台，其主要内容包括协调机制、信息开放与交互方式、生产物流的计划与控制体系、库存的总体布局、资金结算方式、争议解决机制等。计算机系统、相应的软件和信息系统是供应链运营规则实施的必要的物质基础，它是供应链实施统一规则和进行管理协调的技术保证。

2.2.3 供应链的设计原则

在供应链的设计过程中，为了使供应链管理思想得到切实的贯彻，实现供应链的营运目标，供应链设计必须遵循一些基本原则。

1. 自顶向下和自底向上相结合的设计原则

在系统建模设计方法中，存在两种设计方法，即自顶向下和自底向上的方法。自顶向下的方法是从全局走向局部的方法，自底向上的方法是从局部走向全局的方法；自上而下是系统分解的过程，而自下而上则是一种集成的过程。设计一个供应链系统，往往是先由核心企业主管高层做出战略规划与决策，然后由下级部门实施决策；下级部门在执行过程中，将发现的问题及时反馈给高层部门，在双方交流中对设计的规划、目标和细节问题进行完善。

2. 简洁性原则

为了能使供应链具有灵活、快速响应市场的能力，供应链的每个节点都应是简洁的、具有活力的，能够实现业务流程的快速组合。因此，各节点上的供应商应尽可能精而少，精心选择合作伙伴。每个企业就像一个独立的制造单元（独立制造岛）。这些单元化企业自我组织、自我优化、面向目标、动态运行和充满活力，能够实现供应链业务的快速重组。同时，每个业务流程都应尽可能简洁，避免无效的作业，从而有效地实施及时（JIT）生产供应方式。

3．集优化原则

集优化原则也称互补性原则。供应链上节点企业的选择应遵循优势互补、强强联合的原则，每个节点企业都具有其在供应链上的相对优势，从而能够集中精力致力于各自核心的业务流程，充分利用企业资源，使各企业发挥分工效率，实现优势互补。

4．协调性原则

从某种意义上说，分工的效率取决于参与者的合作程度。供应链合作伙伴之间的协调程度将直接影响到供应链整体价值创造能力，因此设计供应链应遵循协调性原则，保证充分地发挥系统各成员的能动性、创造性、协调性及包括成员之间的协调，也包括供应链系统与环境的总体协调性。在组织机制和管理程序上，应从供应链整体角度考虑，通过规则和制度对成员企业进行有效的约束和激励，避免各个节点企业狭隘的、利己的本位主义影响整体供应链的和谐关系，确保供应链整体价值创造能力。

5．动态性原则

市场的变动导致企业经营环境的不确定，供应链必须能够根据市场环境的变化而适时地做出调整，才可以高效运营。否则，供应链的运作绩效将会受到影响。因此，进行供应链设计时，对于成员企业的进入和退出，以及作业流程安排等方面，都应保留一定的弹性。同时，通过信息共享，确保成员企业能够及时获取有价值的市场信息，并根据市场需要自行调整。只有这样，供应链才能动态地适应市场，确保供应链的整体活力。

6．创新性原则

没有创新性思维，就不可能有创新的管理模式。供应链产生本身就是一种创新。虽然供应链的设计存在一定的模式和基本要求，但由于市场的复杂性和企业的多样化，由不同企业组成的供应链不可能千篇一律。因此，进行供应链设计时，在基本模式基础上，根据参与供应链的成员企业特点和具体的市场环境，进行适当的模式创新是必要的。创新性地设计供应链，就是敢于用新的角度、新的视野审视已有的供应链模式，跳出本企业和原有供应链的范围和视野，从成员企业合作效率的角度进行大胆的创新设计。同时，创新性地设计供应链还必须注意：一是创新应与战略目标保持一致；二是要从市场需求的角度出发，综合运用企业的能力和优势；三是发挥企业各类人员的创造性，集思广益，并与其他企业共同协作；四是建立科学的供应链和项目评价体系及组织管理系统，在经济分析和可行性论证的基础上进行创新。

7．战略性原则

供应链联盟属于企业战略层面的问题，因此，供应链的设计也必须从企业战略发展的角度考虑。对于核心企业，在确定实施供应链战略后，必须着眼于企业长远发展，选择合适的供应链模式，确保供应链系统结构的发展和企业的发展战略规划保持一致，并在企业战略规划的指导下进行。

2.2.4 供应链的设计步骤

费舍尔（Fisher）认为，供应链的设计要以产品为中心，即应设计出与产品特性一致的供应链。基于产品（或服务）的供应链设计步骤可以归纳如下（见图 2-8）。

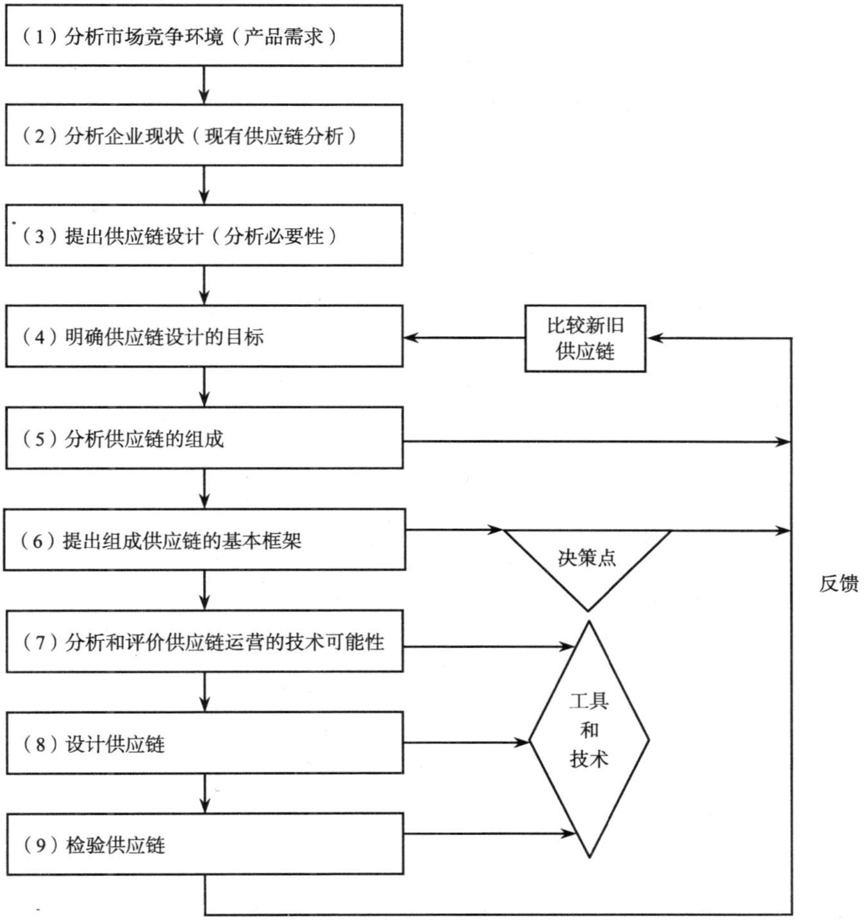

图 2-8　供应链设计的步骤

1. 分析市场竞争环境

市场竞争环境分析，就是针对企业特定产品和服务，对市场竞争环境进行调查和分析。例如市场各类主体，如用户、零售商、生产商和竞争对手的状况如何。通过专项调查，了解产品和服务的细分市场情况、竞争对手的实力和市场份额、供应原料的市场行情和供应商的各类状况、零售商的市场拓展能力和服务水准、行业发展的前景，以及诸如宏观政策、市场大环境可能产生的作用和影响等，分析和判断有关产品的重要性排列、供应商的优先级排列、生产商的竞争实力排列、用户市场的发展趋势，以确定哪些产品的供应链需要开发。

2. 分析企业现状

对企业现状的分析就是对企业现有的业务状态和管理现状进行分析和总结。如果企业已经建立了自己的供应链管理体系，则对现有的供应链管理或者现有供应链对企业的影响状态进行分析，及时发现企业在供应链的运作和管理过程中存在的问题，寻找企业可能出现的不适应市场发展的端倪，挖掘利用现有供应链的潜力或改善供应链管理的方法。若企业准备实施供应链管理，企业分析的目的则不在于评价供应链设计策略中哪些更重要和更合适，而是着重于研究供应链设计的方向或设计定位，同时将可能影响供应链设计的各种要素分类罗列出来。

3. 提出供应链设计

根据对市场环境和企业状况的分析情况，提出供应链设计或改进的设想，分析其必要性。特别是对于原来的供应链，要认真分析其运营模式和运营效率，以确定是否对其进行重构。

4. 明确供应链设计的目标

基于产品和服务的供应链设计，其主要目标在于获得高品质的产品、快速有效的用户服务、低成本的库存投资或者低单位成本费用投入等目标，并在多个目标之间取得平衡，最大限度地避免多个目标之间的冲突。除此之外，还要对以下具体目标进行分析：进入新市场或者拓展老市场，开发或调整产品，开发分销渠道，改善售后服务水平，提高用户满意程度，建立战略合作伙伴联盟，降低库存或成本，提高运营效率等，同时要分清主次，注意这些目标之间的平衡。

5. 分析供应链的组成

首先，分析用户的选择及其定位。其次，根据对供应链设计产生影响的主要因素，分析制造工厂、设备、工艺和供应商、制造商、分销商、零售商，确定选择与评价的标准。再次，对供应链上的各类资源，如供应商、用户、原材料、产品、市场、合作伙伴与竞争对手的作用、使用情况、发展趋势等进行分析。同时，在对每类因素可能产生的风险进行分析研究的基础上，设计出风险规避方案，并将这些方案按照其作用的大小进行排序。

6. 提出组成供应链的基本框架

根据供应链的组成，分析供应链上主要的业务流程和管理流程，描绘出供应链物流、信息流、资金流、作业流和价值流的基本流向，提出组成供应链的基本框架。在这个框架中，供应链中各组成成员如生产制造商、供应商、运输商、分销商、零售商及用户的定位应予以确认，同时完善组成成员的选择标准和评价指标。

7. 分析和评价供应链运营的技术可能性

供应链设计框架建立之后，需要对供应链设计的技术可行性、功能可行性、运营可行性、管理可行性进行分析和评价。在各种可行性分析的基础上，结合核心企业的实际情况以及对产品和服务发展战略的要求，为开发供应链中技术、方法和工具的选择提供支持。由于这是一个方案决策的过程，因此，只有在方案可行的情况下，才可继续进行下面的设计工作，否则就要重新进行设计。

8. 设计供应链

这一步需要解决以下关键问题：供应链的具体组成成员，如供应商、设备、作业流程、分销中心的选择与定位、生产运输计划与控制等；原材料的供应情况，如供应商、运输流量、价格、质量、提前期等方面的问题；生产设计的能力，如需求预测、生产运输配送、生产计划、生产作业计划和跟踪控制、库存管理等方面的问题；销售和分销能力设计，如销售/分销网络、运输、价格、销售规则、销售/分销管理、服务等问题；信息化管理系统软、硬平台的设计；物流通道和管理系统的设计等。在供应链设计中，需要广泛地应用许多工具和技术，如归纳法、流程图、仿真模拟、管理信息系统等。

9. 检验供应链

供应链设计完成以后，需要通过模拟供应链的运行环境，借助科学的方法和必要的技术手段对供应链进行测试、检验或试运行。如果模拟测试结果不理想，就要返回第 4 步重新进行设计；如果测试结果理想，就可以开始实施供应链建设。

2.2.5 关于供应链设计的几个相关问题

1. 供应链设计的整体系统性问题

供应链本身是一系列独立的在业务上相互关联的企业在共同利益基础上结成的网络，供应链管理的突出特点是系统性，它体现了现代企业集成的管理思想和管理方法，具体表现在组织机制、管理方法和系统性的信息技术支撑。因此，各企业及其相关部门之间相互作用、相互影响、相互制约。设计供应链必须从系统性角度考虑问题，确保在开放的条件下，从结构上合理安排核心企业和非核心企业、主体企业和非主体企业、供应商、制造商和销售商等，明确相互之间的层级关系，实现成员企业和各企业内部部门间的整体协调性，保证在成员企业有进有出的动态环境中，整个系统能够使物流、资金流、信息流在各企业和部门之间有序、顺畅流动。在此基础上，企业必须明确自己在供应链中的位置和角色，培养自己的核心业务，确保发挥企业的专业优势，从而在供应链上与其他成员企业达到优势互补，共同为供应链创造价值增值。

2．供应链设计与物流系统设计问题

供应链设计是从企业整体角度出发的战略性问题。它包括物流系统设计、信息系统、组织系统和相应的服务体系的建设。因此，作为供应链通道的物流系统，是供应链的重要组成部分。物流系统设计是指原材料和外购件所经历的采购入厂—存储—投料—加工制造—装配—包装—运输—分销—零售等一系列物流过程的设计，也称通道设计（Channel Designing），是供应链系统设计中最主要的工作之一。合理的物流通道能够有效地降低库存、减少成本、缩短提前期、实施准时制（JIT）生产与供销、提高供应链的整体运作效率。所以，物流系统的设计是供应链设计中最重要的环节和步骤。

3．供应链设计的环境因素问题

从理论上看，有些供应链可能设计得十分完美，但在实际运行中无法达到预想的效果，从而形成主观设想与实际效果的巨大差距，这往往是因为在供应链设计中忽略了环境因素的影响。地理、政治、文化和经济等环境因素对供应链的运行具有重要的作用，它们直接影响着市场状态、供应链成员间的相互关系、业务流程以及业务流程所引起的物流、资金流和信息流的状态。一个供应链可能在一个国家或地区运行良好，而在另一个国家或地区则效果极差，甚至根本无法运行。因此，供应链的设计必须充分考虑其即将运行其中的环境因素。不仅如此，由于环境也存在着不确定性，会随着时间的推移发生变化。所以，为适应这种环境的不确定性，设计供应链还必须保持一定的柔性，以保证其对环境的适应性。

4．供应链设计与企业再造工程问题

从企业的角度看，供应链的设计是按照新的集成化管理思想对企业的改造，这是分工和技术发展的结果，也是现代激烈的市场竞争的内在要求。现代社会分工越来越细密化，导致包括物流在内的新的产业部门的诞生，而信息技术、网络技术和计算机技术的发展，改变了原有的空间概念，企业可以在全球范围内实现分工和合作。因此，供应链战略的实施，既能限制企业规模，从而降低管理成本，又能通过合作降低交易成本，同时还能够快速响应市场，实现速度经济。尽管“业务流程重组（BPR）教父”哈默和钱皮一再强调其彻底的、剧变式的企业重构思想，但实践证明，实施业务流程重组（BPR）的企业最终还是走向改良道路。因此，供应链的设计或重构并不是彻底推翻现有的企业模型，而是从管理思想革新的角度出发，改造和创新，用新的管理理念武装企业（如动态联盟与虚拟企业，精细生产），它是基于系统进化思想的企业再造。即在原有管理体系和组织结构基础上，整合已有资源，发展合作伙伴，发挥自我优势和充分利用外部资源，与关系企业共同创造价值增值，分享现代分工发展的好处。

5. 供应链设计与先进制造模式的关系问题

供应链设计既是从管理新思维的角度去改造企业，也是将先进制造模式有效地运用到企业营运活动中的过程。如果没有全球制造和虚拟制造这些先进的制造模式的出现，集成化供应链的管理思想是很难实现的。正是先进制造模式的资源配置沿着“劳动密集—设备密集—信息密集—知识密集”的方向发展，才使得企业的组织模式和管理模式发生相应的变化，从制造技术的技术集成演变为组织和信息等相关资源的集成。因此，供应链设计应把握这种内在的联系，使供应链管理成为适应先进制造模式发展的先进管理思想。

2.2.6 供应链设计的评价指标

一个供应链是否合理并有效运营，可以从以下几个方面考察。

1. 灵敏度

灵敏度是企业通过供应链运营了解市场变化的敏锐程度，它决定着供应链系统灵巧地运用和重组内外资源的速度。面对越来越短的产品生命周期和日益苛刻而无法预期的市场需求，企业必须具备敏锐感知市场变化的能力。一个好的供应链设计，可以使企业通过供应链上的业务量的变化，感知市场的变化，从而及时调整自己的业务活动和范围，及时革新，保持强大的应变能力。

2. 应变能力

仅仅提前察觉客户的需求，对未来想要成功的企业来说是不够的，它必须要比竞争对手做出更快的反应。明天赢利的企业应该具备对现实和潜在客户提前采取行动的能力，市场一旦有蛛丝马迹出现，要能立即洞察客户的需求变化，并试图满足他们期待之外的需要。优秀的供应链不仅能够适应可预测的环境，而且也能够适应难以预测的环境。

3. 精简状态

供应链必须有一个绝对高效的“物质交换”系统：用最小的投入赢得最大的产出。这就要求系统地防范各种形式的浪费，设计出低成本的程序和结构、最小的资源耗费、最小的环境破坏以及最佳的绩效。好的公司善于利用自身的能力，设计和进一步发展自己的核心竞争力，以便提高与合作伙伴之间整体供应链的效益。在保持一个高服务水准的同时，削减了成本，还提供了一个高效运作的物流服务。

4．灵活性

系统应始终具有良好的灵活性。市场处于激烈的变化中，具有足够的灵活性，可以使供应链能够依靠 Internet、Intranet 和 EDI 等信息技术的支持，保持链中各企业的响应速度，满足客户多样化和个性化的需求，如交货期、交货数量、商品质量和用户对产品的某些特殊要求。因此，灵活性的高低是评价供应链组织结构合理性的重要因素。

5．协调性

供应链是多个企业的集成网链，每个企业又是独立的利益个体，所以它比企业内部各部门之间的协调更加复杂，更加困难。供应链的协调就是利益协调和管理的协调，前者是指在供应链组织结构构建时，将链中各企业之间的利益分配加以明确，使供应链整体利益在各成员企业之间分配有序，有法可依，从而避免利益分配过程中产生矛盾。管理协调则是按供应链组织结构要求，借助信息技术的支持，协调物流和信息流的有效流动，以降低整个供应链的运行成本，提高供应链对市场的响应速度。

6．智能化程度

供应链的智能化就是供应链上的各个节点企业面对市场的变化以及突发事件，能够迅速及时地把握并正确决策，有效地集成各种资源予以解决。供应链智能化是发现客户需求和赢得客户满意的必要基础，是将各种供应链管理的原则、策略有效集成起来的关键。在发达的市场环境中，社会分工更加细化，企业为之服务的市场单元越来越小。要想使供应链具有能满足客户需求和愿望的能力，供应链的所有组成部分之间就必须保持顺畅的信息交换，保证在激烈的市场中，及时捕捉客户需要的变化。这就要求各成员企业不仅能及时提供有关变化着的用户愿望和需求的最详尽信息，而且能够根据变化及时调整，以有效利用现有的供应链资源来满足这些需求，从而保证供应链的整体市场竞争力。总之，一个全新的、反应能力强的、灵敏的、精简的、协调的和智能型的供应链应该是供应链设计所追求的目标。

2.3 供应链设计策略

供应链设计不当将会造成供应链运作困难，导致许多人、财、物的浪费，直接影响到企业和供应链的绩效。所以，设计一个有效的供应链，对于成员企业至关重要。而供应链设计的策略如何直接关系到供应链设计的有效性。基于不同目的的供应链设计策略主要有以下几种。

2.3.1 基于产品的供应链设计策略

基于产品的供应链设计策略就是围绕市场的产品需要来设计供应链。它首先需要了解客户需求什么样的产品，这些产品的生命周期、需求量、品种、提前期和服务的市场标准等，然后采取相应的设计策略。

1. 功能性产品和创新性产品对供应链的不同要求

不同的产品类型对供应链设计有不同的需求。根据产品的客户需求模式分类，产品可以分为两类：功能性产品和创新性产品。功能性产品具有变化小、市场需求稳定且可预测、生命周期长等特点，它主要以产品功能来满足消费者的基本生活需求，由于产品功能明确，变动性小，市场竞争充分，其边际利润较低。如日用百货，主要用于满足人们的基本生活需求，需求量相对稳定，因而是可以预见的，竞争来自产品质量和服务。生产这类产品的公司主要精力集中于使成本最小化，各供应商、制造商和零售商通过协调行动，以最低的成本满足客户的需求，因此，降低物流运作成本是整条供应链的核心。

创新性产品一般周期短，更新快，市场需求变化频繁，因而难以预测。如时装，产品的设计和生产跟随时尚潮流，周期非常短。一旦迎合了市场，就可以在短期内大量销售，并获得单位产品的高额利润。但这种赢利效应往往引起跟风仿造，导致基于创新的竞争优势在短时间内迅速消失，并引起新一轮的创新设计和生产。因此，创新产品的突出特点是生命周期很短（通常只有几个月），需求变化大而迅速，难以预测。投入市场前期销售以获得高利润十分重要，但会增加产品短缺的成本；而产品的短生命周期则增加了产品过时的风险和前期过度供应的成本。因此，对创新性产品而言，市场调节成本具有关键性的意义。对企业而言，最重要的是仔细研究新产品在整个周期内的销售量或其他市场信号并快速反应，因此，供应链内部和反应市场变化的信息流就显得特别重要；对于生产企业而言，关键是确定存货和企业生产能力，并利用供应链及时掌握市场变动信息以迅速做出调整，应对不确定的需求；而对于销售商而言，选择供应商要考虑的不是低成本，而是供货的速度和灵活性。

2. 供应链设计的策略

功能性产品和创新性产品的不同特点，决定了其所要求的供应链的差异性。功能性产品的低成本特性要求选择效率性供应链，而创新性产品的上市速度与灵活性则要求响应性供应链与之相匹配。下面通过一个简单的矩阵（见表 2-2）来说明功能性产品与创新性产品的供应链设计策略。

表 2-2　供应链设计与产品类型策略矩阵

	功能性产品	创新性产品
效率性供应链	匹配	不匹配
响应性供应链	不匹配	匹配

该矩阵显示了四种可能的产品与供应链组合，它清楚地说明产品与供应链匹配的最佳组合应该是：功能性产品对应效率性供应链，创新性产品对应响应性供应链，即表中左上方与右下方内的组合。

首先，生产创新性产品的企业，在响应性供应链上的投资回报率要比在效率性供应链上的投资回报率高得多。若企业采用响应性供应链来生产功能性产品，即使增加投资，也可能获利较少，得不偿失。考虑到创新性产品的需求不确定性，设计市场响应性供应链与之匹配时，应在以下几个方面做出努力：

（1）使不同产品拥有尽可能多的通用件，增强某些模块的可预测性，从而减少需求的不确定性。

（2）缩短提前期，增加供应链的柔性，使企业能按照订单生产，及时响应市场需求，在尽可能短的时间内提供客户所需的个性化的产品。

（3）当需求的不确定性被尽可能地降低或避免时，用安全库存或充足的生产能力来规避其剩余的不确定性。这样当市场需求旺盛时，企业就能尽快地提供创新性产品，从而减少缺货损失。

其次，效率性供应链与功能性产品相匹配。由于功能性产品市场相对稳定，但企业利润率较低，因此，在供应链设计时，应特别注意以下几个方面：

（1）削减企业内部成本。

（2）加强企业与供应商、分销商之间的协作，从而有效降低整条链上的成本。

（3）降低销售价格，这是建立在有效控制成本的基础之上的。但一般不轻易采用，需要根据市场竞争情况而定。

再次，效率性供应链和创新性产品的组合也很常见。由于创新性产品可观的边际利润，尽管竞争日益激烈，越来越多的企业还是不断从生产功能性产品转向生产创新性产品，但其供应链并未发生改变，这就形成了效率性供应链与创新性产品的搭配，但这种搭配的供应链是低效率的。例如，一些个人计算机厂商在提供新产品时，过于注重成本，追求库存最小化和较低的采购价格，忽视供货速度和灵活性，因担心增加成本而不愿缩短提前期，从而造成交货速度太慢，不能及时响应日益变化的市场需求，缺货损失甚为可观。更糟的是，被竞争对手抢先占领了市场，新产品还没有在市场上占有一席之地，就处于淘汰的境地，损失惨重。

如何改进这种状况呢？一种方法是向左平移，将创新性产品变为功能性产品；另一种方法是向下垂直移动，实现从效率性供应链向市场响应性供应链的转变，这需要企业进行创新管理体系，投资改变软、硬条件，重新设计和改造原有供应链，是否实行这种移动取决于创新性产品所产生的边际利润是否足以抵消采用市场响应性供应链所增加的成本。

最后，功能性产品很少与响应性供应链搭配。因为如果产品一直是功能性的，那么，公司通常愿意保持效率性供应链，因此，一般很少有公司处于矩阵的左下角。

总之，在为企业寻找理想的供应链之前，必须先确定市场需要的产品的类型和企业供应链的类型，并使两者合理匹配，从而实现企业产品和供应链的有效组合。

2.3.2 基于成本的供应链设计策略

选择节点企业是供应链设计的一项重要内容。成本优化算法是选择节点企业常用的方法。为了便于分析供应链成本，我们对有关因素做如下假设。

（1）合作企业以 i=1, 2, 3,⋯, n 表示（其中供应链层次以 a=1, 2, 3,⋯, A 表示，一个层次上合作企业的序号以 b=1, 2, 3,⋯, B 表示，所以一个节点 i 可以表示为 $A\times B$），如图 2-9 所示。

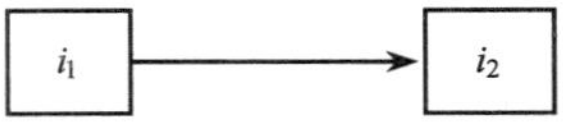

图 2-9 合作企业

（2）物料单位成本随着累积单位产量的增加和经验曲线的作用而降低。成品、零部件、产品设计和质量工程的改善都可能导致单位物料成本的降低。

（3）从一个节点企业到另一个节点企业的生产转化时间在下一个节点企业的年初。

（4）当一个节点企业在年初开始生产时，上一节点企业的工时和原材料成本根据一定的技术指数转化为此节点企业的初值。

（5）全球供应链控制中，围绕核心企业核算成本，汇率和通货膨胀率等均以核心企业所在国家为标准。

1. 供应链成本结构及其函数

供应链成本主要包括物料成本、劳动力成本、运输成本、设备成本和其他变动成本等。其成本函数分别构造如下。

（1）物料成本函数（Materials Cost Function）。从假设（2）可知，物料成本随累积单位产量的增加而降低，供应链的总物料成本函数为

$$M_{it} = m_i(m_{it})\int_0^{n_t} n^{f_i}\,\mathrm{d}n$$

式中 M_{it}——i 节点企业在第 t 年生产 n_t 产品的总物料成本（时间转化为当地时间）；

m_i——i 节点企业的第一个部件的物料成本（时间坐标轴的开始点）；

m_{it}——i 节点企业第 t 年的物料成本的通货膨胀率；

n_t——第 t 年内的累计产量；

f_i——$\lg(F_i)/\lg(2)$，F_i 表示物料成本经验曲线指数，$0 \leqslant F_i \leqslant 1$；

n——累计单位产量，$n=1, 2, 3,\cdots, n_t$。

（2）劳动力成本函数（Labor Cost Function）。供应链的节点企业可能分布在本国的不同地方，也可能分布在世界各地，各地的劳动力价值和成本无法统一衡量，这里直接以工时为基础计算供应链的劳动力成本。供应链的劳动力成本函数为

$$L_{it} = l_i(l_{it})\int_0^{n_t} n^{g_i}\,\mathrm{d}n$$

式中 L_{it}——i 节点企业在第 t 年生产 n_t 产品的总劳动力成本（时间转化为当地时间）；

l_i——i 节点企业的单位时间劳动力成本；

l_{it}——i 节点企业第 t 年的单位小时的通货膨胀率；

n_t——第 t 年内的累计产量；

g_i——$\lg(G_i)/\lg(2)$，其中，G_i 表示劳动力学习经验曲线指数，$0 \leqslant G_i \leqslant 1$；

n——累计单位产量，$n=1, 2, 3,\ \cdots, n_t$。

（3）运输成本函数（Transportation Cost Function）。运输成本是影响供应链总成本的重要因素之一，交货频率和经济运输批量都决定着运输成本的大小。供应链的总运输成本函数为

$$T_{it} = \sum_{m=1}^{M} S_{im} s_{it} d_{mt}$$

式中 T_{it}——i 节点企业在第 t 年生产 n_t 产品的总运输成本；

S_{im}——i 节点企业到 m 节点企业的单位成本；

s_{it}——i 节点企业第 t 年运输的通货膨胀率；

d_{mt}——m 节点企业在第 t 年的累计需求；

M——节点企业的总数量。

（4）设备和其他变动成本函数（Utilities and Other Variable Cost Function）。供应链的设备和其他变动成本函数为

$$U_{it} = \left[u_i(u_{it}) + v_i(v_{it})\right]n_t$$

式中 U_{it}——i 节点企业在第 t 年生产 n 单位产品的总的设备和变动成本；

u_i——i 节点企业一个单位的设备成本；

v_i——i 节点企业一个单位的其他变动成本；

u_{it}——i 节点企业一个单位的设备成本的通货膨胀率；

v_{it}——i 节点企业的一个单位的其他变动成本的通货膨胀率。

（5）供应链的总成本函数（Total Cost Function）。以上成本都是针对一定时间轴上可能的 i 节点企业的组合。在时间 T 内相关的节点 i 组成一个节点企业组合序列，用 k 表示，所有可能的节点企业组合序列用 k 表示。对于每一个节点企业组合序列 k，供应链的总成本 TC(k)表示为

$$\mathrm{TC}(k)=\sum_{t=1}^{T}\left[\sum_{i\in k}(M_{it}+L_{it}+T_{it}+U_{it})e_{it}(v_{it})\right]$$

式中 e_{it}——汇率（i 节点企业对核心企业的汇率）；

v_{it}——i 节点企业在第 t 年的现值折扣率；

k——一个节点企业组合序列；

M_{it}，L_{it}，T_{it} 和 U_{it} 意义同上。

而一个节点组合序列的平均单位成本为

$$\mathrm{CAU}(k)=\frac{\mathrm{TC}(k)}{N_T}$$

式中 N_T——节点企业的总数量。

2．供应链设计的优化成本算法

从节点企业组合序列中可以选出多个节点企业组合。例如，分布在 4 个层次(A=4)的各 2 个(B=2)工厂，在 5 年(T=5)的时间轴上，总共有 $k=(2\times4)^5$ 个节点企业组合序列。可以通过对供应链总成本的优化核算来找出最优的合作企业组合，设计低成本的供应链。供应链的设计要评估所有可能的组合序列，以达到最优化的设计。

具体的方法是将多时段问题转化为网络设计，网络设计层次定义为 t=1, 2, 3, …, T，在第 t 层次，可能的组合序列是 $i=(A\times B)^t$，在每一个层次 t，每个节点企业的总累积成本表示为

$$C_{it}=\left\{m_i(m_{it})\frac{n_t^{1+f_i}}{1+f_i}+l_i(l_{it})y_{it}\frac{n_t^{1+g_i}}{1+g_i}+\right.$$

$$\sum_{m=1}^{M} S_{im}(s_{it})d_{mt} + [u_i(u_{it}) + v_i(v_{it})]n_t \Big\} e_{it}v_{it} + c_{it-1}$$

式中　i=1, 2, 3, …, $(AB)^t$;

t=1, 2, 3, …, T。

此公式表示了从第1年到第 t 年（包括第 t 年）节点 i 的总累积成本。

可以编制程序来进行计算。在输入初始数据以后，计算第1年第 i 个节点的成本，当累加成本的节点数不超过$(A\times B)^T$时，程序要判断是否达到时间段的末年，如果 $t<T$，j 节点第 t+1 年的第一个单位的物料成本和劳动工时取决于从第 i 节点到第 j 节点的所有可能的生产转换；如果 $t=T$，那么只有最后一个节点的成本要计算。当所有的节点第 t 年的累积成本计算完以后，程序需重新设置 i 和计算第 t+1 年的累积成本。当 $t=T$ 时，最后对节点组合的累积成本进行排序，优化的供应链节点组合序列就是排序后的选择。

2.3.3　基于产品协调开发的供应链设计策略

基于产品协调开发的供应链设计策略就是为供应链管理设计产品（Design For Supply Chain Management，DFSCM）。目的在于设计产品和工艺以使与供应链相关的成本和业务能得到有效的管理，也就是说，要使产品开发与设计和供应链设计、供应链管理协调起来，使产品能够较好地适应供应链管理的要求。在一些高科技型企业，如惠普公司（HP），产品设计被认为是供应链管理的一个重要因素。DFSCM 策略的实施可以从以下几个方面考虑。

1．设计适合于供应链的产品

在20世纪80年代，设计人员开始意识到产品和流程设计是重要的产品成本因素，尽早地在供应链设计中考虑制造流程是使生产流程奏效的唯一方法，因而诞生了为生产制造而设计供应链的概念。受此启发，管理者开始意识到，在产品和流程设计阶段中考虑物流和供应链管理能够更有效地运营供应链。即将产品的外形和性质等与供应链的各个环节统一考虑，设计出适合于制造、运输、搬运和储存的产品。

2．通过生产流程设计，缩短生产周期

一种方法是采取并行和平行工艺开发与生产产品。在产品生产的同时，对生产工艺进行修改，确保以前依序运行的步骤可以同时完成。这显然可以帮助缩短生产周期。另外一种方法是采用延迟技术。这些技术通过设计产品和生产工艺，可以把制造何种产品和差异化的决策延迟到开始进行生产时，这样也可以缩短生产周期。要采用这种方法，通常需要对具体的产品具体分析。利用总体预测的信息，延迟产品差异设计还可以有效地改善最终

需求的不确定性。

3．根据产品特性，设计适合运输和储存的产品包装

对产品包装的设计可以有效提高包装和储藏的质量与效率。如果是空间原因，而不是重量原因限制了运输设施的运输能力，那么产品装得越紧凑，运费越便宜。同样，产品包装紧凑，可以有效地储存，降低部分库存成本。在产品设计完成后不能有效地设计包装时，就必须对产品本身进行重新设计。大批量地运送货物通常可以直到仓库甚至零售商处才进行最终包装，有时甚至可以使最终包装延迟到产品实际最终销售时，这样可以节约运输费用，提高运送物品效率。

本章小结

供应链的类型十分丰富，依据不同的原则，供应链可以划分为相应的类型。

供应链的结构有三种，即V形结构或分散型结构、A形结构或会聚型结构、适应型结构，并具有层次性、复杂性和动态性特点。

供应链设计应该客户优先、定位明确、防范风险、量力而行。由于供应链设计涉及供应链成员和合作伙伴选择、网络结构设计、组织机制和管理程序、供应链运行基本规则等内容，所以必须遵循自顶向下和自底向上相结合、简洁性、集优化、协调性、动态性、创新性和战略性原则，采取科学合理的设计步骤，处理好整体系统性问题，与物流系统设计、环境、企业再造工程和先进制造模式的关系问题。最后还要在灵敏度、应变能力、精简、柔性、协调和智能等方面考察供应链设计的合理性。

供应链设计必须根据相关企业的目标和实际情况，可以采取适合产品特性的供应链设计策略，也可以基于成本进行供应链设计策略，还可以通过产品协调开发进行供应链设计策略。

案 例

克莱斯勒的敏捷供应链

传真、电话、存储数千张数据的活页夹、质量专家。以前戴姆勒-克莱斯勒公司就是用这种方法来跟踪开发进展，解决与数千家为克莱斯勒集团制造的轿车、卡车以及商用车设计零部件的公司之间出现的质量问题。问题是，如果传动装置长了1/8英寸，或者某个小部件宽了半厘米，就有可能要花三个星期的时间来通知供应商解决这一问题，并把修改过的零部件插回到设计过程当中去。

如今，那些供应商都转而使用Powerway（Powerway于2001年被克莱斯勒集团第一

次引入汽车行业，如今它已成为业界标准），这是一种 Web 驱动型质量管理系统以及供应链协作网络。Powerway 比它所取代的基于纸张的处理过程更快捷也更准确，它帮助克莱斯勒识别潜在的理论设计与实际工程的冲突，而且是在这些冲突在现实中发生之前，而这反过来又帮助该公司以更快的速度设计新车，数月而不是数年。在客户变幻无常、竞争对手不好对付、产品进入市场的时间都有可能成就或毁了一个公司的行业里，这是一件需要考虑的关键事项。

汽车行业就是敏捷的供应链在其中发挥至关重要作用的行业之一，这种供应链可以迅速地对客户需求变化做出回应。敏捷的供应链不仅在端对端的行动当中非常快速，而更为重要的是，它非常灵活。简捷的操作与制造原则使得敏捷的供应链能够顺利地调整或避开各种意外情况的发生。

戴姆勒-克莱斯勒公司高级副总裁兼首席信息官 Susan Unger 称，敏捷的供应链可以帮助汽车制造商始终使其生产与客户需求保持一致。“我们的某些工厂每天可能需要 450 多车零件，而一旦供应链中断则有可能使整个装配线停止工作。”

Susan Unger 说：“对于我们而言，强劲、灵活的 IT 驱动型供应链就显得至关重要。”戴姆勒-克莱斯勒公司由梅塞德斯、Smart Passenger Car Group、克莱斯勒集团以及 Commercial Vehicles 公司组成，它指挥着一个庞大的全球供应链——在 37 个国家拥有 104 家工厂、在 200 个国家拥有 14 000 个供应商和 13 000 个销售网点。

戴姆勒-克莱斯勒公司占据了数个全球前 100 位首席信息官席位，其中包括 ABF 货运公司（ABF Freight System）和 GKN 北美航空公司（Aerospace North America-East）。戴姆勒-克莱斯勒公司之所以如此出众，就是因为它使用 IT 技术来管理供应链，其供应链不仅效率高，而且非常敏捷和富于预见性，也就是说，其供应链可以预测变化，并帮助公司迅速地根据变化进行调整并适应这些变化。这些公司利用技术来获得对商务和制造过程的洞察力并从商务和制造过程当中吸取知识，这一切使得公司及其供应商均能以创记录的时间对市场上的变化做出回应。

敏捷的供应链并不只是快速和灵活，它还非常透明。管理人员可以“透视”系统并在必要的时候，进行特别调整，以使制造和交货过程始终与客户的需求和自身的底线保持一致。Meta Group 的高级程序主任 Gene Alvarez 一直在对供应链趋势进行跟踪，他说：“几年前，IT 还只是从供应链当中摇出钱来。虽然还有很多钱有待摇出来，但是，现在有一种巨大的驱动力要求我们更加敏捷。”他认为，首席信息官的职责就是，使商务活动与其供应商联系得更紧密，并改进组织的“感知”能力，即觉察出其供应链所发生的变化并对这些变化做出回应。

在过去的十年里，信息技术已经为供应链带来了巨大的变化，使其从一个订购单和提货单的小世界转变成了一个由数据交换构成的大宇宙。正如全球前 100 位首席信息官获奖者所说的那样，如今的挑战是如何利用由诸如实时数据的可用性、全球通信以及商业合作伙伴联盟之类的优势所提供的机遇，来建立一条不仅快速而且敏捷的供应链。

复习思考题

1. 按照供应链的网络结构可以将供应链分为哪几类？它们各自的特点是什么？
2. 举例说明供应链设计应主要包括的内容。
3. 以某一企业为例，说明供应链设计的步骤。
4. 从克莱斯勒的案例来看，敏捷型供应链具有什么样的特征？如何构建一条成功的敏捷型供应链？

第 3 章

供应链管理方法

本章学习目标

- ◇ 了解快速反应（QR）产生的原因及背景，重点掌握快速反应的实施步骤及其成功的条件，以及快速反应带来的优势和流程再造的几种方式。
- ◇ 了解有效客户反应（ECR）产生的原因和背景，掌握它的含义与特征，重点掌握有效客户反应的实施原则与系统构建以及有效客户反应与快速反应的比较。
- ◇ 了解协同式供应链管理（CPFR）的产生背景，掌握其概念和特点，重点掌握其业务活动的实施过程。
- ◇ 掌握作业成本法（ABC）的主要内容，重点掌握作业成本法的实施，掌握实施作业成本管理（ABM）的几个重要阶段。
- ◇ 了解价值链分析法（VCA）的基本思想，掌握价值链分析法的内涵和特点，重点掌握价值链分析法实施的步骤。

3.1 快速反应

3.1.1 快速反应概述

1．快速反应的含义

快速反应（Quick Response，QR）就是零售商、制造商和供应商之间相互配合，以最快的方式、在适当的时间与地点为消费者提供适当的产品和服务，即以最快的速度、最好地满足消费者需求。

快速反应的目的在于减少产品在整个供应链上完成业务流程的时间，尽可能减少库存，最大限度地提高供应链管理的运作效率。美国纺织服装联合会曾将快速反应定义为："制造者为了在精确的数量、质量和时间的条件下为客户提供产品，将订货提前期、人力、材料和库存的花费降到最小；同时，为了满足竞争市场不断变化的要求而强调系统的柔性。"我国《国家标准物流术语》中对快速反应的定义为：物流企业面对多品种、小批量的买方市场，不是储备了"产品"，而是准备了各种要素，在客户提出要求时，能以最快的速度抽取要素，及时"组装"，提供顾客所需服务或产品。

作为一种供应链的运作方式，快速反应的核心就是能在适当的时间和地点及时地给客户提供适当的产品。通过加快供应链流程，达到减少总存货和在途货物，避免风险和价格损失的目的。另一方面是尽量增加销量，提高客户服务水平。它是一种由客户推动的、以市场为中心的策略，旨在从客户需求出发，协调从计划到生产、销售的整个过程，实现多品种、小批量快速生产和销售。快速反应所涉及的活动只有通过零售商、制造商和供应商之间的相互配合才能实现。

2．快速反应产生的背景

快速反应最先产生于美国的纺织服装行业。20 世纪 70 年代，美国通货膨胀给制造商带来了价格上的巨大压力，为缓解这种压力，制造商采取"提前购买"的方式，转嫁价格压力。即在产品价格上实行高额定价，同时通过给予分销商回扣来推动产品销售。制造商的这种竞争战略把整个供应链切割成三部分：从供应商（制造商）到分销商、从分销商到零售商，再从零售商到最终消费者，各个部分相互独立，业务流程相互分离。各个部分只关注与之相连的环节。例如，供应商只关注上游的供应商和下游的分销商，在销售工作中重点是推销商品，这就使供求双方在利益上相互冲突，在需求急剧变化、变动趋势不可预测的情况下，必然导致供应链各环节的高库存。80 年代下半期，随着社会经济的发展，人们的生活水平快速提高，个性化的消费倾向凸显出来，服装行业的表现尤为突出：客户需求复杂而变化频繁，市场竞争更加激烈，依赖于对客户需求的快速反应，越来越成为服装企业获得市场份额的关键。在此背景下，企业快速反应应运而生。

美国纺织服装行业原来采用的基于库存的传统方式，以客户提前采购为依据，这是一种典型的"推式"供应链系统。该系统成本巨大，根据美国当时的统计，美国纺织服装行业传统的物流系统成本高达 250 亿美元。实施供应链整体快速反应，供应商在销售点直接获取消费者的需求信息，然后将信息迅速反馈给供应链的各个合作伙伴。各个合作伙伴根据信息及时做出反应，将零售商、服装制造商、纺织品制造商和纤维供应商紧密地联系在一起，可以大大缩短产品生产和供应的前置期，并同时降低各环节的库存量，从而使供应链上的所有成员都能取得巨大收益。20 世纪 80 年代初，美国的服装行业最先采用“快速反应”的供应链系统。服装生产厂家对零售业的订货实施“快速反应”战略，零售店、批发店、衣料和成衣厂商实行订货、接订、库存等信息的共享，大幅度削减了库存和交货期限。

3．快速反应产生的具体原因

（1）市场竞争的加剧。随着消费的个性化发展，市场更加复杂，竞争更加激烈，企业只有及时了解市场变化，实时并且贴近客户，快速满足客户需求，才能在激烈的市场竞争中立于不败之地。

（2）以较低的成本获得更多的销售额。随着消费者的个性化消费需求倾向的发展，整个供应链上的合作者对快速反应的要求越来越高，制造商的压力越来越大，它必须尽可能地在短时间内满足客户多方面的要求，这就必须增加生产制造的灵活性。为此，制造商不仅要采用自动遥控机之类的先进技术，而且要尽可能将“调整时间”压缩，使之接近于零，以适应客户需求的快速反应。

（3）实现以时间为基础的速度经济。快速反应是将信息系统和准时制（JIT）物流系统结合起来，实现“在特定的时间、特定的地点将特定的产品交予客户”，其基本思想就是建立一套对环境能够做出敏捷反应的系统，利用供应链的整体协作能力，尽可能缩短产品从生产到消费的整个业务流程，再以时间为基础，实现速度经济，提高市场竞争力。

（4）信息技术的发展。供应链上的合作伙伴的反应速度受信息流动的影响较大。各种信息技术的出现为实施这种快速反应战略提供了技术保证。快速反应机制的突出特点就是通过加快系统处理速度，减少大量的前置时间，及时向客户提供满意的产品，并减少库存。快速反应的实现依靠于信息技术的发展，特别是电子数据交换（EDI）、条形码和激光扫描仪的电子销售点（EPOS）系统等技术的应用。

信息技术在快速反应中的应用，具体是在标准化信息技术平台上。首先从订单信息的传递开始，应用物品在线编码技术、销售点技术和电子数据交换技术，对商品物流的全过程进行监控，并通过信息技术的辐射作用，超越订单管理范围，加强高层管理，提高整个供应链的管理水平。

3.1.2 快速反应的实施步骤

实施快速反应战略需要六个步骤，每个步骤都需要以前一个步骤为基础，并比前一个步骤有更高的回报，但同时需要更高的投资。

1．运用条形码和电子数据交换技术

为加快收款速度、获得更准确的销售数据，并使信息沟通更加畅通，零售商首先必须安装通用产品代码（UPC 码）、销售时点信息（Point Of Sale，POS）扫描和 EDI 等技术设备。POS 扫描用于数据输入和数据采集，即在收款检查时用光学方式阅读条形码，然后将条形码换成相应的商品代码。通用产品代码是行业标准 12 位条形码，用做产品识别，正确的 UPC 产品标志对 POS 端的客户服务和有效操作是至关重要的。扫描条形码可以快速准确地检查价格并记录交易。

EDI 是在计算机间交换商业单证，这种单证需要遵从一定的标准，如 ANSI X1.2。EDI 要求公司将其业务单证转换成行业标准格式，并传输到某个增值网（VAN），贸易伙伴在增值网上接收到这些单证，然后将其从标准格式转到自己系统可识别的格式。EFT 可传输的单证包括订单、发票、订单确认、销售和存货数据及事先运输通知等。

快速反应要求厂商和零售商完成本阶段的 EDI，因此，他们必须重新设计业务流程，以支持全面实现 EDI 后带来的角色和责任的变化。通过实施电子数据交换技术，以及将 EDI 系统同厂商和零售商现有的内部系统集成起来，可以有效地加快信息流的速度，并提高通信数据的准确性，使贸易伙伴之间及时顺利地进行信息沟通。

2. 建立固定周期的自动补货系统

自动补货就是由零售商、批发商使用基于过去和目前销售数据及其可能变化的软件进行定期预测，同时考虑目前的存货情况和其他一些因素，确定订货数量，在仓库或店内自行补货，以保证销售的连续性。基本消费商品的销售模式一般不会受到流行趋势的影响，其销售量是可以预测的，因而补货周期也可以是固定的。为实现保证满足销售商的多次、重复订货要求，能够更快、更频繁地运输重新订购的商品，以保证店铺不出现缺货，供应商可以根据目前的状况建立固定周期的自动补货系统。

通过对商品实施快速反应，合作伙伴企业之间保证所需商品能敞开供应，从而使消费者可以选择更多品种，并及时购买到所需要的商品。

3. 建立先进的预测和补货联盟

为了保证补货业务的流畅，零售商和制造商需要联合起来检查销售数据，制定关于未来需求的计划和预测，在保证有货和减少缺货的情况下降低库存水平。还可以进一步由制造商管理零售商的存货和补货，以加快库存周转速度，提高投资毛利率。

4. 实施零售空间管理

根据每个店铺的需求模式来规定其经营商品的品种和补货业务。一般来说，对于品种、数量、店内陈列和培训或激励售货员等决策，消费品制造商也可以参与甚至制定决策。

5. 联合开发商品

厂商和零售商联合开发像服装等生命周期短的商品，缩短从新产品概念到新产品上市的时间，并通过店内的新产品实时试销，准确把握消费动态，根据消费者的需要及时调整设计和生产。联合开发新产品，使厂商和零售商的关系更加紧密，因而提高了双方合作的意愿和效率。

6．快速反应的集成

以消费者为中心，通过重新设计业务流程，组织绩效评估系统和信息系统，将快速反应的前期步骤和公司的整体业务结合起来，支持供应链的整体战略。通过集成的信息技术，使零售商和消费品制造商密切合作，加快完成产品从设计、生产、补货、采购和销售的整个业务流程。

3.1.3　成功实施快速反应的条件

现代化的信息技术为快速反应的实施提供了技术保证，但仅有技术上的支持是不够的。要想使快速反应成功实施还必须具备其他的一些条件，这些条件主要包括：

（1）改变传统的经营方式和企业的经营意识。要成功地实施快速反应，企业必须树立与供应链各方合作的思想，明确垂直型快速反应系统内各个企业之间的分工协作范围和形式，消除重复作业，建立有效的分工协作框架，保证整个供应链的协调行动，共同利用各方资源。由于零售店铺是垂直型快速反应系统的起点，也是终点。所以，应明确零售商在垂直型快速反应中的主导作用。

（2）开发和应用现代信息处理技术。这些信息技术有商品物流条形码技术、电子订货系统（EOS）、POS数据读取系统、EDI系统、预先发货通知（Advanced Shipping Notice，ASN）技术、电子资金支付系统（EFT）、供应商管理库存（VMI）和连续补充计划（Continuous Replenishment Plan，CRP）等。

（3）与供应链相关各方建立战略伙伴关系。积极寻找和发现战略合作伙伴关系。在共同的战略目标基础上，与合作伙伴分工协作，尽可能减少作业人员和简化事务性作业，将销售信息、库存信息、生产信息和成本信息等与合作伙伴交流分享，与合作伙伴一起发现问题、分析问题和解决问题。

3.1.4　成功实施快速反应获得的优势

对供应商来说，成功实施快速反应可以获得如下优势：

（1）增加市场份额。实施快速反应，厂商可以及时从销售商那里直接得到市场需求信息，并根据客户需要及时设计并生产出适销对路的产品，并与物流企业等合作伙伴密切合作，及时将产品送抵目的地。零售商可以率先将热门产品推向市场，从而扩大销售，增加市场份额。

（2）降低库存。通过实施快速反应，产品供应商对客户消费的预测更加准确，可以及时调整生产计划。同时，由于原材料供应商及时得到信息，并与产品供应商建立合作伙伴关系，这样，产品供应商可以以较低的原材料库存，保证持续性的生产过程；而由于产品适销对路，供应商的产品库存将大幅度降低。

（3）降低管理费用。标准化信息和计算机处理提高了采购订单的准确率，减少了无效的采购和发货，因而也降低了企业的管理费用。

（4）更好的生产计划。由于可以对销售进行预测并能够得到准确的销售信息，厂商可以准确地安排生产计划。

对零售商来说，成功实施快速反应战略可以达到如下效果：

（1）提高服务质量。条形码和 POS 扫描仪使零售商能够跟踪各种商品的销售和库存的情况，这样零售商就能够准确地跟踪存货情况，在库存真正降低的时候才订货，由此缩短了订货周期。并且实施自动补货系统后，可以使用库存模型来确定什么情况下需要采购，由此保证能够及时满足客户需要，提高服务质量。

（2）减少了削价的损失。因为拥有了更准确的客户需求信息，店铺可以小批量多次进货，而这些商品又适销对路，这就避免了因产品积压而被迫削价的损失。

（3）降低了流通费用。厂家使用物流条形码标签后，零售商通过扫描条形码可以获得需要的信息，从而节省检货成本。另外，商家发来的预先发货清单可使配送中心在货物到达前有效地调度人员和库存空间，并利用条形码支持商品直接出货，而配送中心收到货物后不需要检查，可立即将货物送到零售商的店铺，这种无缝流程极大地缩短了物流时间，从而大幅度降低了流通成本。

（4）加快了库存周转速度。零售商能够根据客户的需要而频繁地小批量订货，也降低了库存投资和相应的运输成本。

（5）降低了管理成本。管理成本包括接受发票、发票输入和发票例外处理时所发生的费用。由于采用了电子发票和预先发货通知，管理费用大幅度降低了。

3.1.5 供应链流程再造

企业根据具体的条件对供应链的相关环节进行调整，改造供应链流程，实现快速反应，主要有以下两种方式。

1. 延迟制造技术

亨利·福特在《今天和明天》一书中提出用延迟制造的方法来降低运输成本。受此启发，将供应链流程分段，把整个供应链活动分为两个部分：基本生产和二次生产。基本生产是指由生产制造商进行的零部件制造和完成通用部件的装配；二次生产则是由生产商或销售商根据客户需要完成的产品最终简单装配。这种分散的装配方式延迟了产品成型的时间，增强了产品生产的灵活性。同时，像电子工业和计算机行业，往往采取大批量订货方式，这必然导致生产企业大批量采购和生产，形成大量库存，从而占用大量流动资金，并影响快速反应。采用延迟制造方式，可以将一部分库存转移给销售商，制造商的库存则主要是一次生产的零部件和半成品。这样既能降低制造商的库存，又由于产品是在最接近市场的环节成型，从而保证整个供应链能根据市场需求快速反应，更好地满足消费者需求。

2. 集中配送

在基于营销通道理论的传统配送战术中，制造商和零售商的运作是独立的，他们之间不发生任何关系，通过分销商将产品送向市场。这种方式使制造商和零售商之间在产品的数量和品种、交货时间和地点等方面都存在着矛盾，并由于分销商必须建立多级仓库而提高了整个物流流程中的成本。集中配送就是由零售商或零售商的代表，在制造商和零售商之间建立一个中心仓库代替分销商的多级仓库，产品从中心仓库直接送抵零售商。这一方面因减少仓库数量和因为货物组合而减少了仓库理货时间，并因此简化仓库控制，有些配送中心甚至可以做到库存补充低于 8 小时，商品上架不超过 30 分，从而大幅度降低了物流的营运成本，并获得规模经济。同时，又因为缩短了产品送达零售场的距离，并通过采用信息技术和工业软件，设计最合理的运输线路和运输方式，货物运输的时间大大缩短，不仅降低了运输费用，而且提高了对客户需求的反应速度。

此外，快速反应通过吸收和利用工厂组织规划技术、自动存取技术和新的仓库管理技术等在供应链内部整合基础上，针对外部环境的变化实施供应链再造，在更大范围内实现供应链网络的集成，进一步提高了对市场需求的快速反应能力。

3.2 有效客户反应

有效客户反应（Effictive Customer Response，ECR）也叫高效客户反应或有效客户响应，ECR 欧洲执行董事会对其的定义是：“ECR 是一种通过制造商、批发商和零售商各自经济活动的整合，以最低的成本，最快、最好地实现消费者需求的流通模式。”它是从美国食品杂货业发展起来的一种供应链管理方法，是零售企业满足客户需求的解决方案和核心技术，是流通供应链上各个企业通过建立业务伙伴，紧密合作，在了解消费者需求基础上形成以消费者需求为基础和具有快速反应能力的系统。有效客户反应以提高消费者价值、提高整个供应链的运作效率、降低整个系统的成本为目标，伙同整体供应链的合作，最有效地满足消费者日益增长的多元化和个性化消费需求，从而提高企业竞争能力。

3.2.1 有效客户反应的产生和发展

ECR 是美国食品杂货行业开展供应链体系结构的一种实践，可以说，ECR 吹响了美国食品杂货行业全面推动供应链管理的号角。ECR 之所以能在美国食品杂货行业得到认可和实践，其主要原因有三点：

（1）零售业态间竞争激化。20 世纪中后期。美国市场竞争更加激烈。在日杂百货行业，生产厂商在交易中起主导作用，在与零售商的关系上具有支配地位。日杂百货业的竞争主要是生产商之间的竞争，这种竞争使生产商在生产成本上的空间越来越小。在这种情况下，生产商都迫切地希望能用更低的成本提供更新的产品。

20 世纪 90 年代初，美国食品杂货产业中出现了一些新型的零售业态，并且得到了迅速发展，成为食品零售市场中的主要竞争者。这种新型的食品零售业态主要是批发俱乐部（Wholesale Club）和仓储式商店（Mass Merchants），它们强调的是每日低价、绝对净价进货以及快速的商品周转。

零售商根据市场需求，依靠优质的服务和靠近消费者的优势自创品牌，在与厂商发生交易关系时的被动地位逐步发生变化，并在供应链内部为争夺供应链主导权，以及商家品牌（PB）和厂家品牌（NB）在店铺中的空间位置，与生产商展开了激烈的竞争。

（2）日益膨胀的促销费用和大量进货造成成本高昂、消费增加。在传统的经营体制中，各企业为了保持自己的销售额和不断增长的市场份额，纷纷采取直接或间接的方法调整降低商品销售的价格，其结果就是生产商的负担加重，各种促销活动日益损坏了生产企业的利益。

另外，从消费者的角度看，过度竞争往往导致企业对消费者需求的忽视。为迅速有效地占有市场，厂商往往在消费心理上做文章，通过大量的广告投入和频繁的促销活动引导消费者转换目标商品，从而将高价的华而不实的新产品推向市场，而不是在合理的价格基础上，通过提高产品质量和服务，为消费者提供高品质的实用商品。随着消费者消费行为的理性化，厂商的行为越来越受到消费者的抵制，这从客观上要求厂商和零售企业共同改变这种局面，从消费者出发，为消费者提供满意的商品和服务。

（3）产销合作的呼声越来越高。随着产销合作的呼声越来越高，生产企业与零售商直接交易的现象越来越普遍。

与此同时，批发业则日益萎缩，产销之间都开始在交易中间排除批发商环节。但在 ECR 的推行过程中，并不是盲目地排斥批发商，而是通过批发商经营体系的改造和现代经营制度的建立，将其有机地纳入供应链的构筑中。

这时美国一些企业开始了 ECR 的研究，ECR 的推行是为了有效地避免无效商品的生产、经营，提高产销双方的效率，所以，美国 ECR 的推行吸引了大量生产企业的加入。

在我国，由于市场竞争日趋激烈，零售商和生产商之间的关系有恶化的趋势，这必将损害消费者的利益。因此，实施 ECR，改善制造商和零售商之间的关系，实现供求一体化协调管理和行动，真正从消费者利益出发，正日益受到生产商和零售商的重视。

3.2.2 有效客户反应的含义及其特征

1. 有效客户反应的含义

有效客户反应（ECR）是以满足客户要求和最大限度降低物流过程费用为目标，通过生产厂家、批发商和零售商之间的相互合作与协调，对市场需求及时做出准确反应，为消费者更好、更快、低成本地提供满意商品，从而达到商品供应和服务流程最佳化。

ECR 以信任和合作为基础，以创造消费者价值为理念，将零售业的精细化管理和供应链整体协调性相结合，力求达到满足消费者需求和优化供应链的双重效果。供应链合作伙伴为了提高消费者满意的共同目标，把以前处于分离状态的供应链联系在一起，在作业流程上密切合作，共同分享信息和诀窍。这个过程由贯穿整个供应链的四个核心过程组成，即有效新产品投入（Efficient New Product Introductions）、有效店铺空间安排（Efficient Store Assortment）、有效促销活动（Efficient Promotions）和有效商品补充（Efficient Replenishment），也被称为 ECR 的四大要素，如图 3-1 所示。

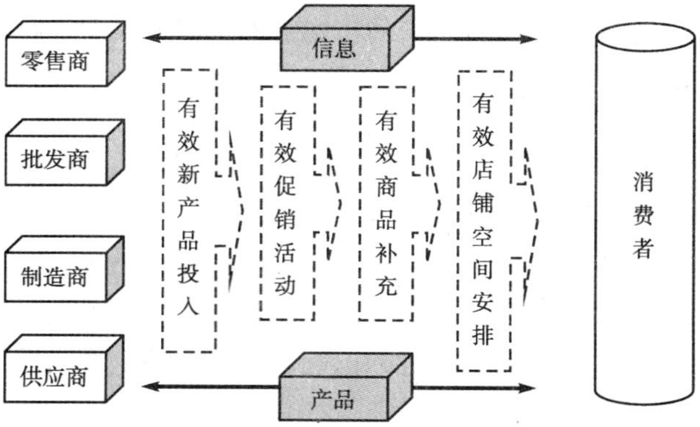

图 3-1　ECR 与供应链过程

（1）有效新产品投入。ECR 的核心就是通过信息共享，及时准确地分析消费趋势，正确把握市场定位，向市场导入有效的新产品。通过实施 ECR，供应商和零售商采用 POS 系统、磁卡和会员制等，再通过中央计算机处理，可以对零售点的销售状况进行即时汇总和处理，准确分析消费者的有效需求，并发出订单。厂家可据此有效地安排新产品开发和生产，以最短的时间将适销对路的新产品生产出来并投入市场。

（2）有效促销活动。ECR 系统简化了厂商和零售商之间的贸易关系，零售商将经营重点由采购转移到销售，将更多的金钱和时间投入有效的促销活动中，消费者因此可以获得更多的实惠。商品销售往往会受到季节、气候和消费周期等因素的影响。零售商对此十分熟悉。根据具体情况，零售商可以有效地开展各种促销活动，包括推出每日低价商品，散发和邮寄商情广告，发放购物优惠券等，激发消费者的购买欲望，减少或消除不利因素的影响。在高效仓储、运输、管理和生产前提下，通过促销活动提高整个供应链系统的经济效益。

（3）有效商品补充。通过电子数据交换（EDI）和计算机辅助订货系统，实现小批量、即时补货，实现补货系统的时间和成本的优化组合。零售商根据 ECR 提供的信息，对销售量进行准确预测，并通过计算机辅助订货系统向供应商发出订货指令；供应商根据订货指令，直接向零售店铺配送货物，或利用配送中心等共享资源进行转换配送，从而形成销售和配送同步运转。这样，既降低了配送成本，又实现了对零售商的小批量、即时补货。

（4）有效店铺空间安排。在区域经济分析基础上，进行系统规划，合理设置零售点和配送中心，以减少仓储和运输费用。零售商集中精力加强零售点的商品品类管理、店铺的空间管理和促销管理，在厂家保证高效连续补货前提下，零售商能够及时补充畅销商品，撤换滞销商品。这就加快了货物销售，低成本、高效率地扩大销售额。

表 3-1 清晰地显示了 ECR 系统四大要素的主要内容。

表 3-1　ECR 系统四大要素的内容

要　　素	内　　容
有效新产品投入	最有效地开发新产品，进行产品的生产计划，以降低成本
有效促销活动	提高仓储、运输、管理和生产效率，减少预先购买、供应商库存和仓储费用，使贸易和促销的整个系统效率最高
有效商品补充	包括电子数据交换（EDI）以需求为导向的自动连续补充和计算机辅助订货，使补充系统的时间和成本最优化
有效店铺空间安排	通过第二次包装（例如，为满足不同的订单需求，将一个运输包装中的产品进行不同的包装，并赋予不同的包装标志）等手段，提高货物的分销效率，使库存和商店空间的使用率最优化

2．有效客户反应的主要特征

（1）管理意识的创新。传统的产销双方的交易关系是彼此对立的，在经济利益上此消彼长、非赢即输（Win-Lose）。ECR 则要求产销双方建立合作伙伴式的交易关系，即交易各方通过相互协调合作，实现以低的成本向消费者提供更高价值服务的目标，在此基础上追求双方的利益，所以这是一种双赢（Win-Win）型关系。

（2）供应链整体协调。传统流通活动缺乏效率的原因主要有两点：一是厂家、批发商和零售商间联系的低效率；二是企业采购、生产、销售和物流等部门或职能之间存在部门间联系的低效率。传统的组织是以部门或职能为中心进行经营活动，以各个部门或职能的效益最大化为目标。这样虽然能够提高各个部门或职能的效率，但容易引起部门或职能间的冲突。ECR 要求各部门、各职能和各企业之间消除隔阂，进行跨部门、跨职能和跨企业的管理与协调，使商品流和信息流在企业内和供应链内畅通地流动。

（3）涉及范围广。既然 ECR 要求对供应链整体进行管理和协调，ECR 所涉及的范围必然包括零售业、批发业和制造业等相关的多个行业。为了最大限度地发挥 ECR 所具有的优势，必须从供应链整体、甚至供应链以外，对相关联的行业进行分析研究，对参与供应链的各类企业进行管理和协调。

3.2.3 有效客户反应的实施原则、实施前提与系统构建

1. 有效客户反应的实施原则

美国食品市场营销协会的报告中提出应用 ECR 时必须遵守的五项指导原则如下：

（1）ECR 的目的是以低成本向消费者提供高价值服务。这种高价值服务表现在向供应链客户提供更优的产品、更高的质量、更好的分类、更好的库存服务和更多的便利服务等方面。ECR 通过整个供应链整体的协调和合作来实现以低成本向消费者提供更高价值服务的目标。

（2）ECR 要求供需双方关系必须从传统的赢输型交易关系向双赢型联盟伙伴关系转化。需要企业的最高管理层对本企业的组织文化和经营习惯进行改革，使供需双方关系转化为双赢型联盟伙伴关系成为可能。

（3）及时准确的信息在有效地进行市场营销、生产制造和物流运送等决策方面起重要作用。ECR 要求利用行业 EDI 系统在组成供应链的企业间交换和分享信息。

（4）ECR 要求从生产线末端的包装作业开始到消费者获得商品为止的整个商品移动过程产生最大的附加价值，使消费者在需要的时间能及时获得所需要的商品。

（5）ECR 为了提高供应链整体的效果（如降低成本，减少库存，提高商品的价值等），要求建立共同的成果评价系统，该系统注重整个系统的有效性，即通过降低成本与库存以及更好的资产利用，实现更优价值，清晰地标识出潜在的回报，并且要求在供应链范围内进行公平的利益分配。

总之，ECR 是通过推进供应链各方间的真诚合作，来实现消费者满意和基于各方利益的整体效益最大化。

2. 有效客户反应的实施前提

（1）良好的合作意愿。对大多数组织来说，改变对供应商或客户的内部认知过程，即从敌对态度转变为将其视为同盟的过程，将比 ECR 的其他相关步骤更困难，时间花费更长。创造 ECR 的最佳氛围，首先必须明确 ECR 是建立在交易各方的合作基础上，对 ECR 树立明确的信心。没有良好的合作意愿，就无法实施 ECR。

（2）初期的 ECR 同盟伙伴。对于大多数刚刚实施 ECR 的公司来说，应该至少有 2～4 个初期同盟伙伴，并在各个职能区域的高级同盟代表之间就 ECR 本身及怎样启动 ECR 进行讨论，通过联合任务组，专门致力于已证明可取得巨大效益的项目。事实证明，往往要花上 9～12 个月的努力，才能赢得合作伙伴足够的信任和信心，在开放的非敌对环境中探讨相关的重要问题。

（3）必要的技术支持。虽然在信息技术投资较少的情况下也可能获得 ECR 的许多利益，但是具备必要的信息技术可以充分发挥 ECR 的优势。这些技术包括支持商品类别管理、计算机辅助订货、接驳式转换配送、实施连续补货的 POS 系统、EDI 系统和条形码技术等。

3. 有效客户反应的系统构建

作为一个供应链的管理系统，构建 ECR 需要将营销技术、物流技术、信息技术和组织革新技术有机地结合起来，才能实现 ECR 目标，真正做到交易各方消除隔阂、协调合作，共同为消费者提供低成本、高品质商品，如图 3-2 所示。

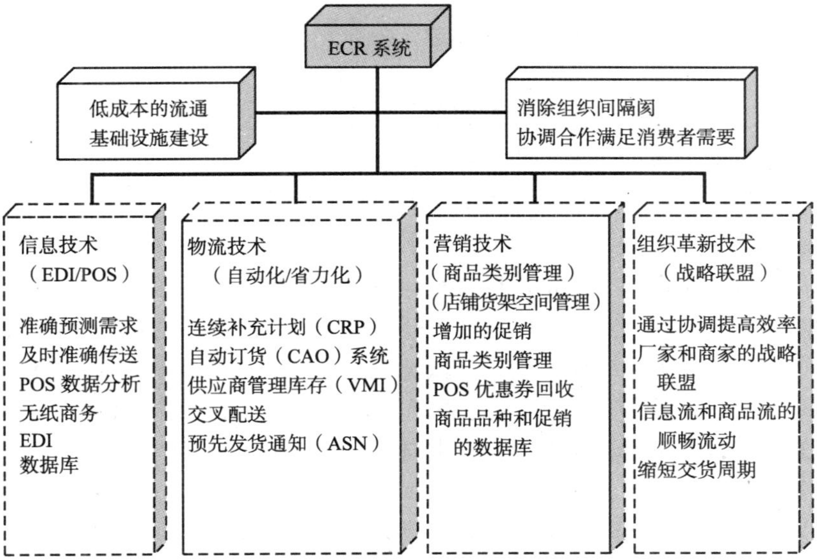

图 3-2　ECR 系统的构造图

（1）营销技术。在 ECR 系统中进行市场营销主要体现在商品类别管理（Category Management）和店铺货架空间管理（Space Management）上。

商品类别管理是以商品类别为管理单位，寻求整个商品类别整体收益最大化。具体来说，企业对经营的所有商品按类别进行分类，确定或评价每一个类别商品的功能、作用、收益性和成长性等指标。在此基础上，结合各类商品的库存水平和货架展示等，制定商品品种计划，对整个商品类别进行管理。商品类别管理的基础是对商品进行分类。分类的标准、各类商品功能和作用的设定依企业的使命和目标不同而不同。原则上是按照客户的需要和客户的购买习惯来分类。

店铺货架空间管理是对店铺的空间安排、各类商品的展示比例和商品在货架上的布置等进行最优化管理。在 ECR 系统中，店铺空间管理和商品类别管理同时进行、相互作用。在综合店铺管理中，对所有类别的商品进行货架展示面积的分配和展示布置，以便提高单位营业面积的销售额和单位营业面积的收益率。

（2）物流技术。ECR 系统要求准时制（JIT）配送和顺畅流动（Flow-through Distribution）。物流管理是实现这一目标的基本保证，它涉及连续补充计划（CRP）、自动订货（Computer Assisted Ordering，CAO）、预先发货通知（ASN）、供应商管理库存（VMI）、交叉配送（Cross-Docking）和店铺直送（Direct Store Delivery，DSD）等。

连续补充计划（CRP）是利用及时准确的 POS 数据确定商品销售的具体数量，以此为依据，结合零售商或批发商的库存信息和预先规定的库存补充程序确定发货、补货的时间与数量，以小批量多频度方式进行连续配送，补充零售店铺的库存，提高库存周转率，缩短交纳周期。

自动订货（CAO）是基于库存和需要信息利用计算机进行自动订货的系统。

预先发货通知（ASN）则是生产厂家或者批发商在发货时利用电子通信网络提前向零售商传送货物的明细清单。这样零售商事前可以做好货物进货准备工作。

供应商管理库存（VMI）是上游企业对下游企业库存进行管理和控制。例如，生产厂家基于零售商的销售和库存等信息，自动地向本企业的物流中心发出发货指令，补充零售商的库存。VMI 方法包括了 POS，CAO，ASN 和 CRP 等技术。在采用 VMI 的情况下，虽然零售商的商品库存决策主导权由生产厂家把握，但在店铺的空间安排和商品货架布置等店铺空间管理决策方面仍由零售商主导。关于 VMI，我们会在后面的章节作更详细的介绍。

交叉配送是在零售商的流通中心，把来自各个供应商的货物按发送店铺迅速进行分拣装车，向各个店铺发货。而店铺直送（DSD）是直接由生产厂家运送到店铺的运送方式。采用店铺直送方式可以保持商品的新鲜度，减少商品运输破损，缩短交纳时间。

（3）信息技术。ECR 系统应用的主要信息技术有电子数据交换（EDI）和销售时点信息（POS）。

EDI 技术最大的作用之一就是在供应链企业间传送交换订货清单、价格变化信息和付款通知单等文书单据，实现电子化作业。例如，厂家在发货的同时预先把产品清单发送给零售商，零售商在商品到货时，用扫描仪自动读取商品包装上的物流条形码获得进货的实际数据，并自动地与预先到达的商品清单进行比较。另外，利用 EDI 在供应链企业间传送交换销售时点数据、库存信息、新产品开发信息和市场预测信息等直接与经营有关的信息，可以提高整个供应链的效率。

ECR 系统的另一个重要信息技术是 POS。对零售商来说，通过对在店铺收银台自动读取的 POS 数据进行整理分析，可以掌握消费者的购买动向，找出畅销商品和滞销商品，做好商品类别管理、库存管理和订货管理等。对生产厂家来说，掌握准确的 POS 数据，可以准确把握消费者需要，制定生产计划，开发新产品；还可以把 POS 数据和 EOS 数据结合起来分析把握零售商的库存水平，进行供应商管理库存（VMI）的库存管理。

目前，许多零售企业把 POS 数据和客户卡（Customer Card）和点数卡（Point Card）等结合起来使用。通过客户卡，可以知道每个客户的详细购买行动。例如，什么时间，购买了多少，什么价格，什么商品，某一时间段总共购买了哪些商品，总金额是多少。这样可以有效分析客户的购买需要，做好商品促销等方面的工作。

（4）组织革新技术。应用 ECR 系统不仅需要组成供应链的每一个成员紧密协调和合作，还需要每一个企业内部各个部门间紧密协调和合作，因此成功地应用 ECR 还需要对企业的组织体系进行革新。

企业内部需要把采购、生产、物流和销售等按职能划分的组织形式改变为以商品流程为基本职能的横断型的组织形式。即把企业经营的所有商品按类别划分，并建立对应于每一个商品类别的管理团队（Team），每一个管理团队可以分别设定经营目标（如客户满意度、收益水平和成长率等），并拥有采购、品种选择、库存补充、价格设定和促销等方面的相应权限。这种基于商品类别的管理团队规模小，因而内部容易交流和协调。

供应链上的每一个合作伙伴都需要在各自企业内部建立以商品类别为管理单位的组织。这样，成员企业中的商品类别管理团队就可以相互衔接，共同讨论从材料采购、生产计划到销售状况、消费者动向等有关该商品类别的全盘管理问题。

3.2.4 QR 与 ECR 的比较

1. QR 和 ECR 的共同点

（1）共同的外部环境。QR 和 ECR 都受到了两种外部环境的影响。一是经济增长速度的放慢加剧了竞争，因为零售商必须生存并保持客户的忠诚度。二是零售商和供应商之间的交易平衡发生了变化。由于通信技术的发展及向传统领域之外的扩张，零售商变得越来越向全国化甚至是国际化方向发展。交易平衡的中心已偏向零售商。

（2）都需要调整供应商与批发商的关系。供应商和零售商或批发商的关系非常恶劣，相互之间不信任，两方都各自追求自己的目标。必须调整相互之间的关系，消除隔阂，才能真正实现供应链的整体增值。

（3）共同的威胁。对于零售商来说，威胁主要来自大型综合超市、廉价店、仓储俱乐部和折扣店等新的零售形式，他们采用新的低成本进货渠道。这些新的竞争者把精力集中在每日低价、绝对的净价采购和快速的库存周转等策略上。对于供应商来说，压力来自自有品牌商品的快速增长，这些商品威胁了他们的市场份额。

（4）共同的目标。上述威胁迫使零售商和生产商必须采取行动。生产商和零售商各自为战，按照各环节自己的业绩测量标准是有效率的，但是从整个供应链来说，他们的效率都非常低。必须集中在一个共同的目标上，以最低的总成本向消费者提供他们真正想要的商品，这样才能实现整个系统的高效率。

（5）共同的战略。QR 和 ECR 都重视供应链的核心业务，对业务进行重新设计，以消除资源的浪费。这些业务包括补货、品种管理、产品开发和促销等。当然，QR 和 ECR 针对总战略的各个具体部分，侧重点可能会有所差异。

（6）共同的错误。两方都常常错误地认为，QR 和 ECR 是技术方面的战略。虽然技术在战略的实施中扮演重要的角色，但是它本身并不能保证战略的完全实现。只有信息在整个系统中快速、准确和及时地流动，再加上营销、商品购销、店内经营和后勤等方面的有效运作，零售商和制造商才能获得成功。

2．QR 与 ECR 的区别

（1）产生的时间不同。QR 的最初目的是提高纺织品的设计、制造和流通效率。QR 的成功引起了其他行业零售商的注意。1993 年 1 月，食品和超市行业的零售商也提出了 ECR。由于很多供应商既为普通店铺服务又为超市服务，所以 ECR 的采用会比 QR 快。

（2）应用的行业不同。QR 适合销售普通商品的零售店铺，而 ECR 主要应用于食品行业。

（3）关注的重点不同。对食品业来说（ECR），关注的重点是效率和成本。对普通店铺来说（QR），重点是补货和订货的速度，目的是最大限度地消除缺货。

3.3 协同式供应链管理

到货满足率低和库存量高是目前整个供应链体系所面临的一对矛盾，造成这对矛盾的主要因素是多方面的，涉及供应链的各个环节。例如，企业的计划流程循环周期过长，无法对市场的变化及时地做出调整。销售预测总量是基于销售目标而产生的，不是对市场实际需求的预测，缺乏有效数据支持；产品生产完后才制定物流计划，会导致市场部门无法预测产品到货时间，及时安排营销活动；同时也会使物流部门无法及时安排和调整储运能力；计划的执行缺乏监督和考核，会引起产品无法按时交货，影响销售活动的进行。需求预测是销售计划、存货/分销计划和生产/采购计划的驱动力。整体上，需求预测缺乏完整的信息基础、系统的分析方法和必要的考核体系，严重影响了预测的准确性，导致在销售丢失的同时，库存增加。为了实现对供应链的有效运作和管理，以及对市场变化的科学预测和快速反应，一种面向供应链的策略——协同式供应链管理（Collaborative Planning, Forecasting & Replenishment，CPFR）应运而生，并逐渐成为供应链管理中的一个热门研究问题。

3.3.1 协同式供应链管理的产生

1995 年，沃尔玛、宝洁和 SAP、Manugistics 等软件商以及 Benchmarking Partners 咨询公司等，联合成立了零售供应和需求链工作组（Retail Supply and Demand Chain Working Group），进行 CPFR 研究和探索，其目的是开发一组业务过程，使供应链中的成员利用它能够实现从零售商到制造企业之间的功能合作，显著改善预测准确度，降低成本、库存总量和现货百分比，发挥出供应链的全部效率。

具体来讲，沃尔玛利用互联网实现与宝洁公司的合作，共享 POS 数据，实现了连续补货，并掌握和控制了销售情况。它充分利用系统的特点并不断开发，将系统扩展到其他生产企业，取得了巨大的成功。例如，Waner-Lambert 公司实施 CPFR 当年，商品满足率由原来的 87%上升到 98%，销售收入新增 800 万美元。

3.3.2 协同式供应链管理的概念与特点

协同式供应链管理（Collaborative Planning，Forecasting，and Replenishment，CPFR），也叫做联合计划、预测、补给。它的哲理在于应用一系列的处理和技术模型，提供覆盖整个供应链的合作过程，通过共同管理业务过程和共享信息来改善零售商与供应商的伙伴关系，提高预测的准确度，最终达到提高供应链效率、减少库存和提高消费者满意程度的目的。

归纳起来，协同式供应链管理的主要特点有以下几个方面。

1. 协同性

在共同效益目标和充分信任的基础上，参与供应链的各方合作者承诺在流程控制和价值创造等方面，相互之间保持信息共享和充分沟通，确立长期的紧密协作关系。通过保密协议、建立纠纷处理机制、确立供应链记分卡和共同的激励目标等保证良好的协同性。

2．合作规划

协同式供应链管理的突出表现是协同规划。为了实现共同的目标，双方在共享销量、订单满足率、定价、库存和毛利等财务指标信息基础上，合作规划商品的品类和品牌等，共同制定供销计划、库存政策和仓储分类等。

3．全程合作

通过零售商的销售时点信息（POS）数据，生产商直面消费者，并将分析结果与销售商进行充分的信息和数据交换，双方共同预测，克服了从各自角度和所有信息出发的片面预测方式，使预测结果更加准确、可信，在此基础上共同安排生产、物流、库存、仓储、补货和销售等，实现供应链的全程合作和供应链的集成化管理。图 3-3 显示出销售商和生产商之间的这种全程合作。

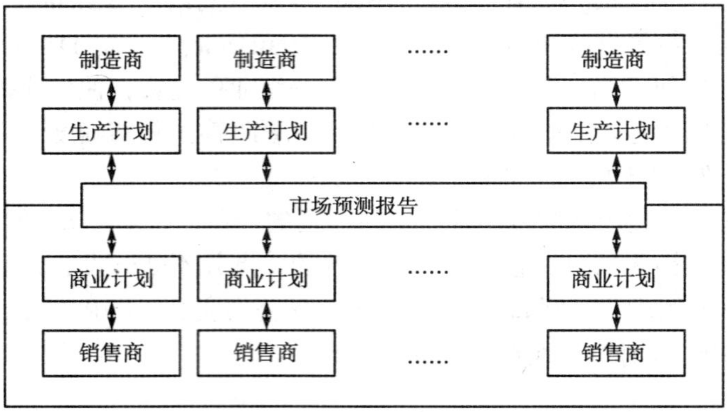

图 3-3　协同式供应链管理合作过程

4．订单预测

一般地，零售商不做订单预测。由于技术的和商业的原因，有些企业认为订单预测限制了企业库存的调整或获取产品资源的柔性。即使零售商做出了订单预测，也只是对基本需求的预测，不能与整体促销计划结合起来。协同式供应链管理则不同，它在共同的规划和预测基础上形成的销售预测最终转化为订单预测。在销售预测基础上，根据供应商订单处理的周期、前置时间、商品单元、协同运输计划和消费者的购买习惯等，合作双方共同审核存货比率、预测的精确度、安全库存标准、基本供应量和订单的实现比例等，并考虑可能的意外情况，和出现争议时的解决时间等，形成精确的订单预测，保证实现准确、即时补货。

3.3.3 协同式供应链管理的体系结构与原则

协同式供应链管理能降低分销商的存货量，增加供应商的销售量。它应用一系列处理过程和技术模型，覆盖整个供应链的合作过程，通过共同管理业务过程和共享信息来改善分销商与供应商的伙伴关系，提高预测的准确度，最终达到提高供应链效率、降低库存和提高客户满意度的目的。协同式供应链管理的最大优势是能及时准确地预测由各项促销措施或异常变化带来的销售高峰和波动，从而使分销商和供应商都做好充分的准备，赢得主动。同时，协同式供应链管理有利于实现供应链伙伴间更广泛深入的合作，帮助制定面向客户的合作框架，基于销售报告的生产计划，进而消除供应链过程的约束等。

图 3-4 展示了以协同式供应链管理概念为基础建立的供应链体系结构。它分为以下四个职责层：

（1）决策层，主要负责管理合作企业领导层，包括企业联盟的目标和战略的制定、跨企业的业务过程的建立、企业联盟的信息交换和共同决策。

（2）运作层，主要负责合作业务的运作，包括制定联合业务计划、建立单一共享需求预测、共担风险和平衡合作企业能力。

（3）系统管理层，主要负责供应链运作的支撑系统和环境管理及维护。

（4）内部管理层，主要负责企业内部的运作和管理，主要包括商品或分类管理、库存管理、商店运作、后勤、客户服务、市场营销、制造、销售和分销等。

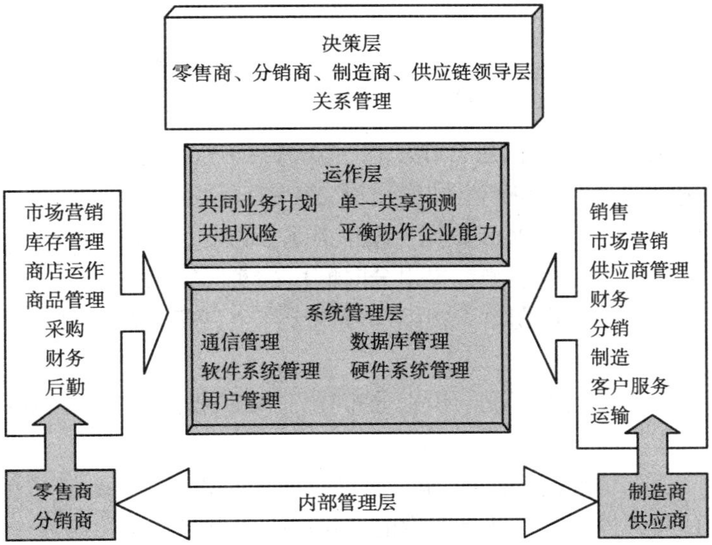

图 3-4 协同式供应链管理的体系结构

协同式供应链管理有以下三条指导性原则：

（1）贸易伙伴框架结构和运作过程以消费者为中心，并且面向价值链的成功运作。

（2）贸易伙伴共同负责开发单一、共享的消费者需求预测系统，这个系统驱动整个价值链计划。

（3）贸易伙伴均承诺共享预测并在消除供应过程约束的基础上共担风险。

3.3.4 协同式供应链管理业务活动的实施过程

协同式供应链管理的业务活动可划分为计划、预测和补给 3 个阶段，包括 9 个主要流程活动。第 1 个阶段为计划，包括第 1 步和第 2 步；第 2 个阶段为预测，包括第 3 ~ 8 步；第 3 个阶段为补给，包括第 9 步（见图 3-5）。

具体来说，其步骤如下：

（1）供应链伙伴达成协议。这一步是供应链合作伙伴包括零售商、分销商和制造商等为合作关系建立指南与规则，共同达成一个通用业务协议，包括合作的全面认识、合作目标、机密协议、资源授权、合作伙伴的任务和成绩的检测。

（2）创建联合业务计划。供应链合作伙伴相互交换战略和业务计划信息，以发展联合业务计划。合作伙伴首先建立合作伙伴关系战略，然后定义分类任务、目标和策略，并建立合作项目的管理简况（如订单最小批量、交货期和订单间隔等）。

（3）创建销售预测。利用零售商 POS 数据、因果关系信息、已计划事件信息创建一个支持共同业务计划的销售预测。

（4）识别销售预测的例外情况。识别分布在销售预测约束之外的项目，每个项目的例外准则需在第 1 步中得到认同。

（5）销售预测例外情况的解决/合作。通过查询共享数据、E-mail、电话、交谈和会议等解决销售预测例外情况，并将产生的变化提交给销售预测（第 3 步）。

（6）创建订单预测。合并 POS 数据、因果关系信息和库存策略，产生一个支持共享销售预测和共同业务计划的订单预测，提出分时间段的实际需求数量，并通过产品和接收地点反映库存目标。订单预测周期内的短期部分用于产生订单，在预测周期外的长期部分用于计划。

（7）识别订单预测的例外情况。识别分布在订单预测约束之外的项目，例外准则在第 1 步已建立。

（8）订单预测例外情况的解决/合作。通过查询共享数据、E-mail、电话、交谈和会议等调查研究订单预测例外情况，并将产生的变化提交给订单预测（第 6 步）。

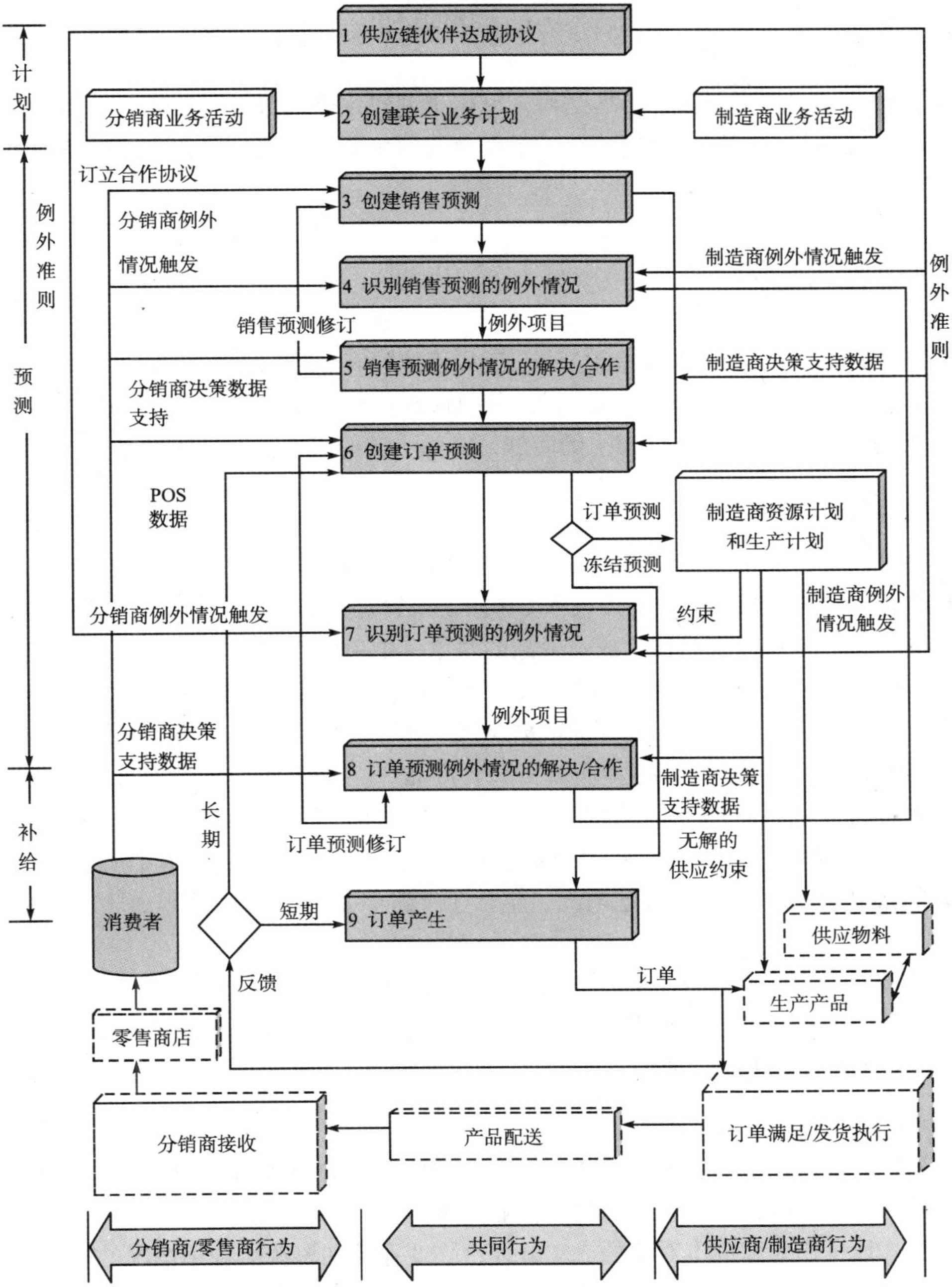

图 3-5 协同式供应链管理的运作步骤

（9）订单产生。将订单预测转换为已承诺的订单，订单产生可由制造商或分销商根据能力、系统和资源来完成。

上面建立了一个贸易伙伴框架结构，可用于创建一个消费者需求的单一预测，协同制造商和零售商的订单周期，最终建立一个企业间的价值链环境，在获得最大赢利和消费者满意度的同时减少浪费与成本。

3.4 成本控制法

有效客户反应的最终目的是建立一个反应迅速的客户导向系统。在该系统中，各成员相互合作，目的是使客户价值最大，同时使供应链成本最小。而作业成本法（ABC）和以此为基础的作业成本管理（ABM）的实施，对供应链的成本控制发挥了重要的作用。

3.4.1 作业成本法

当企业的生产制造是劳动力密集型或机械密集型的连续加工的生产作业时，大部分的生产成本都体现为直接成本。间接成本（包括工厂管理等）都与人工或工时有密切的联系，传统的成本计算方法以产品作为成本分配的对象，把单位产品耗用某种资源（如工时）占当期该类资源消耗总额的比例，当成了对所有的间接费用进行分配的比例，这是不合理的；成本分配的对象应该是作业，分配的依据应该是作业的耗用数量，即对每种作业都单独计算其分配率，从而把该作业的成本分配到每种产品。

随着现代企业生产的产品品种的多样化，企业生产的自动化与信息化水平的提高，大大降低和减少了工人的手工劳动，因而直接人工的成本在制造成本中所占的比重相对降低，间接制造费用的比重日益增大，包括生产准备成本、生产计划成本、质量检查成本等。

在这种情况下，如果企业依然按照产品产量或直接人工工时来分配企业的所有制造费用，必然会扭曲不同产品的真实成本，进而不能准确地反映企业的存货成本，也不能准确地反映企业的真实的利润水平。

1．作业成本法的主要内容

为解决新制造环境下传统成本会计的难题，作业成本法（Activity-Based Costing，ABC）作为一种新的成本核算方法应运而生。作业成本法，是一种通过对所有作业活动进行追踪动态反映，计量作业和成本对象的成本，评价作业业绩和资源的利用情况的成本计算和管理方法。它以作业为中心，根据作业对资源耗费的情况将资源的成本分配到作业中，然后根据产品和服务所耗用的作业量，最终将成本分配到产品与服务。作业成本法认为：产品消耗作业，作业消耗资源；生产导致作业发生，作业导致成本发生，作业是成本管理的重点。作业成本法的基本原理如图 3-6 所示。

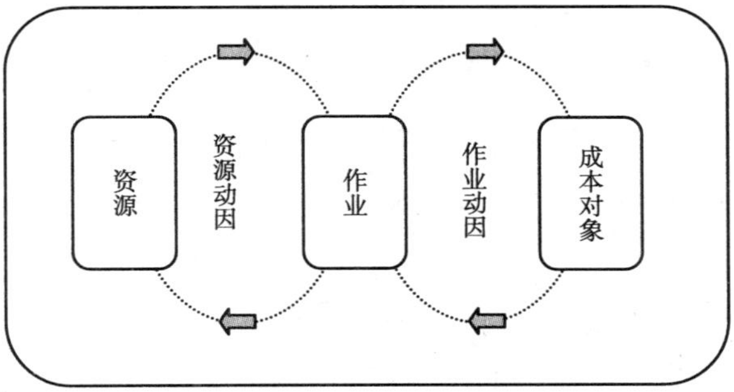

图 3-6　作业成本法的基本原理

2. 作业成本法的实施

作业成本法的实施包括以下几方面的内容：

（1）获得必要的信息以确定资源、活动成本指示器和成本对象。可以从企业的总账和平衡账目中获取必要的财务数据。包括结构数据资源（如种类、活动的类型和生产销售的产品或服务）和定期数据资源（如成本、消费量和产量的信息等）。结构数据一般保持稳定不变，而定期数据会随着作业成本法评估时期的变化而改变。

（2）确认作业、主要作业和作业中心。作业是基于一定目的、以人为主体，消耗了一定资源的特定范围内的工作，是构成产品生产和服务程序的组成部分。将有共同资源动因的作业确认为同质作业，按同质作业设置作业成本库，并以资源动因为基础将间接费用分配到作业成本库，如启动准备、购货订单、材料采购、物料处理、设备维修、质量控制、生产计划、工程处理、动力消耗、存货移动、装运发货和管理协调等。

（3）跨部门小组利用企业总账和平衡账目的信息来为各个成本对象分配活动，为各项活动分配资源。作业动因是各项作业被最终产品消耗的方式和原因。例如，启动准备作业的作业动因是启动准备次数，质量检验作业的成本动因是检验小时。而产品消耗作业，产品的产量、生产批次和种类等决定作业的耗用量，因此，以作业动因为基础将作业成本库的间接费用，按各最终产品消耗的作业动因量的比例进行分配，计算出产品的各项作业成本，进而确定最终产品的成本。

下面是作业成本法计算过程的一个实例：

第 1 步是根据资源动因将间接费用归入作业成本库中，如图 3-7 所示。

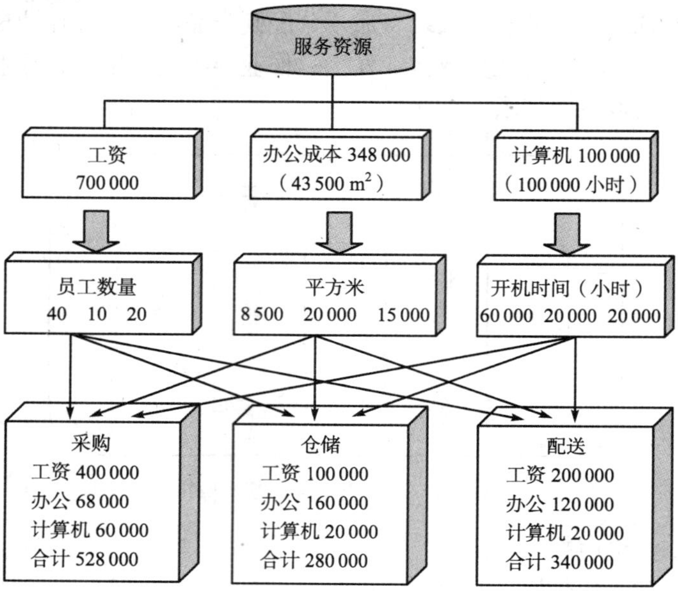

图 3-7 作业成本法计算例题

第 2 步是根据作业动因，把已归集的作业成本库再分别归入各产品中去，每项产品都会做一张业务活动清单，如表 3-2 所示。

表 3-2 作业成本法成本归集

第 2 步		产品 X 为 20 000 件			产品 Y 为 12 000 件		
		数量	活动成本	单位成本	数量	活动成本	单位成本
采购	264/订单	800	211 200	10.56	1 200	316 800	26.4
仓储	200/订单	600	120 000	6	800	160 000	13.33
配送	1 062.5/担	200	212 500	10.63	120	127 500	10.63

3．作业成本法的优势

现代物流把信息的统计、处理和分析作为重要的发展方向，为企业现代化发展打下了良好的基础。作业成本法适应现代物流业的发展要求，基于活动消耗资源而产品和服务消耗活动的理念，超越了传统成本会计的界限，将企业的直接成本与间接成本分配到各个主要活动中，并将这些活动分配给相关的产品和服务。通过把企业主要活动和特定的产品或服务联系起来，帮助管理者了解耗费资源的真正原因和每项产品与服务的真实成本，通过向各项活动和最终产品分配成本而确定企业内部和外部的基准尺度。总体来说，作业成本法具有以下优势：

（1）把管理费用合理地分配到各项产品和服务。

（2）使管理者了解企业内部各项活动、各项产品和服务的实际成本。

（3）使管理者了解企业产品、服务和客户的赢利能力。

（4）量化、测量、分析和改进企业的业务流程。

（5）为管理者提供了企业的内部信息，帮助企业成员更好地了解成本与活动的关系，提高效率，加快周转。

（6）为管理者提供了企业的外部信息，帮助管理者了解产品、服务、客户、分销渠道的成本和赢利能力，从而确定合理的定价、营销和销售战略。

3.4.2 作业成本管理

作业成本管理（ABM）是以作业成本法的计算结果作为主要的信息来源，通过追踪资源到作业，然后追踪成本目标；从成本目标引发作业成本的因素，并确认作业和评价作业完成的质量，从而进行作业分析、作业重构、标杆比较和业绩评价等活动。它说明物流管理会计系统如何提供改善了的产品或服务和客户信息，使管理者能够更好地制定关于产品定价生产组合、产品设计和建立客户联系等决策。它主要包括四个阶段。

1. 确认作业的增值性

确认作业的增值性就是指辨别作业是否是增值作业。增值作业是那些为物流和客户带来利润的作业，它们是物流兴旺的关键。非增值作业不会对物流满足客户的需要和物流竞争力造成影响，是一种浪费，应该消除。

2. 作业重构

从作业层次上重新设计组织的各项工作，由于作业是组织的各个基本活动，所以重构作业，也即重构了组织，重构了物流系统。

在作业重构时，应努力寻找引起成本的真正根源。有些非增值作业，如运送原料等，不能被完全消除，企业应集中分析移送原料作业成本，找出降低成本的措施。同时应尽可能保持作业的简单性。任何复杂作业都会引起成本的增加。

3. 标杆瞄准

重构的作业模型尽可能地减少非增值作业，但增值作业本身并不意味着它就能高效率地工作并产生高效益。企业必须以最先进的物流系统为基准，详细了解分析自己，找出最有问题的作业，并进行改进和完善。需要说明的是，对物流的改进并不是静态的，市场的竞争会促使基准点不断提高，改进的目标也应不断提高。

4．建立绩效评估系统

绩效评估系统能促使减少订货至交货的时间，提高生产率，改善质量，使物流不断地改进。一个好的绩效评估系统应该能减少订货至交货的时间，提高生产率，改善质量，使客户满意。开发绩效评估系统时应注意以下几个原则：

（1）绩效评估必须有助于实现物流的目标和战略，它们必须与所衡量的作业间有着协调性和目标一致性。

（2）绩效评估指标必须是可计量的，可以用一些比率，也可以用图表等工具。

（3）绩效评估必须较简单，以使操作和执行作业的职工容易理解它。

（4）绩效评估应能诱导人们有益的行为。绩效评估指出问题的同时，也应列出获得的进步，以促进作业改善。

3.5 价值链分析法

作业成本法只注重于作业本身的效率性，而价值链分析法（VCA）在成本管理中注入了价值链的管理思想。

3.5.1 价值链的内容与特点

1．价值链的内容

价值活动就是企业所从事的能够带来价值增值的物质的和技术的活动，它们共同为客户创造价值，最终形成企业的价值链。不同企业的价值活动划分与构成不同，价值链也不同。价值链思想认为，按照经济和技术的相对独立性，企业的价值增值过程可以划分为既相互独立又相互联系的多个价值活动，这些价值活动共同形成独特的价值链。

以制造业为例，价值链的基本活动包括内部后勤、外部后勤、市场营销和服务，辅助活动包括企业基础设施（企业运营中各种保证措施的总称）、人力资源管理、技术开发和采购，如图 3-8 所示。每个活动都包括直接创造价值的活动、间接创造价值的活动和质量保证活动三部分。企业内每项活动对企业创造价值和降低成本的贡献大小不同，每个价值活动的成本是由各种不同的驱动因素决定的。价值链的各种联系成为降低单个价值活动成本和企业最终成本的重要因素。而价值链各个环节的创新则是企业的竞争优势的来源。

2．价值链的特点

（1）价值和价值活动构成价值链的分析基础。价值表现为买方愿意为企业提供的价格，它代表着客户需求满足的实现。价值活动是企业制造为买方提供有价值的产品源泉，涉及产品的物质创造及其销售、转移给买方和售后服务的各种活动，以及提供外购投入、技术、人力资源、各种公司范围的职能的辅助活动，是价值链分析法的基础。

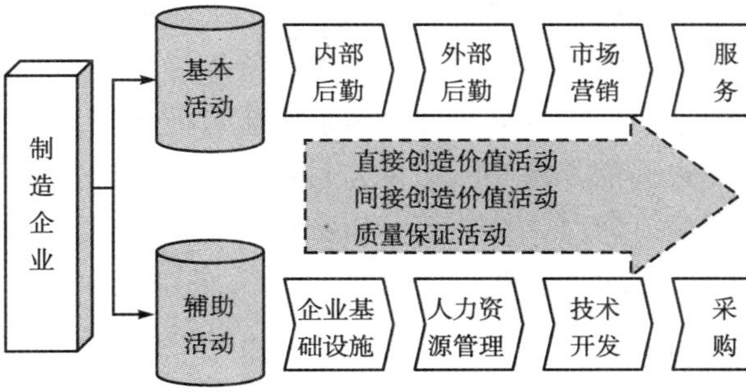

图 3-8　制造业的价值链活动

（2）价值链的整体性。价值链揭示的是企业创造的总价值，体现在更广泛的价值系统中。供应商拥有创造和交付企业价值链所使用的外购输入的价值链（上游价值），许多产品通过渠道价值链（渠道价值）到达买方手中，企业产品最终成为买方价值链的一部分。因此，进行价值链管理，不仅要理解企业自身的价值链，而且要理解企业价值链所处的价值系统。

（3）价值链的异质性。不同的产业具有不同的价值链。在同一产业，不同企业的价值链也不同，它反映企业各自的历史、战略和实施战略的途径等方面。

3.5.2　价值链分析法的类别与内容

1．价值链分析法的类别

价值链分析法是由美国哈佛商学院教授迈克尔·波特提出来的，是在成本分析和控制的基础上，协助供应链上、中、下游的公司分析各种品类商品在不同通路所需成本和可以降低的成本。它是一种战略性的分析工具，用来评估当前的经营状况，评价拟定的改进措施的潜在影响，寻求确定企业竞争优势。

企业的业务要求推动了价值链的发展。价值链涉及满足特定类型客户（内部或外部）的一系列活动，为特定类型的客户或用户提供特定的工作活动是价值链分析的基础，而计算成本和价差是价值链作为竞争性比较的基础。价值链分析法涉及整个企业，可以分为三个类别：企业内部价值链分析、竞争对手价值链分析和行业价值链分析。

（1）通过对企业内部价值链的分析确认企业的价值活动及其分布状态，以及企业在整个行业价值链中的位置，并将本企业价值活动的所耗成本与其对产品价值的贡献进行比较，确定其发生的合理性，进而决定对其消除还是改进。

（2）通过对竞争对手的分析，发现相对于竞争对手的价值链。企业获得竞争力的合理程度，具体包括企业拥有多大的竞争优势或劣势，是哪些价值活动或成本因素导致了这种状况的出现。

（3）通过对行业价值链的分析，确定企业是否需要实施纵向整合战略，通过对供应商和购买商的并购或建立战略联盟来降低成本，实现竞争优势。

在有效客户反应背景下，价值链分析法为企业实施有效客户反应提供了确定工作重点和战略方向的工具，同时也提供了将实际结果与目标期望进行比较的审计方法。当企业利用价值链分析法确定其战略方向时，价值链分析法可以帮助企业观察最重要的产品项目、产品品种服务，并确定如何运用有效客户反应。

2．价值链分析法的内容

价值链分析的具体内容包括识别价值活动、确立活动类型和分析企业竞争的优势。

（1）识别价值活动。价值活动有两类，即基本活动和辅助活动。

1）基本活动可分为与接收、存储和分配相关联的各种内部后勤活动；与将各种投入转化为最终产品相关联的各种生产经营活动；与集中、仓储和将产品发送给买方相关联的各种外部后勤活动；与提供一种买方购买产品的方式和引导它们进行购买相关联的各种市场营销活动；以及因购买产品而向客户提供的、能使产品保值增值的各种服务，如安装、维修和零部件供应等。

2）辅助活动有四种，包括购买用于企业价值创造的采购活动、技术开发活动（它可以发生在企业中的许多部门）和人力资源管理，以及包括总体管理、计划、财务、会计、法律、政治事务和质量管理等在内的企业基础管理活动。

（2）确立活动类型。在每类基本和辅助活动中，都有直接活动、间接活动和质量保证活动三种类型。

1）直接活动涉及直接为买方创造价值的各种活动，如零部件加工、安装、产品设计、销售、人员招聘等。

2）间接活动指那些使直接活动持续进行成为可能的各种活动，如设备维修与管理、工具制造、原材料供应与储存、新产品开发等。

3）质量保证活动指确认其他活动质量的各种活动，如监督、视察、检测、核对、调整和返工等。

这些活动有着完全不同的经济效果，对竞争优势的确立起着不同的作用。通过区分，权衡取舍，以确定核心和非核心活动。

（3）分析企业的竞争优势。企业竞争优势有三个主要来源：价值活动、价值链的内部联系和外部联系。

1）价值活动是构筑竞争优势的基石，企业在关键价值活动的基础上建立和强化这种优势就可能获得成功。通过同其他企业对比，企业发现自身竞争优势。

2）价值链的内部联系。基本价值活动之间、不同支持活动之间、基本活动与支持活动之间存在着联系，竞争优势往往来源于这些联系。例如，成本高昂的产品设计、严格的材料规格或严密的工艺检查也许会大大减少服务成本的支出，而使总成本下降。

3）价值链的外部联系。价值链的外部联系是指企业与供应商、渠道价值链和买方价值链之间的联系。供应商、渠道买方的各种活动进行的方式会影响企业活动的成本或利益，它们与企业价值链的各种联系也会为增强企业的竞争优势提供机会。

3.5.3 价值链分析法的实施步骤

（1）准备阶段。设立价值链分析组织，确定数据收集计划、成员的具体责任、工作计划和预期结果等。

（2）确定当前成本基准。从企业总账和盈亏平衡表提取原始数据，将这些数据写入价值链分析所需的格式，并保证数据的正确性。

（3）收集主要业绩指标并完成业绩评估。

（4）评估有效客户反应（ECR）的成熟程度。小组的所有成员和其他熟悉企业情况的员工共同合作，评估到目前为止各种 ECR 改进方法的成功程度，并撰写 ECR 成熟程度报告。

（5）估测成本的降低额。根据第（2）步和第（4）步提供的 ECR 成熟程度报告，企业就可以运行价值链分析模型来估测成本和成本降低的机会。仔细检查估算的每种改进方法实现的成本降低程度，以保证小组的所有成员都了解估测值的形成。

（6）准备最终报告。根据小组的发现和结论，对每种产品品种提出特定的建议，包括反映企业的经营目标的总体行动计划和优先行动方案的具体计划，并提供给高级管理层，作为实施 ECR 行动的基础。

本章小结

当今，几种先进的供应链管理方法为实现供应链快速、高效和无缝连接提供了出路。快速反应（QR）和有效客户反应（ECR）以快速、准确的信息沟通为基础，加快了对客户需求的响应速度，通过零售商、制造商和供应商之间的相互配合，既降低了整个供应链的存货水平，又提高了服务水平。协同式供应链管理（CPFR）在共同预测和实现连续补货基础上，制定生产、库存、配送和销售等方面的共同计划，将原来属于企业内部的业务工作变成了供应链成员企业的共同业务工作。成本控制法（ABC 和 ABM）超越了传统成本会计的界限，它将企业的直接成本与间接成本分配到企业的主要活动的相关产品和服务中，为管理者提供了相对精确的产品成本信息，从而帮助管理者了解消耗资源的真正原因和每项产品与服务的真正成本。价值链分析法（VCA）是一种战略性的分析工具，在 ECR 背景下，价值链分析法（VCA）为企业实施 ECR 提供了确定工作重点和战略方向的工具，同时也提供了将实际结果与目标期望进行比较的审计方法。这几种主要的供应链管理方法都为实现供应链高效与低成本地运作提供了思路。

案 例

H&M 与 ZARA 快速响应的供应链

H&M 的供应链管理与 ZARA 同样优秀，品牌定位相似，都是低价的快速时尚。H&M 用双供应链平衡效率与成本，ZARA 则凭借极速供应链打天下。

在黄金地段开店、与奢侈品为邻、店面光鲜，采用“少量、多款、平价”的理念，对流行时尚做出快速反应，是 ZARA 和 H&M 的共同点。凭借这些策略，它们的营业额飞速成长。

“做时尚的跟随者，而不是创造者”，就意味着对前导时间（lead time，即产品从设计到销售上架的时间）进行有效控制。ZARA 的前导时间为 15 天，H&M 的前导时间最快为 20 天，而国内服装企业的通常前导时间为 90～120 天。和 ZARA 相比，H&M 虽然最快的前导时间晚了 5 天，不过，这 5 天的代价却让 H&M 赢得了成本优势——“它的服装售价比 ZARA 便宜了 30%～50%”。

在 H&M 推崇的“三合一”理念中，成本的优先级别最高，因此其生产地总是向拥有优良劳动力、低廉工资和高质量生产的地区转移。20 世纪 60 年代中期至 70 年代，H&M 陆续在北欧、南欧、东亚等设立了生产地，它并不拥有自己的工厂，而是将生产全部外包给分布在欧亚 22 个国家的 700 家独立供应商。

如何与这些分布在各地的供应商建立紧密联系？H&M 采取了在生产地设立生产办事处的策略，以协调内部采购部门和供应商之间的关系，以及开拓新的供应商。基于采购成本的考虑，H&M 将 60%的生产放在亚洲，其余则在欧洲进行。一般而言，常规款式的时装和童装是在亚洲生产，量小且流行性强的服装，通常给欧洲的供应商。

H&M 设计了两条供应链：管控亚洲生产的高效供应链、管控欧洲生产的快速反应供应链。H&M 内部采用名为 OFS（Offer Follow up System）的信息系统跟踪供应链的生产计划。对于制作基本款式的亚洲供应商，H&M 的高效供应链策略是在满足产品供给的同时，使成本控制到最低，因此它与供应商之间的沟通往往通过 E-mail 进行。在这条供应链里，更多的工作是靠生产办事处的员工以标准化流程进行监控。

对于那些流行感强的服装，H&M 则将订单投放到欧洲，以快速反应供应链来应对市场需求。除了采用 OFS 系统跟踪欧洲供应商的生产计划外，H&M 总部和 22 个生产办事处的所有部门间的沟通还基于ICT（Information and Communication Technologies）平台完成。在H&M总部，设计与采购部门协同工作，每个设计理念都有一支由设计师、采购员、助理、打版师、财务总监及部门经理组成的团队，这样可以在设计初期便着手在价格、市场反馈和流行时尚之间取得平衡。

当设计草图出来后，ICT平台就能将数据发放给相应部门，甚至22个产品办事处，以便确定合适的生产地和供应商。灵活采购是H&M快速反应供应链的核心。一般而言，服装企业都要进行季节性采购，这一模式被H&M于1968年就打破了——它的买手采用一年采购12次的策略，以对流行趋势进行快速反应。

在物流环节，为了避免过量生产而导致积压，H&M的中央物流体系通过ICT紧跟每款产品的销售进程。H&M供应商生产的产品通常会运送到德国汉堡的中央仓库，进行整理和发送，但是如果这款产品是针对某个区域市场的，H&M会通过ICT做出快速反应，将产品直接送达该国分部，甚至直接运送到店面。

和H&M不同，ZARA将大部分生产放在欧洲。在西班牙，ZARA拥有22家工厂，其50%的产品通过自己的工厂生产，50%的产品由400家供应商完成。这些供应商有70%位于欧洲，其他则分布在亚洲。这样的地理位置也是为了保持其供应链的响应速度。

同样，为了加快整条供应链的灵活性，ZARA从供应链上游便控制了布料、染料等原材料供应商，它们总是以半成品的方式待命——一旦ZARA发出生产指令，这些原材料供应商便投入生产，最大限度地避免了浪费时间。

在剪裁打版环节，ZARA的工厂采用了与丰田联合开发的JIT（Just In Time）系统。与大型服装业规模化生产不同，ZARA的生产线都是小批量的流水线，“小批量、多品种”正是丰田汽车的生产模式，ZARA将其移植到服装行业。借助JIT系统，ZARA可以定制生产流程，实现柔性生产。当布料剪裁完成后，它们会被送到西班牙或葡萄牙的小工厂、家庭作坊进行缝制加工。一般而言，每个生产单位只接受一种款式、被安排一个班次，这样可以快捷地增加或减少某款衣服的产量。

在物流环节，ZARA和H&M一样，都依托高效的中央配送中心，其中央配送中心在西班牙总部，产品由它统一分发到全球各地。“ZARA拥有一个基于Web的供应商管理平台，通过这个平台，总部可以监测从发货、出关、通关到总部的全过程，甚至能跟踪物流公司的动态。”ZARA公司一位IT负责人介绍道。这个平台同样为ZARA节省了宝贵的时间，它除了可以提高物流效率外，互联网还可以消除时差带来的工作节奏的不一致。

ZARA的每个门店都安装着彼此独立的信息系统。每天晚上，位于西班牙西北部拉科鲁尼的ZARA总部，会和每个门店交换大量原始数据，数据细致到每款产品卖了几单、尺码、颜色、数量、卖出时间、支付方式、折扣信息、价格调整等。之后，各部门会根据需要分解数据，以对各地市场做出判断。特别是对设计部门而言，来自各门店的销售数据可以帮助他们分析畅销或滞销产品，作为新产品的设计参考。为了更贴近市场，ZARA采用了由买手、设计者、市场专员组成的团队设计模式。

通过IT手段，ZARA建立了闭合的沟通机制，大量信息得以在供应链上顺畅流动，令设计、采购、生产和销售等环节实现直接沟通。

复习思考题

1. QR战略的优点是什么？实施QR战略有哪几个步骤？
2. 通过服装业应用QR战略，你得到了什么启示？
3. 信息技术在QR战略中扮演什么样的角色？
4. ECR的四大要素是什么？它们起到了什么样的作用？
5. QR和ECR战略有哪些相同和不同之处？
6. CPFR有什么优点？它是如何实施的？
7. 实施ABC的步骤是什么？在实施过程中最重要的步骤是什么？是如何进行的？
8. ABC和ABM较传统的成本会计核算方法有什么不同？
9. 价值链分析法的特点是什么？实施价值链分析法的步骤是什么？
10. 根据案例，试比较ZARA与H&M的供应链，找出其共同点与区别，并评价两个公司的供应链。

第 4 章

供应链管理中的采购与库存

本章学习目标

- 掌握供应链管理中采购的含义，了解它的特点及其与传统采购模式的区别，重点掌握供应链采购管理的目标、要求及其一般流程。
- 重点掌握准时制采购与制造资源计划（MRP Ⅱ）采购的方法。
- 了解供应链中影响库存的因素及其原因，重点掌握需求变异加速放大原理。
- 了解供应链管理中库存管理的特点和目标，重点掌握风险共担、直接配送、转运与交叉配送、供应商管理库存、联合库存管理和多级库存优化与控制的主要内容。

4.1 供应链管理中的采购

传统的采购方式存在很大缺陷，而供应链管理中的采购方式克服了这些缺陷，从而更有可能做到信息的畅通和采购的及时性与适量性。

4.1.1 供应链管理中采购的特点

在供应链机制下，采购者把自己的需求规律信息（如库存信息等）及时地传递给供应商，供应商根据产品的消耗情况及时地进行小批量库存补充，保证既能满足消费者需求，又使库存最小。

供应链采购的观念和采购的操作方式与传统的采购有很大的区别（见表 4-1）。

表 4-1　供应链采购与传统采购的区别

项　　目	传统采购	供应链采购
基本性质	基于库存的采购，需求方进行采购操作的采购方式，是一种对抗型采购	基于需求的采购，供应方主动型、需求方进行采购的采购方式，是一种合作型采购
信息环境	信息不通，信息保密	信息共享
库存关系	需求方掌握库存，需求方设立仓库，库存水平较高	供应商掌握库存，需求方可以不设仓库，实现零库存
送货方式	大批量少频次送货	供应商多频次小批量连续补充货物
双方关系	供需双方敌对，责任自负、利益独享、互斥性竞争	责任共担、利益共享、协调性配合
货检工作	严格检查	基本免检

供应链管理中采购有以下一些特点。

1. 采购需求基于客户产品订单

供应链采购是由客户订单驱动的，在供应链管理模式下，客户需求产生订单，订单驱动生产，生产驱动原材料采购，产品满足客户的需求，这样采购本身就成了满足客户订单的过程。

2. 主动跟踪的供应商采购

需求者将其需求信息随时传给供应商，供应商则根据需求状况和变化趋势，及时调整生产计划，补充货物，主动跟踪用户需求，适时适量地满足用户的需求。

3. 合作采购

供应链采购的双方为了能获得更大的经济效益，从不同角度相互配合、各尽其力。在采购过程中相互配合，提高采购效率，最大限度地降低成本。

4.1.2　供应链管理中采购的实施

1. 供应链管理中采购的目标

在供应链管理模式下，采购工作要做到五个恰当：

（1）恰当的数量。实现采购的经济批量，既不积压又不造成短缺。

（2）恰当的时间。实现及时化采购，既不能提前，给库存带来压力，也不能滞后，给生产带来压力。

（3）恰当的地点。实现最佳的物流效率，尽可能节约采购成本。

（4）恰当的价格。达到采购价格的合理性，价格过高造成浪费，价格过低则可能或造成质量难以保证。

（5）恰当的来源。力争实现供需双方间的合作与协调，达到双赢的结果。

2．供应链管理中采购的基本要求

要实现上述五个恰当，供应链管理下的采购必须在传统采购模式的基础上进行以下几个方面的转变：

（1）从库存驱动向订单驱动转变。传统采购是由库存驱动的。采购部门并不关心企业的生产过程，不了解生产的进度和产品需求的变化，而是根据库存状态确定采购行为，采购计划很难适应制造需求的变化。在供应链管理模式下，采购活动是以订单驱动的，制造订单驱动采购订单，采购订单再驱动供应商。订单驱动的采购业务原理如图 4-1 所示。

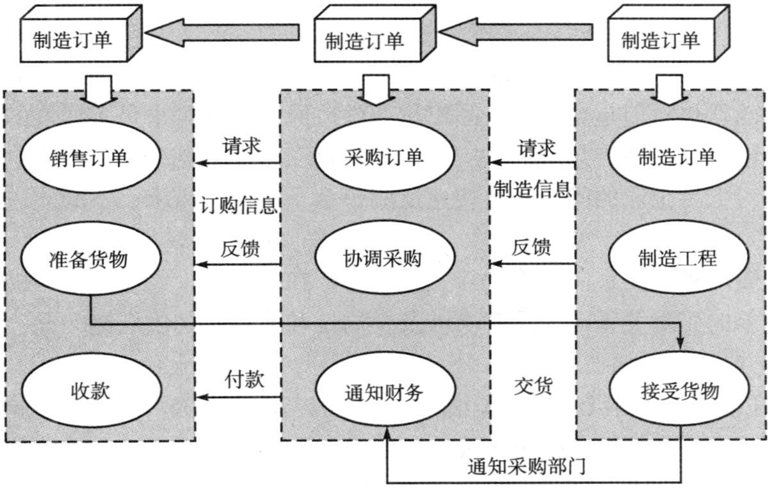

图 4-1　订单驱动的采购业务原理

（2）从采购管理向外部资源管理转变。传统采购模式中的供应商对采购部门采购任务的要求存在一定的时滞，而采购部门对其要采购的产品质量实施事后控制，这就使供应链中的企业无法实现同步化运作。在供应链模式下，通过成员管理，把供应商的生产制造过程看做采购企业的一个延伸部分，采购企业“直接”参与供应商的生产和制造流程，从而确保采购的即时性和采购商品的质量。这种外部资源管理实现了供应链管理的系统性、协调性、集成性和同步性，从内部集成走向外部集成，克服了传统采购模式的缺陷。

要实现外部资源管理，采购部门应从以下几个方面入手：

1）和供应商建立长期的、互利互惠的合作关系，保证供需双方诚意合作，共同解决相关问题。

2）通过提供信息反馈和教育培训支持，在供应商之间建立质量改善和质量保证机制。质量管理的工作需要由下游企业提供相关质量要求，及时把供应商的产品质量问题反馈给供应商，以便其及时改进，并对个性化的产品质量提供必要的培训，保证供应链成员企业能够提供合格的产品和服务。

3）参与供应商的产品设计和产品质量控制过程。同步化运营是供应链管理的重要思想。通过同步化的供应链计划，使各成员企业及时响应需求，采取一致性的行动，增加供应链的敏捷性。制造企业直接参与供应商的产品设计和质量控制过程，共同制定有关产品质量标准等，使需求信息能很好地在供应商的业务活动中体现出来。

4）协调供应商的计划。一个供应商有可能同时参与多条供应链的业务活动，在资源有限的情况下必然会造成多方需求争夺供应商资源的局面。在这种情况下，下游企业的采购部门应主动参与供应商计划的协调。在资源共享的前提下，保证供应链的正常供应关系，维护企业的利益。

5）建立自己的供应商网络，对供应商的数量进行管理。一般而言，供应商的数量越少越有利于双方的合作。但是企业的产品对零部件或原材料的需求是多样性的，因此，企业应根据自己的情况选择适当数量的供应商，建立自己的供应网络，并争取供应商的配合和支持。例如，对下游企业的问题做出快速反应，基于用户的需求，不断改进产品和服务质量等。

（3）从一般的买卖关系向战略伙伴关系转变。在传统的采购模式中，供应商与需求企业间是一种简单的买卖关系，无法解决涉及全局性和战略性的供应链问题，而基于战略伙伴关系的采购方式可以做到：

1）采购信息准确。在供应链管理模式下，供应与需求双方可以共享数据，采购决策过程变得透明，减少了需求信息的失真现象。

2）降低经营风险。供需双方通过战略性合作关系，双方可以降低由于不可预测的需求变化带来的风险，如运输过程的风险、信用的风险和产品质量的风险等。

3）降低采购成本。通过合作伙伴关系，双方可以制定战略性的采购供应计划，省却了许多不必要的手续和谈判过程。交易双方不必为日常琐事耗费时间和精力，同时，信息的共享避免了因信息不对称决策可能造成的成本损失。

4）准时采购问题。战略协作伙伴关系消除了供应过程的组织障碍，为实现准时制采购创造了条件。

3．供应链管理中采购的基本流程

一般来说，企业采购管理的基本任务有三个，一是要保证企业所需的各种物资的供应；二是从资源市场获取各种信息，为企业物资采购和生产决策提供信息支持；三是与资源市场建立起友好和有效的关系，为企业营造一个有效的资源环境。供应链管理下的采购流程相对简单，主要由以下几个方面组成：

（1）根据客户需求制定采购计划。根据需求品种情况和供应商情况，制定出切实可行的采购订货计划，包括选择供应商、供应品种、具体的订货策略、运输进货策略和具体的实施进度计划等。

（2）采购计划实施。把制定的采购订货计划落实到人，根据既定的进度进行实施，具体包括与供应商签订订货合同、运输进货、到货验收入库和支付货款等。

（3）采购监控。包括对采购人员、采购资金和采购活动进行监控。

（4）采购评价。在验收入库和付款结清后，采购部门应分析购费差异（与财务部门协同进行），评价供应商业绩，同时评估采购活动中的供应链运作效果，总结经验教训，找出问题，与成员企业共同协商，提出改进方法等。

每个供应链上的采购实施过程视具体的供应链构成、运营方式和管理水平而有所不同，其基本流程大体按照以上四个环节实施，尽可能利用供应链信息共享优势，在采购流程中增加有价值的活动，减少不必要的浪费，力争以最高的物料质量、最短的采购周期、最低的成本、最好的服务满足用户需要。

4.2 供应链管理中的采购策略

加强采购管理，使用先进的采购策略可以增强供应链的系统性和集成性，提高企业的敏感性和响应性，并且为生产和库存管理的高效化提供保证，是供应链管理的重要内容。准时制采购和制造资源计划（MRPⅡ）采购是供应链模式下两种重要的采购策略。

4.2.1 准时制采购

1．准时制采购的基本思想

准时制采购也叫 JIT 采购，是指严格按照订单指定的时间，将产品交到客户指定的地点，它强调物流到达目的地的准时性，即在需要的时候抵达。由于 JIT 方式带来了极大的效益，因而在供应链管理的不同环节都得到了相应的运用，如“JIT 生产”、“JIT 采购”、“JIT 库存”等。JIT 的目标是在保证正常生产供应的情况下，避免一切浪费（包括空间、时间、人力、物料、能源和资金等），从而实现资源的重复、最佳运用。JIT 在不增加库存的前提下满足了客户的要求，大大降低了采购、生产和营销的成本。

准时制采购是实现快速响应的敏捷物流方法，它能最大限度地消除采购活动中的浪费，降低库存直至实现零库存。其基本思想就是：根据客户的需求在合适的时间、合适的地点、以合适的数量、合适的质量提供合适的物资，满足生产和销售。准时制采购充分体现了供应链采购管理的目标与要求，是一种典型的需求导向的供应链管理思想，能帮助网络企业迅速适应市场和客户需求的变化。JIT的一个核心目标是尽可能地降低库存，最终实现企业的零库存运行，这样可以减少资金占压，大大降低库存成本。

从理论上来看，JIT的管理思想很有吸引力，但它对供应链的实际动作也提出了极高的要求。在JIT方式下，供应链中的每个环节都必须精确无误地按照规定完成任务，保证产品在供应链上畅通无阻地运动。因此，JIT的实际操作非常困难。

2．准时制采购的意义

如前所述，供应链管理中的采购由订单驱动，它使供应和需求双方都围绕着订单运作。准时制采购策略体现了供应链管理的协调性、同步性和集成性，是保证供应链的整体性和同步性运作的重要环节。

采购部门一旦产生订单，供应商就开始着手物品的准备工作。与此同时，采购部门编制详细的采购单并提供给供应商，供应商能够迅速地将货物交给用户。当用户的需求发生改变时，制造订单又驱动采购订单发生改变，这种快速的改变过程，必须以准时制的采购方法为基础。因此，准时采购增加了供应链的柔性和敏捷性。

3．准时制采购的特点

准时制采购与传统采购有着本质的区别（见表4-2），主要表现出以下几个方面的特点。

表4-2　准时制采购与传统采购的区别

项　目	传统采购	准时制采购
采购批量	大批量，频次少	小批量，频次多
供应商的选择	短期合作，多源供应	长期合作，单源供应
对供应商评价的顺序	质量、价格、交货期	质量、交货期、价格
检查工作	收货、检货、质量验收	逐渐减少、最后消除，实现免检
协商内容	获得最低价格	长期合作、质量和合理的价格
运输	降低成本，卖方负责安排	准时送货，买方负责安排
文书工作	工作量大，改变交货物和质量的采购	工作量小，需要的时候有能力改变交货
产品说明	买方关心设计和供应商没有创新	供应商创新，强调性能
包装	普通包装、一般要求	标准化容器包装
信息交流	一般要求	要求快速可靠

（1）供应商少，甚至单源供应。传统的采购模式一般是多头采购，供应商的数目相对

较多。准时制采购是建立在供需长期稳定合作基础上的关系，供应商较少，甚至采用单源供应，这一方面有利于供应商的管理和降低采购成本；另一方面以建立长期稳定合作关系为基础，质量上比较有保证。但是，采用这种供应模式存在一定的风险。例如，供应商有可能因意外原因中断交货，从而影响货源，或者因相对稳定的客户而造成供应商缺乏竞争意识等。

（2）选择供应商的标准高。在传统的供应模式中，供应商和用户间的关系是短期的合作关系，供应商是通过价格竞争选择的。在准时制采购中这种短期的合作关系变成了长期的合作关系，供应商的合作能力将影响企业的长期经济利益。因此，对供应商的要求也比较高。不仅需要考虑价格因素，而且需要对供应商进行综合的评估，尤其是在品质、工作质量、交货质量和技术质量等方面进行评估。

（3）要求交货准时。准时制采购的一个重要标准是要求交货准时，这是实施精益生产的前提条件。为保证准时交货，供应商应不断地提高和改进企业的生产条件，提高生产的可靠性和稳定性，减少延迟交货或误点现象。同时应重视运输问题。在物流管理中，运输决定准时交货的可能性。特别是全球的供应链管理系统，运输过程长，运输工具复杂，需要中转运输等。因此，要进行有效的运输计划与管理，使运输过程准时化。

（4）及时准确的信息交流。准时制采购要求供应与需求双方信息高度共享，保证供应与需求信息的准确性和实时性。由于双方的战略合作关系，企业在生产计划、库存和质量等方面的信息都可以及时进行交流，以使出现的问题能够得到及时处理。

（5）适当的批量采购。准时制生产需要减少生产批量，因此采购也采取小批量的办法。虽然小批量采购减少了库存，但却增加了运输次数和成本。距离较远会进一步增加实施准时制采购的难度。因此，应该综合考虑，尽可能减少运输成本和运输次数，实行适当的批量采购。

4．准时制采购的实施

实施准时制采购，首先要选择最佳的供应商，并对供应商进行有效的管理；其次用户与供应商之间要紧密地合作；最后要对采购过程进行质量控制。

准时制采购不只是采购部门的事情，各部门要充分协作。为此，应从以下几个方面着手：

（1）精选少数供应商，建立伙伴关系。从产品的质量、供货情况、应变能力、地理位置、企业规模、财务状况、技术能力和价格等多方面考察，选择并采用有限的供应源，与之建立稳定的伙伴关系，并保持相对稳定。

（2）确定共同的目标，搞好供应商的培训。准时制采购是供需双方共同的业务活动，单靠采购部门的努力是不够的，需要供应商的配合。因此，需要对供应商进行培训。通过培训，使供应商充分认识和理解准时制采购的策略和运作方法，以获得供应商的支持和配合。

（3）创建准时制采购团队。世界一流企业的专业采购人员有三个责任，即寻找货源、商定价格、发展与供应商的关系并不断改进。为此，应成立两个团队，一个是专门处理供应商事务的团队，他们的任务是认定和评估供应商的信誉、能力或与供应商谈判签订准时制订货合同，向供应商发放免检签证等，同时负责供应商的培训；另外一个团队是专门从事消除采购过程中浪费的活动。

（4）制定采购计划，确保准时制采购策略有计划、有步骤地实施。主要包括制定采购策略，改进当前的采购方式，减少供应商的数量，正确评价供应商，向供应商发放签证等内容。

4.2.2 制造资源计划采购

制造资源计划（MRP Ⅱ）采购，是指根据生产计划大纲和物料消耗定额，编制物资供应计划，并根据物资计划、库存数据和采购合同数据，进行物资平衡，登录合同台账，监督合同到货情况，维护供应商档案。

MRP 是为了解决“订货点管理”的不足，减少生产原料的库存对资金的占用，1965 年，Joseph A. Orlicky 与 Oliver W. Wight 等提出了物料需求计划这种新的管理思想。根据产品的需求情况和产品结构，确定原材料和零部件的需求数量和订货时间，在满足生产需要的前提下，有效降低库存。即“利用主生产计划（Master Production Schedule，MPS）、物料用量清单（Bill of Material，BOM）、库存（Inventory）和未交货单（Open Order）等各种资料，经计算得到未来的物料需求，并进行订单的补充和修改”。这个阶段的 MRP 虽然是一个完整的计划与控制系统，但它无法对企业执行计划之后产生的业绩进行评价。例如，对于采购环节所产生的成本没有进行核算与控制。因此，在此基础上发展到了 MRP Ⅱ。MRP Ⅱ 覆盖了企业全面管理功能，对企业有限的各种制造资源（包括人力、物料、设备、能源、资金、空间和时间）进行有效周密的计划、合理利用，把物料流动同资金流动结合起来，对照企业总目标，检查计划执行的结果。MRP Ⅱ 在 MRP 的基础上增加了采购管理、销售管理、财务管理和模拟功能等模块，实现物料信息同资金信息集成。

衡量企业经营效益首先要计算产品成本，MRP Ⅱ 从最开始的采购件的材料费开始，逐层向上将每一件物料的材料费和人工制造费等进行累积，得出产品的最终成本，再进一步结合市场营销，分析各产品的获利情况，实现了对采购成本的监控。

1. MRP Ⅱ 与供应链中的采购管理

采购是企业生产中一项非常重要的后勤管理活动，它不仅为企业生产提供所需的材料，满足生产需求，而且是企业降低成本提高企业经济效益的重要途径。供应链环境下的企业采购，通过成员企业的长期协作，避免重复性的谈判签约，从而降低采购成本。

MRP Ⅱ的核心是物料需求计划（MRP），包括生产计划的加工订单和生产建议的采购单。以制造业为例，企业的采购活动是始于MRP输出的请购建议表，采购的内容、时间和数量主要由MRP的输出结果来确定。MRP系统根据所有材料的计划订单发出生产请购和生产建议表，经申请部门人员确认或修正这些需求后，以请购单的形式传给采购部门，采购部门选择出合适的供应商后向供应商发出订购单。MRP Ⅱ为企业采购管理提供了重要的技术支持，它能够加快采购业务处理的速度，从而加快供应链上的采购流程，有效缩短整个供应链流程。

2. MRP系统中影响采购的相关参数设置

材料采购计划是MRP的最终输出结果，它的精确性会受到各种输入数据的影响。因此，正确设置MRP系统的参数对保证输出结果的准确性来说是非常重要的。在MRP系统中，影响采购的主要参数有单位用量、报废率、批量法则、提前期、安全库存、安全时间、产出率和主生产计划。

（1）单位用量和报废率。单位用量是指生产一个单位的父件需要消耗的子件的数量。MRP根据BOM展开求各物料总需求（GR）时，是以父项订单发出量（POR）作为输入，乘以单位用量求出下层子件的总需求数量，并以本期父件净需求时点为基础计算出子件的需求时间的。MRP利用BOM将某材料的POR展开计算子件的GR时，会除以一个因数（1–子件报废率），以便扩大对子件的总需求。设置不同的子件报废率的值，就会有不同的扩大程度，从而得到的子件总需求数量也就不同。另外，材料报废还可能会提前产生物料净需求，使订货提前，从而影响需求物料的需求时间。

（2）批量法则。不同的批量法则会影响到MRP的采购建议的输出结果。主要的批量法则如下。

1）逐批法，也叫直接批量法、一批一次法（Lot For Lot，LFL）。是指有净需求时就进行采购，采购的批量等于净需求数量，采购时间和数量完全由净需求决定。它使生产或订购在数量和时间上能基本保证。采用此批量法，库存可以降到最低，但有可能使订货次数变多。

2）固定批量法（Fixed Order Quantity，FOQ）。指每次加工或订购数量相同，但订货间隔不一定相同的批量订购方法。采用这种批量法则，计划订单的订单批量为某一以经验决定的数量或倍数。一般用于订货费用较大的物料。

3）固定周期法（Fixed Time，FT）或叫定期评估法（Periodic Review System，PRS），指每次加工或订购间隔周期相同，但各次订购的数量不一定相同的批量法。采用这种批量法则，订货量等于未来期间的净需求量的和。

4）经济订购批量（EOQ）。EOQ 一般用于需求成本和提前期均已知，库存能立即补充的情况，即需求是连续的，且消耗比较均匀的场合。当需求是离散的，或库存消耗波动较大时，EOQ 的应用效率不同。在这种批量法下，订购量等于 EOQ 或其倍数。

（3）提前期。提前期是确定 MRP 计划下达时间的一个重要因素。对采购来说，是指发出订货的时间比收到货物的时间提前的天数。提前期的设置会影响到各层物料的需求时间，并最终影响采购订单发出的时间。

（4）安全时间。安全时间是将计划收料（PORC）和计划订单发出（POR）同时提前的一个时间值，用来保障在实际前置时间发生变动时，仍然在需要日期前完成订单。安全时间使 POR 和 PORC 同时提早同样的时间。

（5）安全库存。安全库存用来防止某种材料因为需求上或供应上的随机性的未知因素可能引起的缺货而额外增大的库存数量。设置安全库存的主要目的是降低制造环境的不确定性影响。MRP 在处理时会把安全库存当成即期的需求，加大订货的批量或使需求时间订单发出时间提前。若库存和在途量不足安全库存量时，系统就会自动生成建议订单，提醒用户补足安全库存，产生计划订单发出。

（6）产出率。MRP 在求材料总需求（GR）时，会除以该物料的产出率，以便扩大对该材料的总需求数量。

（7）主生产计划（MPS）。MPS 处在 MRP 的最顶端，在 MRPⅡ计划系统中起着主控的作用。它揭示独立需求产品的分时段需求量。MRP 从 MPS 提供的数据开始，通过层层向下展开求得最终物料的需求。

3．提高 MRP 应用效率的途径

MRPⅡ根据预先设定的各项参数，按照已有的逻辑精确计算出物料需求的时间和数量。计划性、精确性是 MRP 的两个重要特点。但是，实际上企业制造环境经常处于变动之中，实际的需求量、提前期、废品率都很难保持一个稳定的状态，因而计算得出的结果与实际情况经常会存在较大的出入。以此来指导采购，容易导致供应不足或库存过剩。改进 MRPⅡ应用效率的主要途径如下：

（1）经常维护基础数据。提高 MRP 的应用效率应从计划的精确性入手，着眼于提高基础数据的准确性，对基础数据进行经常性的维护，可以从以下几个方面来加强管理。

1）做好需求预测，确保输入的 MPS 数据的正确性。需求预测数据是 MPS 的依据，它的准确性直接关系到 MPS 的数量和需求时段。由于 MRP 逐层展开的特性和各种批量法则的应用，MPS 的微小变动就可能会引起最终物料需求的较大变动，这必将引起生产控制和采购工作的混乱，使 MRP 实际上失去计划的指导和控制作用。因此，比较准确地预测可能

的需求，对于保持 MPS 的相对稳定性，提高 MRP 应用效率具有重要的意义。

2）正确理解和运用安全库存。设置安全库存的目的主要是缓冲需求，弥补预测需求可能产生的错误。在 MRP 中，相关需求和需求时间是经过计算得出的精确数字，因此没有必要设置安全库存（一般把相关需求和安全库存设置成 ST=0）。

3）适当选择采购批量法则。不同的批量法则，订购的时间和数量存在很大差异，也会影响成本和效益。可以根据物料的用量大小、物料性质、成本大小和管理要求来选择合适的订购批量法则。

4）正确运用提前期和安全时间。提前期和安全时间都影响企业采购订单的发出时间。在实际中，很多公司不能正确运用安全时间。当供应商经常迟交时，他们首先想到的是提早发出采购订单，认为早一点发出订单就会早一点到货。事实上，这种以加长前置时间来代替安全时间的做法和认识是不正确的。因为供应商迟交的真正原因是态度或管理问题。供应商常会搁置时间较长的订单以便插入其他客户的紧急订单。加长前置时间，无法按时收料，再加长前置时间，于是前置时间越来越长，问题非但没有解决反而变得更加严重。

5）正确设置损耗率参数和产出率参数。在 MRP 展开时，系统会依据使用者的设定而决定系统中设定的主件合格率和损耗率是否在计算物料需求时起作用。因此，应正确设置损耗率和合格率，确定使材料主文件中和材料表中的损耗率、合格率是否生效，并作为 MRP 展开调整下一阶段物料实际需求的因素。在已订有父件产出率时，不再订子件损耗率，以免造成系统重复计算。

（2）定期检查库存，经常性更新系统库存，确保库存信息的准确性。在实际生产过程中发生的废品率和产出率都可能会与预设的数字相差很大，必须对重点库存进行经常的周期性盘点，保持库存记录的真实准确。

（3）加强供应链管理，建立并发展与供应商的合作伙伴关系。对于提供战略性材料的供应商必须与之建立相互信任的伙伴合作关系，以确保企业在出现突发性需求时能及时得到供应，提高企业对外部不确定性的适应能力。

（4）定期运行再生法 MRP。当采用净变法运行 MRP 时，MRP 会继承以前阶段的结果，将以前产生的错误逐次积累下来，使问题越积越多，错误越来越多。因此，当错误累积超出一定范围时，需执行再生法 MRP，以消除可能存在的错误。

4.3 供应链管理中的库存管理

供应链管理中的库存管理问题，主要是为了降低整个供应链上的库存量，制定最优的订货策略，合理配置企业的资源，达到最低占用资金和取得最大收益的目的。本节主要介绍供应链管理中影响库存的几种因素和库存管理的问题与目标。

4.3.1 供应链管理中影响库存的因素

1. “牛鞭效应”

“牛鞭效应”是指供应链上的成员企业普遍存在库存量过高而导致整个供应链中需求变异放大的现象，即在供应链中，每个企业都会向其上游订货。为减少订货频率，降低成本，供应商和销售商都是在一定数量或一定周期订货。销售商在考虑库存和运输费用的基础上，在一个周期或者汇总到一定数量后，按照最佳经济规模加量订货。为规避断货风险，尽早得到货物或全额得到货物，或者为备不时之需，销售商往往会人为提高订货量，而根据销售商的订货信息确定订货的上游企业就会放大。这样，供应链上的企业订货量就会层层放大，有可能导致最终供应商得到的订单需求是用户实际需求的几倍甚至几十倍，给各个企业在库存管理和生产带来极大的负面效应。我们称这种现象为“牛鞭效应”，也叫“需求变异加速放大原理”。

“需求变异加速放大原理”是美国著名的供应链管理专家豪 · L · 李（Hau L. Lee）教授对需求信息扭曲在供应链中传递的一种形象描述，如图 4-2 所示。其基本思想是：当供应链的各节点企业只根据来自其相邻的下级企业的需求信息进行生产或供应决策时，需求信息的不真实性会沿着供应链逆流而上，逐级放大，最后使源头供应商获得的需求信息和实际消费市场中的客户需求信息产生巨大偏差，需求变异系数比分销商和零售商的需求变异系数大得多。受这种需求放大效应的影响，上游供应商往往维持比下游供应商更高的库存水平。这种现象反映了供应链上需求的不同步现象，它说明供应链库存管理中的一个普遍现象：“看到的并非实际的。”

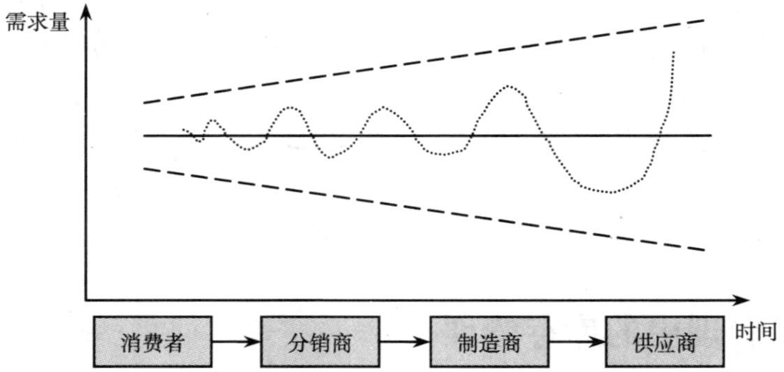

图 4-2 需求变异加速放大原理

除此之外，销售预测不准确、企业间缺乏沟通、订货策略失误和及时控制能力较差，以及订货周期不稳定等影响一般企业库存量原因，同样会影响供应链上企业的库存量。

2. 不确定性

库存的目的在于应付企业经营过程中各种各样的不确定性，保证企业经营活动的顺利进行。企业过程中的库存，一种是物流过程中的库存。因此，生产制造过程这些不确定性主要表现在以下几个方面：

（1）生产系统的不确定性。企业生产是在生产计划的指导下进行的，而生产计划主要依据当前生产系统的状态及其潜在的变化制定，它推动整个生产过程，是企业下一阶段管理生产的规划和驱动控制的工具。如果计划与企业实际的生产情况接近，那么企业的生产流水线作业就会顺利进行。但是，现实的生产系统非常复杂，很难对其进行精确的估算和准确的计划。因此，根据生产计划制定的各零部件的投入产出计划、原材料的采购计划和库存计划等也会存在着一定的偏差，生产计划和现实生产过程之间存在着一定的偏差是无法回避的。因此，很多企业在使用 MRP 系统制定各项生产计划的同时，仍然会实时地或阶段性地去监督生产计划的执行情况，并根据实际情况进行及时的调整。

（2）企业经营环境的不确定性导致成员企业的不确定。在供应链中，需求在制定生产计划过程中扮演了十分重要的角色。供应链中的企业一般是通过下游企业的历史订单情况和来自供应链外部的市场需求信息做出自己的预测。由于供应链是个松散的、开放性的组织，成员企业依靠共同利益而合作，一旦企业经营环境发生改变，如企业相对竞争力的变化，其他供应链的竞争实力变化等，成员企业就有可能离开原有供应链，导致原有其他成员企业订单的不确定性，如供应能否及时，供应物品的质量和规格等指标是否符合要求等，因此，下游企业也会有意识地扩大订单，通过利用安全库存的办法规避短货的风险。

（3）市场需求的不确定性。市场需求的不确定性对供应链库存的影响非常大。一旦市场需求发生变化，供应链上下游企业必须根据市场需求，在原有订单无法废除的情况下，又必须发出新的订单。从而导致整个供应链库存以双重的形式成倍放大。生产系统和企业之间的不确定可以通过调整控制和合作的方式加以改善，而市场需求不确定性的影响通常只有通过供应链不断地提高自己的敏捷性和信息共享等措施给予应对。

（4）成员企业间衔接的不确定性。供应链上企业之间（或部门之间）衔接也存在着不确定性。供应链上的企业都是独立的市场经济主体，它们之间为了共同的利益而合作，从而形成合作竞争关系。因而，它们之间的协调不可能像统一管理的企业内部部门那样协调建立统一信息平台或共同的供应链协作机制可以在一定程度上减少或消除这种不和谐性和不确定性。

供应链不确定性的来源主要可以归纳为三个方面：供应商不确定性、生产者不确定性和客户不确定性。不同的原因造成的不确定性表现形式各不相同。供应商不确定性是由于供应商的生产系统发生故障延迟生产，供应商的供应商的延迟，意外的交通事故导致的运输延迟等原因造成的。表现在提前期的不确定性和订货量的不确定性等。生产者不确定性主要缘于制造商本身的生产系统的可靠性、机器的故障和计划执行的偏差等。客户不确定性的原因主要有需求预测的偏差、购买力的波动、从众心理和个性特征等。这些不确定性最终导致需求信息不准确而使预测可靠性差，最终影响了库存决策。

3．信息不对称

在供应链中，成员企业间的信息不对称，使企业无法掌握下游企业的真正需求和上游企业的供货能力，从而无法实现存货互通有无和转运调拨，必然导致库存的增加并加剧“牛鞭效应”，加大库存管理的难度。

传统供应链信息共享程度较低的企业之间只是短暂的交易合作，为了竞争和自身利益，由于成员企业间存在着竞争和利益分割，企业往往在信息和资源方面自我封闭，人为设置信息壁垒和沟通障碍。信息交流更多的是局限于企业内部。同时，在传统的供应链中，信息是逐级传递的，上游供应链企业依据下游供应链企业的需求信息做生产或供应的决策。需求变动信息不能及时传递，加上企业对交货的准确时间心中无数，总是对交货日期留有一定的余地，人为延长提前期，这就使提前期的逐级拉长，最终导致供应链上各企业都增加库存。库存是维系生产正常运行的必要条件，而供应商或分销商的信息是生产决策的外生变量。由于缺乏共享信息，企业无法及时掌握外在需求或供应的变化信息，几乎网络中的所有生产者都无法预测不确定性的大小和影响程度，企业只能利用库存来应付生产系统内外的不测变化，库存管理的策略以独立的库存点为基础。

集成的供应链系统则不同。新型的企业合作模式和跨组织的统一信息系统，为供应链上的企业提供共同的需求信息。在集成的供应链系统中，信息不再是线性的传递过程，而是网络的传递过程和多信息源的反馈过程，各企业通过网络几乎可以同时得到客户的需求信息。有了及时、确定的信息，生产企业的计划就更加精确、可行。对于下游企业而言，合作性伙伴关系的供应链或供应链联盟可为企业提供综合的、稳定的供应信息，无论上游企业能否按期交货，下游企业都能预先得到相关信息而采取相应的措施，这样就避免了成员企业过多的库存。

4.3.2　供应链中库存管理的问题与目标

1．供应链中库存管理存在的问题

通常，降低库存会导致缺货的风险，从而降低客户服务水平；提高库存，能够确保客户需要，但会增加库存成本。现代信息系统可以在一定程度上缓解库存与服务水平之间的矛盾。但是，由于客户对服务水平的期望越来越高，为满足客户要求，企业的库存成本不断上升。如何在提高服务水平、满足客户需要的前提下，有效地控制库存成本，成为库存管理的核心问题。目前，供应链中的库存管理主要存在以下问题：

（1）缺乏整体性观念。供应链的绩效不仅取决于供应链上各节点企业的分别效率，而且取决于各企业间的合作。由于各节点企业都是独立的经济主体，它们有各自独立的目标，不同企业在不同阶段其目标也各不相同，有些目标和供应链整体目标毫不相干，甚至会发生矛盾和冲突。因而往往存在从局部利益出发，各自为政地安排库存，影响了供应链的整体绩效。例如，汽车配件厂可能为降低库存成本而大量压缩库存，造成下游组装厂的零部件供货不稳定或不及时，延长了客户响应时间。为解决这个问题，组装厂就不得不维持较高的库存，从而导致供应链整体绩效的下降。在对供应链库存没有整体评价指标的情况下，情况更加突出。

（2）信息传递的集成管理水平低，导致信息传递的低效率。供应链管理的基础是各节点企业之间的需求预测、生产计划和库存状态等重要数据，这些数据分布在各个节点企业，只有对数据进行集成化管理，才能实时进行数据处理，保证整个供应链快速有效地响应客户需求。在实际的供应链运作中，这种集成的信息管理系统不能很好地运作，造成供应商的信息滞后，与实际的情况形成误差，从而影响需求预测、生产计划和库存决策的准确性，使制造商对最新订货信息的掌握以及对此的有效反应能力下降。同时，信息传递不及时，还造成交货状态数据不准确。客户下订单和交货之间总是存在一定的间隔，客户在此间隔期内可能会对订单进行修改，或者因为种种原因而不能按期交货，这些情况都直接影响整个供应链的运作。由于信息不能及时向相关企业传递，供应链各节点企业不能及时调整，往往造成客户的不满。

（3）忽视供应链中的不确定性，库存控制策略简单化。如前文所述，供应链中存在着许多不确定的因素，它们直接影响库存。从实际情况来看，很多公司不能很好跟踪并认真研究各种不确定性，因而不能有效地区分供应商的交货品质和各种物品需求变化的差异性，无法很好地估计各种不同物料的流动时间，而是对所有物品和供应商采取简单统一库存控制策略，造成库存与实际需求脱节，使得有些物料库存积压，而有些则不足。

（4）缺乏协作性。供应链各节点企业间相互合作，保持整体协调性的基础是信息在供应链上的及时传递，以及根据信息的变化做出相应的调整。低效率的信息传递，给供应链企业间的合作和协调行动增加了难度。同时，在存在多个产品和多个供应商与客户要求所有产品一次性交货的情况下，往往由于企业对各个供应商的行动缺乏协调，导致交货期的延迟和服务水平下降。为避免这种结果，应付不确定性，各节点企业不得不设立安全库存，并为此付出高昂的成本。

2．供应链中库存管理的目标

供应链管理中的库存管理，首先要依据消费需求确定企业生产计划和库存状况，并据此制定采购计划，进而制定库存控制策略并且进行反馈修改。库存管理的最终目的就是要合理地确定库存量和安排好订货次数与时间，合理运用资金，提高生产率或增加销售额。具体而言，供应链库存管理的目标是：

（1）库存成本最低。企业需要通过降低库存成本以降低成本、增加赢利和增强竞争力。

（2）库存保证程度最高。强调库存对其他经营生产活动的保证，保证企业增加生产和供应时不缺货，避免停产和断货。

（3）限定资金。企业必须在限定资金预算的前提下实现供应，资金占用越少越好。

（4）快捷。为实现竞争目标，以最快速度实现进出货。

总之，最佳库存目标，就是各部门的协调一致，以实现企业的整体效益最大化。

4.4 供应链中的库存管理策略

如前文所述，在供应链管理中影响库存的因素很多，这给库存的有效管理带来很大的困难。为了实现供应链中库存管理的目标，它的管理策略与一般库存管理策略不同。下面介绍几种先进的供应链库存管理策略。

4.4.1 风险共担

集中式系统就是设立一个仓库，将各种物料或产品集中库存；分散式系统就是设立多个仓库，按照地域等分别设立库存。风险共担（Risk-Pooling）的含义就是：若把分散式系统转变为集中式系统，即把不同地点的需求汇总起来，需求变异性就会降低，因为当我们把不同地点的需求汇总起来之后，来自某一客户的高需求将更可能被另一客户的低需求所抵消。变异性的降低允许我们减少安全库存来降低平均存货。变异系数越高，从集中式系统中所获得的利益也就越大，因为平均存货包含两个元素，一个是和平均周需求成正比，而另一个则是和每周需求的标准差（安全库存）成反比。由于要使平均存货降低主要是通过降低安全库存来达到，所以变异系数越高，安全库存对存货减少的影响也就越大。

来自风险共担的利益，依赖于一个市场区域和另一个市场区域需求行为的相关性。如果有高度的可能性，不管在何时，当一个市场的需求大于平均需求时，另一个市场的需求也大于平均需求，我们称之为正相关。风险共担所得到的利益会随着两个市场之间的正相关性的增加而减少，反之，如果两个市场是负相关的，那么这种效应将会增加。

下面通过一个例子来进一步说明。

例 某公司将一个市场分为两个部分，每个市场都拥有自己的仓库，简称甲仓库、乙仓库。客户都是典型的零售商，直接从仓库取货。在目前的系统中，每一个客户被指定一个单独的市场，并在其相对应的仓库取货。

仓库从制造工厂提取货物，大概需要一周的时间，而制造工厂有足够的产量来满足每个仓库的订货。目前的配送政策是要达到 97%的服务水准，也就是每个仓库只允许有 3%的缺货可能。A 公司经营 1 600 种不同的产品，且服务于 10 000 个客户，现在公司考虑在甲、乙两个仓库间建立一个仓库，取代原来的两个仓库，并维持原来 97%的服务水准。

两个仓库的分散库存策略的优势在于，每个仓库可以更接近它的客户群，缩短配送时间。设单一仓库可以使公司以相同或更少的库存量来维持 97%的服务水平。

在随机的需求下，极可能一个高于平均需求的客户的需求与另一个低于平均需求的客户的需求相互抵补。随着仓库所供应的零售商的数量增加，上述的抵补效果也会增强。

假设两种商品，每次从工厂订购的成本为 60，每周每单位库存持有成本是 0.27，且两个系统配送的前置时间没有太大差异。在分散式系统中，商品从仓库运至客户的平均运费是每单位 1.05。估计在集中式系统中，平均运费为 1.10。

表 4-3 和表 4-4 分别提供了 A 和 B 两种产品的历史资料，我们可看出 B 产品的周转率比较低，也就是说，B 产品比 A 产品的需求要少得多。

表 4-3 产品 A 的历史资料

周	1	2	3	4	5	6	7	8
甲地区	33	45	37	38	55	30	18	58
乙地区	46	35	41	40	26	48	18	55
总　量	79	80	78	78	81	78	36	113

表 4-4 产品 B 的历史资料

周	1	2	3	4	5	6	7	8
甲地区	0	2	3	0	0	1	3	0
乙地区	2	4	0	0	3	1	0	0
总　量	2	6	3	0	3	2	3	0

每周平均需求和每一种产品每周需求的标准差显示了每个仓库所面临的需求变异系数。

变异系数=标准差÷平均需求

A 和 B 产品的标准差和变异系数如表 4-5 所示。

表 4-5　A 和 B 产品的标准差和变异系数

统计	产品	平均需求	标准差需求	变异系数
甲地区	A	38.6	12.0	0.31
	B	1.25	1.58	1.26
乙地区	A	39.3	13.2	0.34
	B	1.125	1.36	1.21
仓库	A	77.9	20.71	0.27
	B	2.375	1.9	0.81

标准差与变异系数都可以衡量客户需求的变异性。标准差衡量客户需求的绝对变异，变异系数则衡量相对于平均需求的变异。例如，在这个案例中，A 产品有较大的标准差，而 B 产品有较大的变异系数。■

可以看出，在集中式系统中，仓库的每一个产品的平均需求等于目前存在的每一个仓库所面临平均需求的总和。中央仓库的变异性，远小于目前两个仓库结合起来的变异性。之所以产生不同的结果，是因为集中式系统和分散式系统在许多方面是不同的。主要集中在以下几点：

（1）安全库存。很明显，当从分散式系统转换为集中式系统后，安全库存将会减少。减少的量取决于一些参数，如不同市场之间需求的变异系数和不同市场之间需求的相关性等。

（2）服务水平。当集中式系统和分散式系统有相同的安全库存时，集中式系统所提供的服务水平较高，服务水平增加的幅度由不同市场之间需求的变异性与相关性来决定。

（3）间接成本。这些成本在分散式系统中是很庞大的，因为由于库存的分散，很难形成规模效应。

（4）反应时间。在分散式系统中，因为每个仓库离自己的客户群较近，所以反应时间比较短。

（5）运费。在运费的影响上，要视情况而定。一方面，当我们增加仓库的数量，外向运输成本，即从仓库运到市场所发生的费用将会减少，因为仓库和各市场离得较近；而从另一方面来看，内向运输，即将产品从供应商或制造商运至仓库所发生的费用将会增加。因此，在运费上的影响很难立即做出判断。

4.4.2　直接配送、转运与交叉配送

库存中心的配送是库存管理的重要环节，它直接影响着库存量和库存成本，选择适当

的配送方法，对于库存管理目标的实现具有重要的意义。

1．直接配送

直接配送就是不经过仓库和配销中心，货物直接从供应商仓库运送到零售商店。直接配送策略有以下一些优点：

（1）零售商节省经营配送中心的费用。

（2）减少配送的前置时间。

直接配送也存在一些缺点，主要是：

（1）没有中央仓库，库存的风险共担效应可能会减小。

（2）供应商或分销商必须用较小的卡车运送到更多的地点，运输成本有可能增加。

因此，当需要整车运送货物或者当前置时间变得非常重要时，仓库无法帮助降低运输成本，零售商就会采用直接配送的策略。有时制造商并不愿意参与直接配送，但为了交易成功而只能如此。直接配送在食品杂货业中也相当盛行，尤其是对于一些生鲜食品，因为生鲜产品的不可储存性使得缩短前置时间变得十分重要。

2．转运

转运是发生在零售商阶层，它是指商品在供应链相同阶层、利用不同设施进行运输，以满足需求。转运可以有效地调节零售商之间的存货，满足客户的需求。因此，先进的信息系统是快速转运的必要前提，零售商依靠信息系统，知道存货有多少、它们在哪里，然后选择合适的交通工具，以最快的速度将商品送达目的地。

高效的信息系统、合理的运输成本，以及零售商之间的协作，可以使转运有效运营。在这种情况下，即使没有中央仓库，供应商仍可利用风险共担而变得有效率。零售点的存货之间快速的转移，实际上等于建立了一个虚拟的中央仓库。

3．交叉配送

交叉配送（Cross-Docking）是沃尔玛成功实施的一种配送策略，又叫“直接换装”，它是指物品在物流环节中，不经过中间仓库或者站点，直接从一个交通工具换载到另一个运输工具的物流衔接方式。在国外，交叉配送已经被先进的配送中心广泛使用。它可以使配送中心的库存保持在很低的水平，不仅加快了流通速度，而且降低了库存成本。交叉配送的优点具体表现在以下几个方面：

（1）物流所关注的焦点从供应链转移到需求链上，这样零售商或客户可以按照自己的补给需要向配送中心订货，然后由配送中心汇总集中进行订货，简化了订货手续。

（2）零售商或客户之间的供应链变得更加流畅。

（3）降低了成本。交叉配送减少了中间多余的作业环节，从而降低了直接成本。同时，由于交叉配送加速了货物的流动，既降低了库存产品的有形损耗率，又降低了货物的无形损耗率，进而降低了间接成本。

（4）促进了信息的流通。它实现了物流各个功能环节的无缝对接，同时也鼓励了客户与第三方物流服务商之间的实时信息沟通，提高了物流作业的效率，加速了整个货物的流程。

（5）促进了零库存的实现。一般情况下，仓库的进货速度要快于出货速度，所以每次进货后，仓库内的货物都要有一部分剩余，形成货物仓库。货物直接穿过仓库，从而实现零库存。

有效地实施交叉配送还必须注意以下几点：

（1）采购订单应是根据各个客户的实际确认订单汇总而成的，而不是根据对客户需求的预测及现有库存的差异推算产生的。

（2）一般当日收货量等于发货量，每日发货结束后无剩余库存；而且通常货物在仓库停留不超过 24 小时，最快可以在 1 小时内通过。

（3）为了达成接驳式转运的高效率，必须做到三个快速，即快速收货、快速分拣和快速装车，这三个环节相互作用、相互影响。同时，必须解决三个问题：如何将进货口分配给进货车辆，如何安排送货车辆靠泊，如何设计最佳的中转区域布局。

（4）为了减少验货清点以及拣货的时间，对包装要求很高。可以要求供应商使用标准化整箱、整托盘包装，对于零散物品使用次级包装，如整捆、整包等，避免清点散货。

4.4.3 供应商管理库存

供应商管理库存是指在用户允许的情况下，由供应商来管理用户的库存，决定每一品种产品的库存水平和维持这些库存水平的策略，而零售商主要负责店铺的空间安排、商品货架布置等工作。

1. 供应商管理库存的概念与基本思想

供应商管理库存（Vendor Managed Inventory，VMI）是一种以用户和供应商都获得最低成本为目的，在一个共同的协议下由供应商管理库存，并不断监督协议执行情况和修正协议内容，使库存管理得到持续改进的合作性策略。这种库存管理策略打破了传统的各自为政的库存管理模式，体现了供应链的集成化管理思想，适应市场变化的要求，是一种新的、有代表性的库存管理方法。

VMI 的核心思想在于零售商放弃商品库存控制权，而由上游制造商掌握库存，由供应商依据零售商提供的每日商品销售资料和库存情况来集中管理库存，替零售商下订单或连续补货。制造商虽然担任的工作比传统模式更多、更复杂了，但是通过将分销商的库存纳入自己的管理范围，制造商可以间接地了解需求信息，而不是根据订单供给。供应商管理库存系统构造如图 4-3 所示。

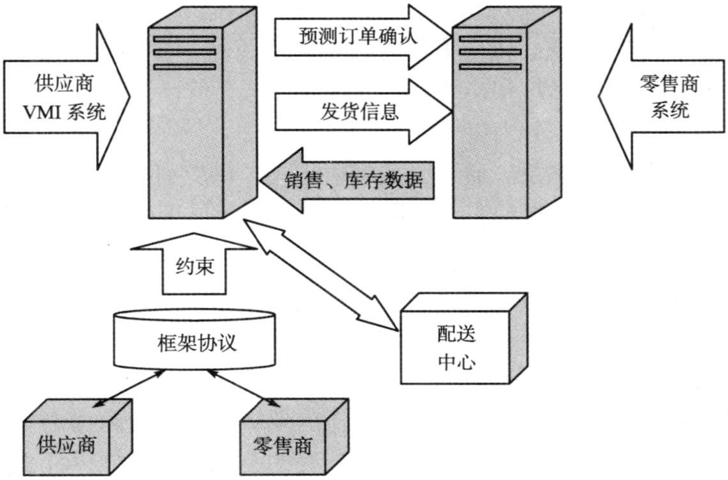

图 4-3　供应商管理库存系统构造

2．供应商管理库存的优点

供应商管理库存的模式不仅可以降低供应链的库存水平，而且可以为用户提供更高水平的服务，使双方达到双赢。具体地说，实施供应商管理库存具有以下优点：

（1）供应商拥有库存，对于零售商来说，可以省去多余的订货部门，使人工任务自动化，可以从过程中去除不必要的控制步骤，使库存成本更低，服务水平更高。

（2）销售商可以省去多余的订货部门和不必要的控制步骤，提高服务水平。

（3）供应商拥有库存，供应商会对库存考虑更多，并尽可能进行更为有效的管理，通过协调多个零售生产与配送，进一步降低总成本。

（4）供应商能按照销售时点的数据，对需求做出预测，减少预测的不确定性，从而减少安全库存量，同时，供应商能更快响应用户需求，提高服务水平，使用户的库存水平也降低。

供应商管理库存虽然拥有众多的优点，但在其实施过程中，供应商和用户之间必须相互信任、密切合作，遵循互惠互利的原则，在共同目标指导下，明确自己的责任，精心设计与开发供应商管理库存系统。只有这样，才能有效地降低供应链的库存水平和成本，改善资金流，并为用户提供高水平的服务。

3．供应商管理库存的实施步骤

实施供应商管理库存策略，必须保持库存状态的透明性，只有供应商能够随时跟踪和检查到销售商的库存状态，才能快速地响应市场的需求变化，对企业的生产（供应）状态做出相应的调整。还要改变传统的订单处理方式，建立标准的订单处理模式，如 EDI 标准报文，然后把订货、交货和票据处理各个业务功能集成在供应商一边。同时，建立实施供应商管理库存的信息技术设施。供应商管理库存的支持技术主要包括 EDI/Internet、ID 代码、条形码、条形码应用标示符和连续补给程序等。

供应商管理库存策略可以分为以下几个步骤：

（1）建立客户情报信息系统。通过客户的信息库，供应商能够掌握需求变化的有关情况，把由批发商（分销商）进行的需求预测与分析功能集成到供应商的系统中来。

（2）建立销售网络管理系统。供应商借助 MRPII 或企业资源计划系统等软件，建立完善的销售网络管理系统，保证自己的产品需求信息和物流作业畅通。为此，首先要保证自己产品条形码的可读性和唯一性；其次要解决产品分类和编码的标准化问题；最后要解决商品存储运输过程中的识别问题。

（3）建立供应商与分销商（批发商）的合作框架协议。供应商和销售商（批发商）一起通过协商，确定处理订单的业务流程和控制库存的有关参数（如再订货点、最低库存水平等）、库存信息的传递方式（如 EDI 或 Internet）等。

（4）组织机构的变革。VMI 策略改变了供应商的组织模式。订货部门的新职能是负责用户库存控制，保证库存补给和服务水平。因此，必须有相应的组织与之适应。

此外，实施 VMI 应注意以下几个问题：

（1）信任问题。VMI 需要合作双方相互信任，零售商要信任供应商，不要干预供应商对发货的监控，供应商也要多做工作，使零售商相信它们不仅能管好自己的库存，也能管好零售商的库存。

（2）技术问题。只有采用先进的信息技术，才能保证数据传递的及时性和准确性，而这些技术往往价格昂贵，利用 EDI 技术将 POS 信息和配送信息分别传输给供应商和零售商，利用条形码技术和扫描技术来确保数据的准确性，并且库存与产品的控制和计划系统都必须是在线的，准确的。

（3）存货所有权问题。确定由谁来进行补充库存的决策以前，零售商收到货物时，所有权也同时转移了，现在变为寄售关系，供应商拥有库存直到货物被售出。同时，由于供应商管理责任增大，成本增加了，双方要对条款进行洽谈，使零售商与供应商共享系统整体库存下降。

（4）资金支付问题。过去，零售商通常在收到货物一至三个月以后才支付货款，现在可能不得不在货物售出后就要支付货款，付款期限缩短了，零售商要适应这种变化。

4.4.4 联合库存管理

1. 联合库存管理的基本思想

联合库存管理（Jointly Managed Inventory，JMI）是在供应商管理库存（VMI）的基础上发展起来的，它能够克服 VMI 系统的局限性和规避传统库存控制中的“牛鞭效应”，强调供应链中各个节点同时参与，共同制定库存计划，每个库存管理者都从相互之间的协调性考虑，任何相邻节点需求的确定都是供需双方协调的结果，这就保证了供应链中各节点之间的库存与需求预期保持一致，提高了供应链的同步化程度，从而部分消除了由于供应链环节之间的不确定性和需求信息扭曲现象导致的供应链的库存波动，消除了需求变异放大现象。联合库存管理强调供应链中各企业之间的互利合作，上游企业和下游企业权利责任平衡和风险共担，体现了战略联盟的新型合作关系。其基本模型如图 4-4 所示。

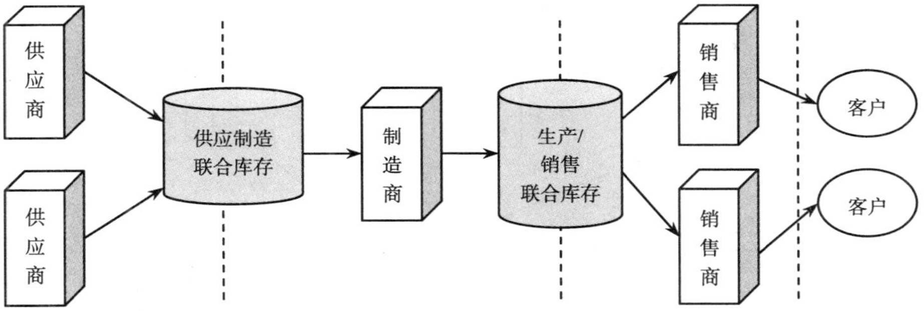

图 4-4 联合库存管理基本模型

联合库存管理把供应链系统管理集成为上游和下游两个协调管理中心，通过协调管理中心，供需双方共享信息，库存连接的供需双方从供应链整体的观念出发，同时参与、共同制定库存计划，实现供应链的同步化运作，并建立合理的库存管理风险的预防和分担机制、合理的库存成本和运输成本分担机制、与风险成本相对应的利益分配机制和有效的激励机制，避免节点的短视行为和局部利益观，提高了供应链运作的稳定性。

2. 联合库存管理的优势

（1）信息优势。联合库存管理通过在上下游企业之间建立起一种战略性的合作伙伴关系，实现了企业间库存管理上的信息共享。这样既保证供应链上游企业及时准确地获得市场需求信息，又可以使各个企业的活动都围绕着客户需求开展。

（2）成本优势。联合库存管理实现了从分销商到制造商到供应商之间的库存管理一体化，实现了准时制采购（在恰当的时间、恰当的地点，以恰当的数量和质量采购恰当的物品）。它不仅实现了库存的减少，而且加快了库存周转速度，缩短了订货和交货提前期，降低了企业的采购成本。

（3）物流优势。联合库存管理打破了各自为政的传统供应链库存管理局面，它强调各方协同合作，共同制定库存计划，共同分担风险，有效地消除库存过高和“牛鞭效应”。

（4）战略联盟的优势。联合库存管理的实施以各方充分信任与合作为基础，只有分销商、制造商和供应商协同一致行动，才能真正实施联合库存管理。并且，联合库存管理的有效实施也加强了企业间的联系与合作，充分体现出战略联盟的整体竞争优势。

3．联合库存管理的实施策略

联合库存管理系统的实施如图 4-5 所示，其实施策略如下所述。

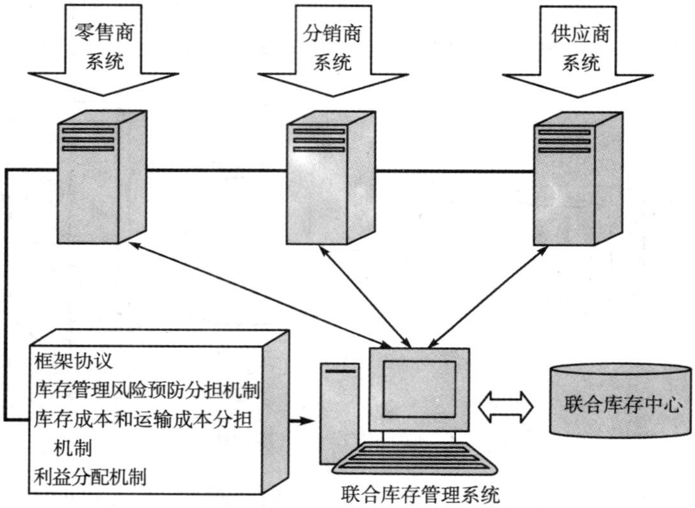

图 4-5　联合库存管理系统的实施

（1）建立供应链协调管理机制。建立供应链协调管理的机制，明确各自的目标和责任，要从以下几个方面着手：① 建立供应链共同的目标。供应链各方本着互惠互利的原则，建立共同的合作目标。② 建立联合库存的协调控制方法。包括库存如何在多个需求商之间调节与分配，库存的最大量和最低库存水平，安全库存的确定，需求的预测等。③ 建立利益的分配和激励机制。建立公平的利益分配制度，并对参与协调库存管理中心的各个企业和各级供应部门进行有效的激励，防止机会主义行为，增加协作性和协调性。

（2）建立信息沟通渠道。将条形码技术、扫描技术、POS 系统和电子数据交换（EDI）集成起来，充分利用 Internet 优势，在供应链中建立畅通的信息沟通桥梁和联系纽带。

（3）发挥第三方物流系统的作用。实现联合库存可借助第三方物流（Third Party Logistics，TPL）具体实施。把库存管理部分功能代理给第三方物流公司，企业集中于自己的核心业务。面向协调中心的第三方物流系统使供应链各方都取消了各自独立的库存，增加了供应链的敏捷性和协调性，提高了供应链的运作效率。

（4）选择合适的联合库存管理模式。供应链联合库存管理有以下两种模式。

1）各个供应商的零部件都直接存入核心企业原材料库的集中库存。其重点在于核心企业根据生产的需要，保持合理的库存量，既能满足需要，又要使库存总成本最小。

2）无库存模式。供应商和核心企业都不设立库存，供应商直接在核心企业的生产线上进行连续小批量多频次的补充货物，并与之实行同步生产、同步供货，从而实现“在需要的时候把所需要品种和数量的原材料送到需要的地点”的准时制供货模式。由于完全取消了库存，所以效率最高，成本最低，但对供应商和核心企业的运作标准化、配合程度、协作精神和操作过程要求严格，而且二者的空间距离不能太远。

联合库存管理大大改善了供应链的供应水平和运作效率，是提高供应链同步化程度的有效方法，应是供应链库存管理今后几年的发展方向。当然，联合库存管理中企业间的系统集成目前还比较困难，急需进一步的改进、完善。

4.4.5 多级库存优化与控制

1. 多级库存优化与控制的基本思想

联合库存管理实现了对供应链局部的优化控制，多级库存优化与控制则是对供应链内资源的全局性优化，它是在单级库存控制的基础上形成的。根据不同的配置方式，多级库存系统有不同的形式，包括串行系统、并行系统、纯组装系统、树形系统、无回路系统和一般系统。

多级库存控制的方法有两种：一种是非中心化（分布式）策略；另一种是中心化（集中式）策略。非中心化策略是各个库存点独立地采取各自的库存策略，这种策略在管理上比较简单，但是更需要信息共享。中心化策略的所有库存点的控制参数是同时决定的，它考虑各个库存点的相互关系，通过协调的办法获得库存的优化。但中心化策略在管理上协调的难度大，特别是供应链的层次比较多，供应链的长度增加时，更增加了协调控制的难度。

在进行供应链的多级库存控制时，第一，要考虑库存优化的目标。传统的库存优化问题都比较注重库存成本优化，而有效客户反应（ECR）和快速反应（QR）则着重提高客户响应能力。在现代市场竞争环境下，不仅要优化成本，而且要考虑时间（库存周转时间）的优化。第二，要明确库存优化的边界，即供应链的范围。供应链的结构复杂，全局性供应链包括供应商、制造商、分销商和零售商各个部门；局部性供应链分为上游供应链和下游供应链。必须明确供应链的边界，才能有效实施管理。第三，要考虑多级库存优化的效率。简单的多级库存需要对供应链的组织和管理进行优化，否则，不能保证多级库存优化策略效率。第四，明确采用的库存控制策略。单库存点的控制，一般采用的是周期性检查与连续性检查策略。多级库存控制，都是基于无限能力假设的单一产品的多级库存，对于有限能力的多产品的库存控制是供应链多级库存控制的难点和有待解决的问题。

2．多级库存优化与控制的策略

（1）基于成本优化的多级库存管理。基于成本优化的多级库存控制的核心就是确定库存控制的有关参数：库存检查期、订货点和订货量。传统的多级库存优化方法主要考虑生产—分销模式，就是供应链的下游部分。我们进一步把问题扩大到整个供应链的一般性情形，其模型如图 4-6 所示。

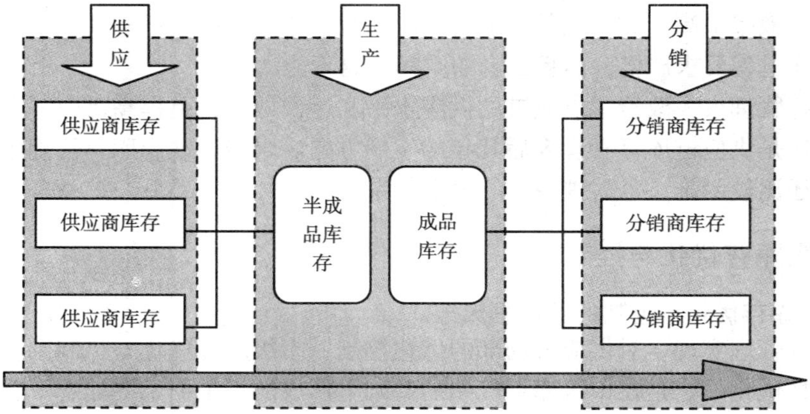

图 4-6　多级供应链库存模型

在分析之前，首先确定库存成本结构。供应链的库存成本结构主要有三部分：

1）维持库存费用（Holding Cost，C_{h}）。包括资金成本、仓库和设备折旧费、税收、保险金等。维持库存费用与库存价值和库存量的大小有关，它沿着供应链从上游到下游进行累积。其累积过程如图 4-7 所示。

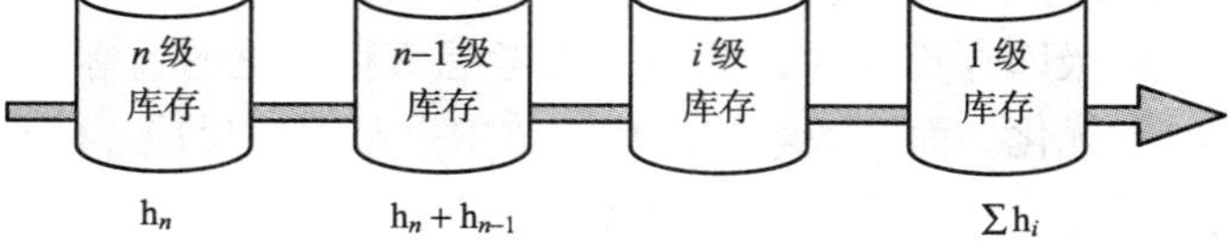

图 4-7　供应链维持库存费用的积累过程

h_i 为周期内单位产品（零件）的维持库存费用，v_i 为 i 级库存量，整个供应链的库存维持费用为 $C_{\mathrm{h}}=\sum \mathrm{h}_i \mathrm{v}_i$。如果是上游供应链，则维持库存费用是一个会合过程，而在下游供应链，则是分散的过程。

2）交易成本（Transaction Cost，C_t）。即在节点企业间因交易而产生的各种费用，包括谈判要价、准备订单、商品检验费用和佣金等。交易成本与交易量，以及节点企业间的合作程度有关，通过建立一种长期的互利合作的关系有利于降低交易成本。

3）缺货损失成本（Shortage Cost，C_s）。缺货损失成本是无法满足供应而造成的市场机会损失和用户罚款等。缺货损失成本与库存大小有关。库存量大，缺货损失成本小，反之，缺货损失成本高。为了减少缺货损失成本，维持一定量的库存是必要的，但是库存过多将增加库存维持费用。

总的库存成本为

$$C = C_h + C_t + C_s$$

多级库存控制的目标就是优化总的库存成本 C，使其达到最小。

多级库存控制策略分为中心化控制策略和非中心化控制策略。

1）中心化控制策略。中心化控制是将控制中心放在核心企业上，核心企业是供应链上的数据中心（数据仓库），控制供应链系统的库存，协调上游企业与下游企业的库存活动。它的优点在于能够对整个供应链的运行有一个较全面的掌握，能够协调各个节点企业的库存活动，如图 4-6 所示。

中心化库存优化控制的目标是使供应链上总的库存成本最低。理论上讲，供应链的层次是可以无限的，从用户到原材料供应商分 1 级、2 级、……、k 级供应商，然后到核心企业（组装厂）；分销商也可以分 1 级、2 级、3 级分销商等，最后才到用户。但是现实的供应链层次并不是越多越好，因此实际供应链的层次并不长。我们采用供应—生产—分销这样的典型三层模型加以说明（见图 4-8）。

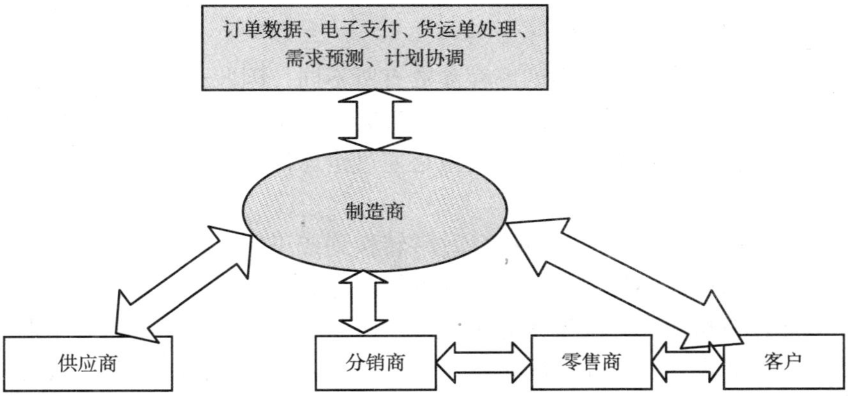

图 4-8　供应链中心化库存控制模型

制造商、分销商和零售商共三个库存。假设各零售商的需求 D_{it} 为独立需求，需求率 d_i 与提前期 LT_i 为同一分布的随机变量，同时系统销售同一产品。零售商根据需求的变化做出的订货量为 Q_{it}，将订货汇总到分销中心，分销中心产生订货单给制造商，制造商根据产品决定生产计划，同时对上游供应商产生物料需求。三级库存控制系统是串行与并行相结合的混合型供应链模型（见图 4-9），其控制模型为

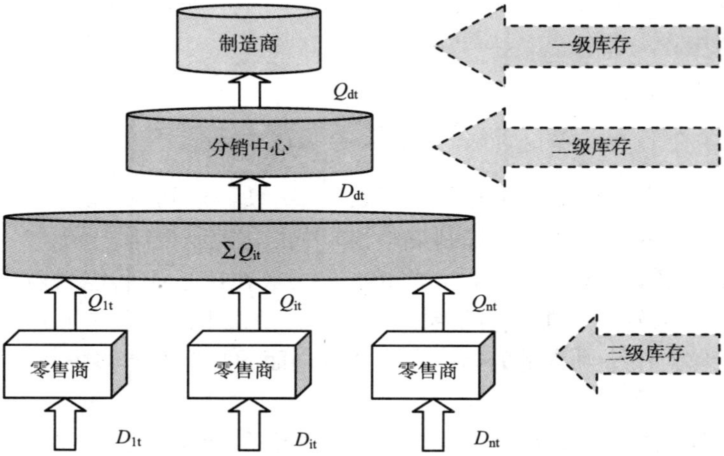

图 4-9　三级库存控制的供应链模型

$$\mathrm{MIN}\{C_{mfg}+C_{cd}+C_{rd}\}$$

式中　C_{mfg}——制造商的库存成本；

C_{cd}——分销商的库存成本；

C_{rd}——零售商的库存成本。

传统订货策略和供应链管理中的库存参数有所不同，因此，不能按照传统的单点库存控制策略进行库存优化，必须采用级库存控制策略。它不仅考虑本库存点的库存数据，而且考虑其下游需求方的库存数据。库存决策是通过全球供应链信息系统，基于完全掌握下游企业库存的状态。

供应链的级库存=某一库存节点现有库存+转移到或正在转移给其后续节点的库存

这样检查库存状态时不仅要检查本库存点的库存数据，而且还要检查其下游需求方的库存数据。级库存策略的库存决策是完全在基于对其下游企业的库存状态掌握的基础上，因此避免了信息扭曲现象。另外，建立在 Internet 和电子数据交换（EDI）技术基础上的全球供应链信息系统，为实现多级库存控制提供了技术保障。

2）非中心化控制策略。非中心化库存控制把供应链的库存控制分为三个成本中心，即

制造商、分销商和零售商，它们根据自己的库存成本优化做出优化的控制策略，如图 4-10 所示。非中心化的库存控制要取得整体的优化效果，必须加强供应链的信息共享，使供应链各方都共享统一的市场信息，非中心化多级库存控制策略能够使企业根据自己的实际情况做出快速决策，有利于发挥企业的独立自主性和灵活机动性。

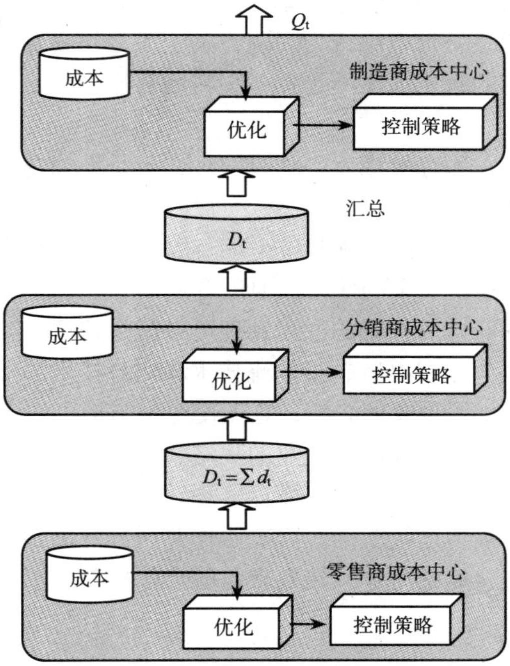

图 4-10　多级库存控制模式

非中心化库存订货点的确定，完全按照单点库存的订货策略进行，即每个库存点根据库存的变化，独立地决定库存控制策略。它需要企业之间保持较高的协调性，否则，各自为政，必然降低整体的效率。

（2）基于时间优化的多级库存控制。基于成本优化的多级库存优化方法，是一种传统的做法。随着市场的变化，市场竞争已从传统的、简单的成本优先的竞争模式转为时间优先的竞争模式，这就是敏捷制造的思想。因此供应链的库存优化不能简单地仅优化成本。在供应链管理环境下，库存优化还应该考虑对时间的优化，如库存周转率的优化、供应提前期的优化、平均上市时间的优化等。库存时间过长对于产品的竞争力不利，因此供应链系统应从提高用户响应速度的角度提高供应链的库存管理水平。

对于库存的理解，人们习惯把它看做资源的储备或暂时性的闲置。对于库存是因“储备”而存在，还是因“闲置”而存在存在着截然相反的看法。持库存是“储备”的观点认为，库存是维持正常生产、保持连续、应付不测需求所必需的；而认为库存是“闲置”的观点认为，库存是一种浪费，它掩盖了管理中的问题，因此主张消除库存，通过无库存生产方式不断地降低库存水平，暴露并解决问题，从而改进管理工作。这一过程不断循环。准时制（JIT）思想集中体现了这种理念。但是，进一步的研究发现，库存并不是简单的资源储备或闲置的问题，而是一种组织行为问题，是企业之间或部门之间没有实现无缝连接的结果。因此，库存管理的真正本质不是针对物料的物流管理，而是针对企业业务过程的工作流管理。

基于传统的库存观点，库存管理就是物料管理，于是人们花大量的时间与精力去优化库存（物料成本优化），这种只看树木不看森林的管理思维长期以来一直没有被突破。因此，库存管理总是围绕物流管理和仓库管理等单个环节展开，或者采用准时制（JIT）减少浪费。虽然这些库存管理方法取得了一定的效果，但没有从根本上解决库存的本质问题。

供应链是多个组织的联合，有效的过程管理可以减少乃至消除库存。过程控制的库存管理是全面质量管理、业务流程再造、工作流技术和物流技术的集成。这种新的库存管理思想对企业的组织行为产生了重要的影响，它促使组织结构更加面向过程。

在供应链管理环境下，库存控制是企业的战略性问题。库存管理不是简单的物流过程管理，而是企业之间工作流的管理。多级库存管理涉及多组织协作关系，组织障碍是库存增加的一个重要因素。必须通过组织的最有效协作关系进行协调，因此，要实现供应链管理的高效运行，必须增加企业的协作，建立有效的合作机制，不断进行流程革命，实现供应链的无缝连接。

本章小结

供应链管理中的采购策略有很多种，但是它们都有共同的目标，就是要保证采购的及时性和适量性，所以供应链下的采购应由客户订单驱动，主动跟踪用户的需求，并且与供应商建立长期的、互利互惠的合作关系，适时、适量地满足客户的需求。准时制采购在保证生产正常供应的情况下，力求避免一切不必要的浪费，从而实现资源的最佳运用。MRP Ⅱ为企业采购管理提供重要的技术支持。它能够加快采购业务处理的速度，有效提高企业采购的管理效率。

库存管理面临的最大困难在于需求的不确定性和信息在传递过程中的变异，所以一般企业的库存量都由于“牛鞭效应”而过高。而本章介绍的几种先进的库存管理策略，其最终目的都是要合理地确定库存量和安排好订货次数与时间，合理运用资金，保证库存状态的透明性，保证信息传递的及时和准确。这几种方法都在一定程度上克服了传统的库存管理方法的一些缺点。

案 例

美国达可海德的VMI案例

美国达可海德（DC）服装鞋业公司把供应商管理库存（VMI）看做增加销售量、提高服务水平、减少成本、保持竞争力和加强与客户联系的战略性措施。在实施VMI过程中，DC公司发现有些客户希望采用EDI先进技术并且形成一个紧密的双方互惠、信任和信息共享的关系。

为对其客户实施VMI，DC公司选择了STS公司的MMS系统，以及基于客户机/服务器的VMI管理软件。DC公司采用Windows NT，用PC机做服务器，带有5个用户终端。在STS公司的帮助下，对员工进行了培训，设置了必要的基本参数和使用规则。技术人员为主机系统的数据和EDI业务管理编制了特定的程序。

在起步阶段，DC选择了分销链上的几家主要客户作为试点单位。分销商的参数、配置、交货周期、运输计划、销售历史数据以及其他方面的数据，被统一输进了计算机系统。经过一段时间的运行，分销商的库存减少了50%，销售额增加了23%，取得了较大成效。

接着，DC公司将VMI系统进行了扩展，并且根据新增客户的特点，采取了多种措施，在原有VMI管理软件上增加了许多新的功能。

有些分销商要求提供一个最低的用于展示商品的数量。DC公司与这些客户一起工作，一起确定它们所需要的商品和数量（因为数量太多会影响库存成本），然后用VMI中的工具设置好，以备今后使用。

VMI系统建立以后，客户每周将销售和库存的数据传送到DC公司，然后由主机系统和VMI接口系统进行处理。DC公司用VMI系统，根据销售的历史数据、季节、款式、颜色等不同因素，为每个客户预测一年的销售和库存需要量。

某些客户可能只能提供总存储量的EDI数据而不是当前现有的库存数。为此，DC公司增加了一个简单的EDI/VMI接口程序，计算出客户需要的现有库存数。

有些客户没有足够的销售历史数据用来进行销售预测。为了解决这个问题，DC公司用VMI软件中的一种预设的库存模块让这些客户先运行起来，直到积累足够的销售数据后再切换到正式的系统中去。

为把工作做好，DC公司运用了不同的预测工具进行比较，选择出其中最好的方法用于实际管理工作。在库存需求管理中，它们主要做的管理工作是：计算可供销售的数量和安全库存，安排货物运输计划，确定交货周期，计算补充库存的订货量等。

所有计划好的补充库存的数据都要复核一遍，然后根据下一周或下一天的业务，输入主机进行配送的优化，最后确定出各配送中心装载/运输的数量。DC公司将送货单提前通知各个客户。

一般情况下，VMI 系统需要的数据通过 ERP 系统获得，但是 DC 公司没有 ERP。为了满足要求，同时能够兼顾 VMI 客户和非 VMI 客户，DC 公司选择了最好的预测软件，并建立了另外的 VMI 系统数据库。公司每周更新数据库中的订货和运输数据，并且用这些数据进行总的销售预测。结果表明，DC 公司和它的客户都取得了预期效益。

复习思考题

1. 供应链管理中的采购特点是什么？采购目标是什么？它有哪些基本要求？

2. 简述供应链采购的基本流程。简述准时制采购与制造资源计划（MRP Ⅱ）采购的基本思想。

3. 供应链中影响库存的因素有哪些？什么是需求变异加速放大原理？

4. 集中式系统与分散式系统有什么区别？风险共担的基本原理是什么？

5. 直接配送、转运和交叉配送分别在库存管理中起到什么样的作用？

6. 供应商管理库存（VMI）的基本思想是什么？怎样实施？

7. 联合库存管理（JMI）的基本思想是什么？怎样实施？

8. 供应商管理库存和联合库存管理有什么区别与联系？

9. 多级库存优化方法有几种？分别是什么？

10. 简述现代库存管理的基本思想。

11. 根据案例，请分析怎样才能成功实施 VMI，VMI 对于供应链中的上下游企业有什么好处。

第 5 章

供应链管理中的生产系统

本章学习目标

- 了解供应链管理中生产系统的有关概念、结构、分类、合作前提、物流管理和生产模式演变过程。
- 理解供应链管理中生产计划与控制的影响因素及特点。
- 理解供应链生产系统计划与控制的基本方法和模型以及协调管理机制。
- 掌握供应链管理环境下一些生产模式的基本思想、特点和基本流程等内容。

5.1 供应链管理中生产系统的拓展

随着科学技术和经济全球化的迅速发展，企业的竞争环境具有越来越强的复杂性和不确定性，具体表现为产品需求由少品种、大批量、单一化转向多品种、小批量、个性化，产品的生命周期越来越短，这就对供应链生产系统管理乃至整个供应链管理提出了更高的要求，并促使生产系统的有关概念、生产模式、计划与控制和物流管理等方面有了新的拓展。

5.1.1 传统企业生产系统面临的挑战

传统的企业生产系统和整个企业管理追求的是大量生产方式，主要依靠规模效益来实现企业利润目标，即按标准化、系列化和通用化要求，力争在大批量生产条件下降低生产成本，提高生产效率和效益，它适合于经济高速增长、市场需求增长或相对稳定。在供应链条件下，传统的企业生产系统显示出许多缺陷，主要表现如下：

（1）生产系统设计以自有资源为基础。传统的制造业企业生产系统在设计时只考虑企业自身所拥有的可利用资源和整个链条的竞争力，而没有考虑企业以外的因素对企业的影响。

（2）供、产、销系统缺乏整体感。虽然它们都是企业的基本活动，但在传统的运作模式下供、产、销各自为政，相互脱节，物流和信息流经常扭曲、变形。

（3）片面追求部门利益。由于激励机制以部门目标为主，孤立地评价部门业绩，造成企业内部各部门注重自身利益，较少考虑整个企业和供应链整体利益。

（4）信息管理手段落后。企业数据处理技术落后，企业间的信息传递很少利用电子数据交换（EDI）和 Internet 等先进技术，甚至还采用手工处理方式，信息处理不准确、不及时。

（5）企业间缺乏必要的协调。企业与各供应商、用户之间没有协调一致的生产计划与控制机制，各个企业生产系统之间没有形成互相协调的整体系统，往往各行其是，不能有效地衔接。在市场响应、用户服务和企业间协作等方面缺乏相应的评价标准与激励机制。

（6）企业间过分强调竞争。企业与供应商、经销商忽略合作，往往从短期效益出发，挑起供应商之间、经销商之间的价格竞争，失去了它们的信任与合作。

5.1.2 供应链管理中生产系统的有关概念

1. 企业资源

传统的企业生产计划将企业资源（Resource）局限于企业内部，统称为物料（Materials），如企业制造资源计划（MRP II），其核心就是物料需求计划。在供应链管理中，企业资源被分为内部资源（In-Source）和外部资源（Out-Source）、有形资源和无形资源，这样就使得企业资源优化的空间由企业内部扩展到企业外部，即从供应链整体的、系统的角度进行资源的优化。

2. 企业能力

企业能力（Capacity）是指企业获得持续竞争力的能力。传统企业是把企业能力建立在企业内部资源基础上，只把生产、仓储、分销、运输和信息加工等方面的能力作为企业的能力资源。例如，MRPII 和 ERP 系统对于企业资源问题一般注重内部的能力平衡问题。供应链管理则把企业能力的范围扩展到供应链中全部节点企业的能力和供应链整体能力上。例如，供应链的企业通过外包或联盟等形式利用其他企业的生产、分销和仓储等方面的资源，以此来增强自己在这些方面的能力。

3．提前期

提前期（Lead Time）是生产计划中一个重要的变量，在MRPII系统中一般被看做一个静态的固定值，是一个重要的设置参数。在供应链管理中，重要的是交货期（Delivery Time）。也就是说，供应链管理强调准时——准时采购、准时生产、准时配送，目的在于及时准确地满足用户需求。

4．生产系统

一般来说，生产系统是指可以在不同的地点完成其各项工作的所有部分组成的系统，它可以分为企业内部生产系统和企业组织之间的生产系统，供应链管理中的生产系统与传统的企业生产系统有所不同，其重点是组织间的生产系统。组织间的生产系统一般由法律上独立的企业组成，它们依靠合作关系而彼此联系，其合作重点在于生产过程和物流过程。这些企业可以均衡地利用生产潜力，提高客户效用（如改进供货服务水平），准备共同的生产因素（如共同使用一台设备），加强生产过程的合作（如将维修步骤通报给系统伙伴和生产过程的各个合作方），提供相关的生产方案。它们的目标是通过联结各合作方的核心能力，扬长避短，优势互补，使企业的生产规模达到最佳，生产成本降低。

5.1.3 供应链管理中生产系统的结构和分类

1．生产系统的结构

一般地，供应链中生产系统的结构包括两个以上的合作伙伴，它们可以使用专业的技能和方法，并使相互之间形成内容不同的关系。图5-1展示了一个生产系统的结构特点。

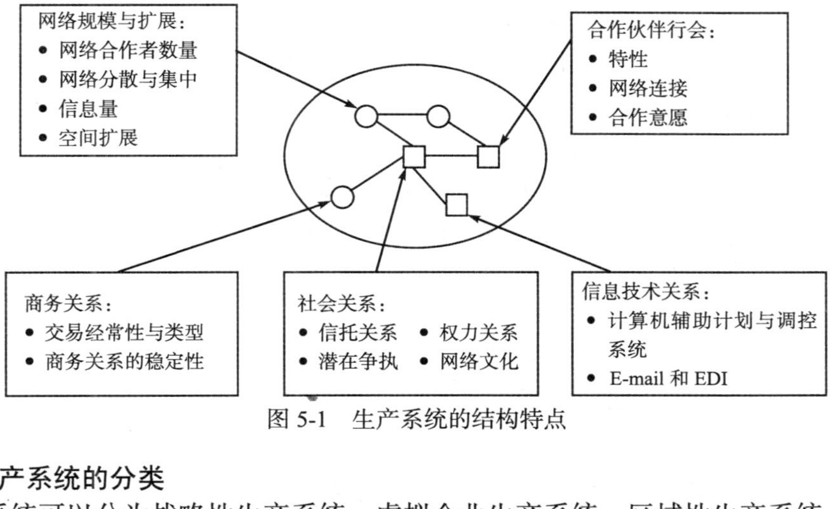

图5-1 生产系统的结构特点

2．生产系统的分类

生产系统可以分为战略性生产系统、虚拟企业生产系统、区域性生产系统、操作性生产系统和内部生产系统等。表 5-1 为不同生产系统类型的概况。

表 5-1　不同生产系统的特点

类型 标准	战略性生产系统	虚拟企业生产系统	区域性生产系统	操作性生产系统	内部生产系统
组织： • 结构标准 • 专业化 • 造型 • 协调 • 形式化 • 成果交换的强度 • 成果交换的方向 • 权利结构 • 空间距离 • 人员轮换	系统的战略由某一核心企业领导，等级结构、效用结构；技术性的协调工具；很高的形式化；密集的生产能力交换；沿着价值链方向；不平衡的权利分配；经常的人员轮换	早期的等级结构；人员协调工具（自行确定），由非结构协调工具补充；很低的形式化；早期对称的权利分配，因为所有伙伴具备专用的、互相补充的职能；空间和时间上的分隔是本质的特征	可塑的结构；人员规划的合作和利用；较少的形式化；成果这一领域通常的合作伙伴是较小或中型企业；人员转让	可能有不同的外部形象；有中心协调单位（企业的）或者系统较为分散而通过合作伙伴完全网络化；高形式化；可以随意选择成果交换方向和强度	母公司进行战略决策；进行科技合作与利用人员协调手段；高形式化；有一定的成果交换强度与方向；人员轮换
组织： • 多元文化 • 目标一致 • 彼此信任 • 价值分配	信任对于核对战略目标，达到长期目标一致是极为重要的，但并不是不可改变的	共同的商业行为，以合作行为为基础划分目标和价值	以文化上的形式，划分的价值和相互信任作为基础因素	不重要	所划分的价值和基本假设很重要，但不是决定因素
合同联系	封闭的，较长的合作合同形式	口头或者首先以电子约定限制时间	口头协定和短期合同，以及备忘性商业往来	短期合同 个别交易	合同的范围依赖于资本的结合范围
稳定	高	低	低	低	高
冗余	少，通常一个合伙人完成一项任务（两个来源例外）	低，因为每个合伙人恰好拥有一项特别权利	高，因为通常小企业有比较多的职能相近的部门	高	

续表

标准 \ 类型	战略性生产系统	虚拟企业生产系统	区域性生产系统	操作性生产系统	内部生产系统
资源	知识技术转让，在某些领域投资	可换资源，没有投资	知识、能力的转让和共同的员工培训、行动，利用投资	联营资源由企业或其他部门管理	在特别的资源领域内把知识经济转化为伙伴资源是可能的
信息与交流技术	非强迫性投入，但要有转换系统的支持（如EDI）	可用性和投入具有持续性（如软件群、移动工作系统、EDI、互联网及其包括的电子邮件、电视会议）	非强迫性的投入也是必要的（还少）。但是未来需要转让系统的支持（如EDV）	可支配和强迫性投入很必要（如利用万维网来实现）	投入和可支配性的非强迫性投入

（1）战略性生产系统。通常由一个最终产品制造商或者与最终客户关系密切的商业企业作为战略核心企业，由它来确定其周围的系统组织，其他的企业通过合同与核心企业建立了密切的关系。为了保持自身竞争力（和独立性），核心企业也向系统之外的买主提供产品。战略性生产系统的目的在于有效地利用价值链的资源，创造一个可预测的、相对平稳的良好市场，如日本的汽车公司“五十铃”和美国的体育用品公司“耐克”。

（2）虚拟企业生产系统。在这种系统中，各个具有核心职能的独立企业以共同的商业理念为基础，把握商机，共同生产。它们在信息交换的基础上完成各自的功能，因此，适用于已经建设了大规模的信息技术框架，生产循环极短的“低技术价值创造”（服装和玩具制造）、快速发展的高科技工业（电子业、生化工业）及其价值创造过程。这种合作受时间点或相对较短的时间段（近似于短期项目的时间）限制。对客户来说，他们是一个整体单位。

（3）区域性生产系统。这种系统以中小企业空间上的聚集为基础，实现高度的专业化分工。系统内的企业与本地区其他企业保持着潜在关系，并根据具体情况选择合作伙伴，它们的价值创造活动几乎不受规模递减规律的影响，因此其“最小有效规模”也就变得非常小。在区域系统内，企业职能的唯一性常常不如减少管理费用和提高灵活性重要。如意大利北部和硅谷等就是典型的区域性生产系统。

（4）操作性生产系统。由组织间信息系统支撑的企业，利用短期的生产能力特别是在生产和物流（仓储、运输和包装）方面的富余能力，与合作伙伴进行分工协作。操作性生产系统一般执行相对标准化的交易，涉及大多数价值创造程序的单个活动。在项目合作方面，它与虚拟企业类似，但更着眼于短期的个别交易。它具备“电子购物”特征，但更注重实际产品生产能力的交换和 B2B 领域。

（5）内部生产系统。一个企业在内部尽可能地自动组织市场合作机制，利用共同的、有限的集约资本和高度分类的资源协调组织经营。这种类型的系统代表着近似于商业领域的组织，它在一定条件下可以向其他系统类型转化。

作为组织间分工和企业专业化的结果，各个企业在生产系统内还会扮演新的角色和承担新的任务。在供应链中，“系统设计师”、“系统开发者”和“经纪人”（设计人、介绍人或协调者）这些新角色的职责是对系统内能力的选择与协调，以及对系统内其他企业职能的协调与集成。此外，生产系统内还应该有专门负责生产、物流和研究的企业或机构。

5.1.4 供应链生产系统的合作前提

在供应链中，生产企业的市场能力更多地依赖于多个生产过程的综合和连续性的资源配置以及各个合作方的密切配合（见图 5-2），而不是单个企业的职能，这就要求企业能够灵活地利用外部资源。因此，生产系统合作的前提是：

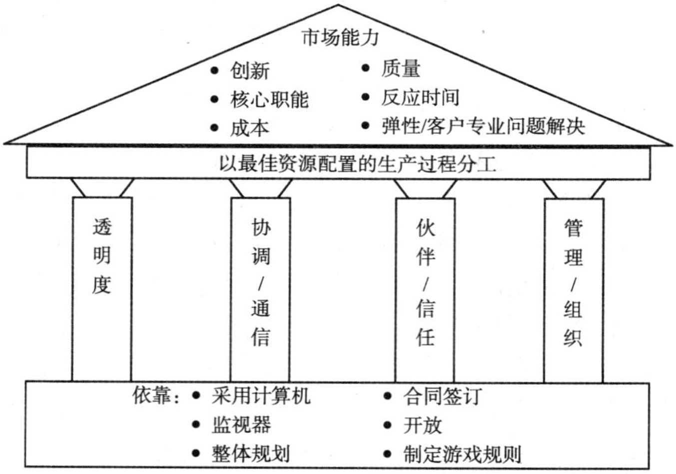

图 5-2　生产单位之间的合作

（1）合作者之间信息高度透明，有关程序必须在内部进行广泛地交流并赢得支持。

（2）各合作方相互信任并且经常进行友好协商，同时与系统外部的企业甚至竞争对手建立良好的商务关系。

（3）数据交换必须在相应的约定下制定合理的规则，如确定交换的信息和利用信息的方式等。

（4）有一定的协调管理组织，负责生产系统合作措施与制度的实施。

5.1.5 供应链中生产系统物流管理的任务

加强生产系统的物流管理，是加强供应链各个合作方的协调与配合，改变生产活动在空间和时间上的分割状态的非常重要的策略。根据协商的层次，物流管理的任务也可以分为战略性、策略性和操作性任务。生产系统物流管理最基本的任务是：

（1）形成完善的物流系统。第一是应该选择和确定物流战略。在战略性生产系统中，物流战略必须与核心企业基本发展战略、系统主要目标和生产系统的原理保持一致。例如，减少生产系统的物流成本，增加物流系统的适应能力，降低系统故障频率或缩短供应和送货时间等。第二是物流的组织形成，包括跨企业物流和信息流程序的制定、系统伙伴之间物流任务的分配，以及为了实现各个物流活动目标而建立的协调机制（包括人员导向型的自我调节机制和以信息技术联系为依托的计划协调机制）等。第三是物流管理系统的形成。它一方面可以使战略管理者——企业，通过非结构性措施（如激励制度等）影响其他合作伙伴行为；另一方面可以使处于生产系统节点上的上级人员通过管理活动施加影响，协调众多的系统伙伴完成其所承担的任务。

（2）促进跨企业生产能力的形成。跨企业生产能力的形成依赖于生产系统的规划与控制、信息的沟通和良好的物流管理等。以跨企业的看板体系（一般适用于连续的、交易内容相同的系统）为例，除了采用先进的生产管理方法和先进的信息技术之外，在物流管理方面还必须进行区域性运输规划，采用先进的物流管理方法与技术，以降低物流成本，提高物流效率，从而维护和提高跨企业生产能力。

5.1.6 供应链管理中生产模式的含义和变革

随着市场竞争日趋激烈，生产模式已成为影响企业竞争力的重要因素。因此，生产模式的变革与选择成为供应链管理的一个重点。

1. 生产模式的基本含义

20 世纪 80 年代前，生产模式主要指企业内部的生产方式，是一个企业将投入转化为产出的方式。不同的生产方式在产品特征、客户需求特征、物流流动特征、设备特征和制造特征等方面存在着很大的差异。从实质上看，传统的企业生产模式的研究对象是单个企业产品开发、生产和经营的过程。随着信息技术的发展和知识经济的到来，企业生产模式已由原来的实体企业延伸到虚拟企业，进而延伸到企业所在的供应链。因此，供应链中的企业生产模式是企业在产品开发、生产和经营活动中所采取的战略、生产哲理、生产与管理方法、生产手段及规则等的综合表现形式，其本质是对组成生产系统的各种生产资源进行有效配置，并规定生产资源之间的协调关系和运行方式。生产模式的影响因素主要有市场、生产技术、信息技术、生产资源与人力资源、地域和民族文化传统等。

2. 生产模式的变革

从企业发展进程来看，生产模式大体上经历了从单件生产到大量生产再到多品种小批量生产的三次重要变革，它们反映了生产力的发展、技术的进步、市场的变化和供应链管理的发展。

（1）单件生产模式。目前，国内外采用这种生产模式的大部分企业的目标市场集中在豪华的、性能各异或独特的单件产品上。

（2）大量生产模式。其特征是生产具有互换性的、较少品种的标准产品，采用流水生产线和专用设备，以及科学的工时定额和标准的操作方法等进行大规模生产。

（3）多品种、小批量生产模式。它通过及时调整产品品种和数量，适应市场需求的变化。用大量生产来满足具有不同要求的大批用户的个性化和多样性的产品。目前，这类生产模式主要有准时制生产、精益生产、敏捷制造、柔性生产、计算机集成制造、智能制造和基于并行工程的产品开发与生产等。

上述生产模式随着经济发展的演变过程可用图 5-3 来表示。

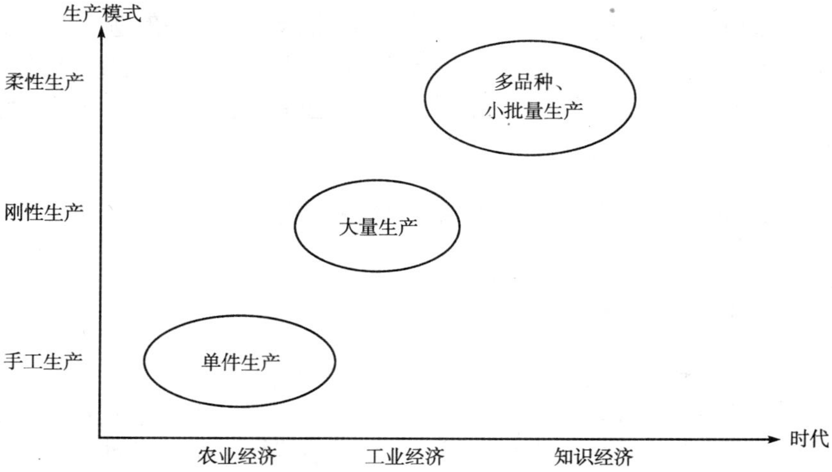

图 5-3　生产模式的演变

生产模式变革的根本目的在于更有效地集成制造资源，为柔性、敏捷供应链提供技术与管理上的支持，从而提高企业乃至整个供应链的竞争能力。因此，从总体上看，当代生产模式正面临着以下重大变革：从以技术为中心向以人为中心转变；从传统的作业顺序向并行工作方式转变；从按功能划分的固定组织形式向动态的、自主管理的团队工作组织形式转变；从质量和成本竞争策略向快速响应市场的时间竞争策略转变；从金字塔式的多层次生产管理结构向扁平的网络组织结构转变。

5.2 供应链管理中的生产计划与控制特点

在供应链管理中，现代企业特别是生产型企业是以客户需求驱动、以生产计划与控制活动为中心展开经营活动的。生产型企业只有通过建立面向供应链管理的生产计划与控制系统，才能真正从传统的管理模式转向供应链管理模式。

5.2.1 传统企业生产计划与控制的缺陷

传统企业生产系统在生产计划与控制系统上存在许多缺陷，难以适应供应链管理的要求，具体表现在以下几个方面：

（1）生产计划与控制的范围小。传统的生产计划与控制只着眼企业内部资源的有效利用，仅涉及单个企业内部，没有充分利用外部相关企业的资源，一般不涉及供应链上下游企业，如供应商、分销商、零售商等。

（2）决策信息共享的程度非常低。由于没有建立完善的信息网络，企业之间无法实现信息共享，单个企业无法全面掌握供应链上其他企业和有关产品需求状况，因而企业的生产计划与客户需求存在较大的偏差，影响计划与控制决策的质量。

（3）集中式决策模式不适应多代理的供应链系统。基于多代理的供应链系统是立体的网络，各个节点企业具有相同的地位，它们的生产计划决策相互影响。一个企业的生产计划发生改变，其他企业的计划也需要做出相应的改变，这样供应链才能获得同步化的响应。传统的集中式生产决策是在单一企业内进行的，因而难以适应供应链系统的决策。

（4）链式信息反馈机制不适应供应链网络化管理。网络化的供应链要求生产计划信息沿着供应链不同的节点方向（网络结构）传递，即采用并行化信息传递模式。而传统的生产计划与控制采取链式反馈机制，适用于递阶组织结构。

（5）生产计划与控制系统的柔性和敏捷性较低。传统的生产计划与控制系统没有足够高的柔性（如提前期的柔性和生产批量的柔性等）和敏捷性，不能适应剧烈多变的、复杂的市场环境需要。

5.2.2 供应链管理中生产计划编制的影响因素

在供应链管理中，编制生产计划应考虑各种影响因素或约束条件，特别应重视以下三方面的因素。

1．柔性约束

供应链的柔性是指供应链快速而经济地处理生产经营活动中环境或由环境引起的不确定性的能力。为了减少市场环境的不确定性和供应链本身的不确定性所带来的不利影响，管理者一般要采取多方面的对策来获得供应链柔性。从流程的角度看，供应链柔性包括供应系统柔性、制造和物流系统柔性以及相应的信息系统柔性；从经营管理方面考虑，供应链柔性包括产品研发柔性、组织柔性、战略柔性和文化柔性等；从供应链合作关系来看，供应链柔性包括合作关系柔性、利益分配柔性、合同柔性和人力资源柔性等。增加供应链柔性会带来供应链管理的难度，如增加生产计划的编制与实施的复杂性和难度等。在实际的供需合同中，柔性一般由双方共同确认，对于需求方而言，它代表着对未来变化的预期；而对供给方而言，它是对自身所能承受的需求波动的估计。因此，供应链生产计划的制定应根据合同的柔性采取相应的策略。上游企业计划产量的确定要根据下游企业需求预期变化，在库存费用与缺货费用之间寻找平衡点。而下游企业在制定生产计划时应尽可能使需求接近合同的规定，帮助供应企业达到最优产量。

2．生产进度

生产进度信息是企业检查生产计划执行状况的重要依据，也是滚动制定生产计划过程中用于修正原有计划和制定新计划的重要信息。在供应链管理中，生产进度属于可共享的信息，它反映的是整个供应链上所有企业的生产情况，因此它对企业原生产计划的执行、修正、控制以及整个供应链生产的协调与衔接具有重要作用。例如，供应链上游企业通过了解用户的生产进度情况实现准时制供应；下游企业可以了解到上游企业的生产进度，进行调节生产计划的决策。

3．生产能力

供应链管理要求整条链上有关企业的生产能力相互衔接并相互匹配，所以每个企业以及整个供应链的生产能力大小将直接影响和制约着供应链的生产规模与水平，当然也制约着企业生产计划的制定。对于单个企业来说，它在编制生产计划时一方面必须考虑到上下游企业生产能力上的约束，另一方面也可以借助外部资源，利用上下游企业的生产能力，弥补自己资源和生产能力的不足。

5.2.3　供应链管理中生产计划的特点

供应链管理中的企业生产计划与传统的企业生产计划差距很大，具体表现在以下两个方面。

1. 生产计划的信息组织与决策

供应链管理中生产计划的信息组织与决策表现出如下特征：① 开放性，企业生产计划信息跨越了单个企业组织的界限，形成开放性的信息系统；② 动态性，生产计划与控制的信息因市场需求的不断变化而变化；③ 集成性，企业生产计划信息是不同信息源的信息集成，它集成了供应商、分销商和消费者甚至竞争对手的信息；④ 群体性，企业生产计划决策过程是依赖整个供应链中的信息、考虑所有合作企业的需求与利益，而进行的群体协商决策过程；⑤ 分散性，供应链企业的信息来源分散于不同部门和企业，甚至不同国家。

2. 生产计划编制过程

（1）企业生产计划编制过程是纵向和横向的信息集成过程。纵向信息集成是指供应链由下游向上游的信息集成。通过主生产计划和投入产出计划，下游企业的生产计划反映上游企业承接订单的能力和意愿，同时，上游企业与下游企业的生产进度信息都是滚动编制计划的依据。而横向信息集成是指生产相同或类似产品的企业之间的信息共享，信息主要来源于外包决策和外包生产进度分析。

（2）能力平衡在计划中的作用得以扩展。在传统的生产计划制定中，能力平衡只是分析生产任务与生产能力差距的手段，其结果是计划修正的依据。在供应链管理下，能力平衡为修正主生产计划和投入产出计划提供依据；为外包决策和零部件（原材料）急件外购提供决策依据；实时改变本企业和上游企业的能力状态，从而提高生产计划的可行性。

（3）计划的编制、实施及其信息流的循环过程跨越了企业边界。例如，企业的主生产计划和投入产出计划等会涉及供应链内部相关企业甚至供应链之外的外包企业与协作企业等。

5.2.4 供应链管理中生产控制的特点

1. 生产进度控制难度增大

因为许多产品经过协作生产和转包生产，牵扯的企业多，这就加大了生产进度控制的难度。

2. 生产节奏控制更为严格

供应链运作要求企业之间和企业内部各部门之间保持步调一致，因此，供应链管理需要解决供应链企业之间的生产同步化问题，必须严格控制供应链的生产节奏，准时生产，准时交货，稳定而不中断。

3. 提前期管理影响更大

在供应链环境下的生产控制中，提前期管理是实现快速响应用户需求的有效途径。缩小提前期，提高交货的准时性是保证供应链获得柔性和敏捷性的关键。

4．采用库存管理新模式

库存对于产成品和在制品管理、应付需求不确定性、增加计划的有效性有其积极的作用，但是库存又是一种资源浪费。在供应链管理模式下，采用基于准时制（JIT）的供应与采购、供应商管理库存和联合库存管理等供应链库存管理的新模式，可以有效地减少库存，避免浪费。

5．信息实时反馈

通过信息的实时反馈，供应链中的企业可以在生产计划与控制过程中对自己的订单进行全面监督、协调检查、跟踪监控，保证上下游企业计划的执行与修正，确保生产计划的有效性，消除不确定性对供应链的影响，使上下游企业生产协调一致。

6．各方协同合作程度更高

供应链上各个企业相互独立又相互依存，在上述的生产进度与节奏控制、库存控制、提前期管理和信息的有效传递等方面都需要更为有效的协同合作，以协调各方利益，实现生产系统的有效控制。

5.3 供应链管理中生产计划与控制的方法与机制

企业管理和供应链管理在广泛运用了计算机技术与网络技术以后，产生了许多新的管理方法和技术，如物料需求计划、制造资源计划和企业资源计划等。它们在企业和供应链中的生产计划与控制方面发挥了重要作用。

5.3.1 供应链中的生产计划

1．物料需求计划

物料需求计划（MRP）是 20 世纪 60 年代最初在美国出现的一种存货管理方法，它是在解决传统订货点法缺陷问题的基础上发展起来的。目前已逐渐成为一种新的生产计划与库存控制的方法和计算机辅助生产计划系统。

（1）MRP 的基本原理。即基于市场需求预测和客户订单制定的主生产计划（MPS），首先倒推出相关物料（原材料、零部件、组件等）的需求量和需求时间，然后确定其生产（或订货）的时间和进度。一种产品往往由多种部件组装而成，每种部件又是由多种零部件和材料制造而成，产品和零部件及材料用品之间又构成相互依赖的联动需求关系。计算机系统根据这种联动需求关系编制企业的物料需求计划。

（2）MRP 的基本结构。MRP 的基本结构包括三个部分：MRP 的信息输入、MRP 的计算与处理和 MRP 的信息输出，如图 5-4 所示。

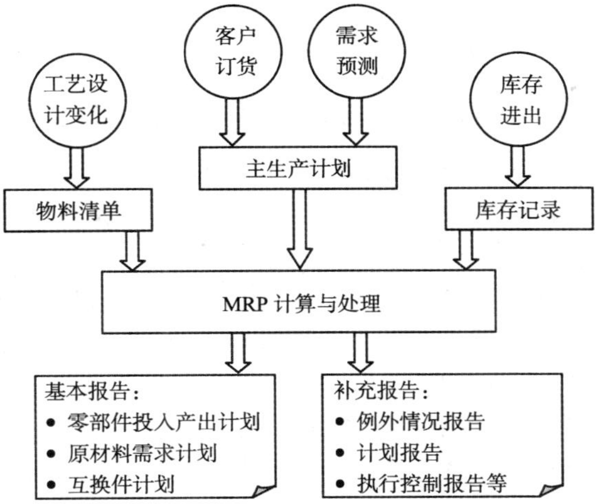

图 5-4 MRP 的基本结构和工作流程

MRP 的输入信息主要有主生产计划（MPS）、物料清单（BOM）和库存记录。主生产计划描述了最终产品需要何时生产，何时装配，何时交货，它是 MRP 的基本输入，并驱动整个 MRP 系统。物料清单表现为产品结构文件或产品树形图，说明一个最终产品是由哪些零部件和原材料所构成的，以及它们在时间和数量上的相互关系。图 5-5 表示了产品 A 的结构组成。图 5-6 将产品 A 的组成结构以时间关系表示出来。库存记录主要反映企业库存状态信息，可以说明现在库存中有哪些物料，各有多少存货，已经订购了多少，何时到货等。

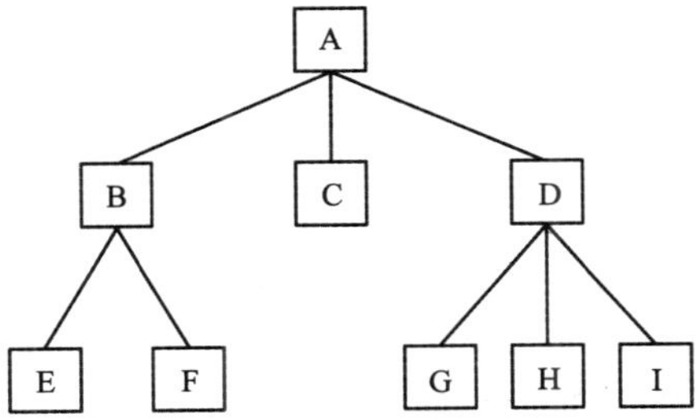

图 5-5 产品 A 的结构组成

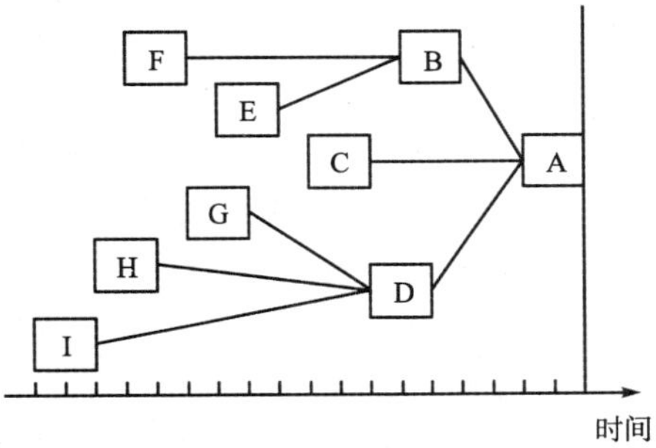

图 5-6 产品 A 的结构与时间的关系

MRP 的处理程序是：用主生产进度表详细规定周期内最终项目需要一览表，按照存储文件的记录，参考物料清单计算每一个项目的需求数量，然后根据现有的存储对每一个需要项目的件数进行修正，并补足净需求量（及时调整）以便得到这种材料的提前期。

MRP 系统输出两种报告，即基本报告和补充报告。基本报告的内容主要有零部件投入产出计划、原材料需求计划和互换件计划等。补充报告的内容主要有例外情况报告、计划报告和执行控制报告等。

2．制造资源计划

制造资源计划（MRP Ⅱ）是由美国著名生产管理专家奥利夫·怀特（Oliver Wight）于1977 年提出来的，它是在 MRP 和后来的闭环 MRP 的基础上发展起来的。它使生产、销售、财务、采购和工程技术等活动以及相关资源紧密结合，形成新的企业生产管理计划系统，从而强化了生产系统的供应链管理。

（1）MRP Ⅱ的基本思想。MRP Ⅱ实质上是以企业计划控制为主体、面向整个企业信息集成的计算机化的管理信息系统，它通过计算机将企业的经营计划、销售计划、综合生产计划、主生产计划、生产能力计划、现金流动计划、物料需求计划和生产能力需求计划等有机地结合起来，特别是将资金流的约束和限制加入到 MRP 中，形成一个各功能子系统在统一的数据环境下运行的一体化信息系统，使企业能够合理地运用资源，以最小的投入获得最大的产出。

（2）MRP Ⅱ的基本结构。MRP Ⅱ系统主要由 MRP 与生产管理、财务管理、供应商管理、销售管理、采购管理和工程技术等功能模块或子系统组成，各子系统具有特定的功能，彼此相互关联又相互制约，如图 5-7 所示。

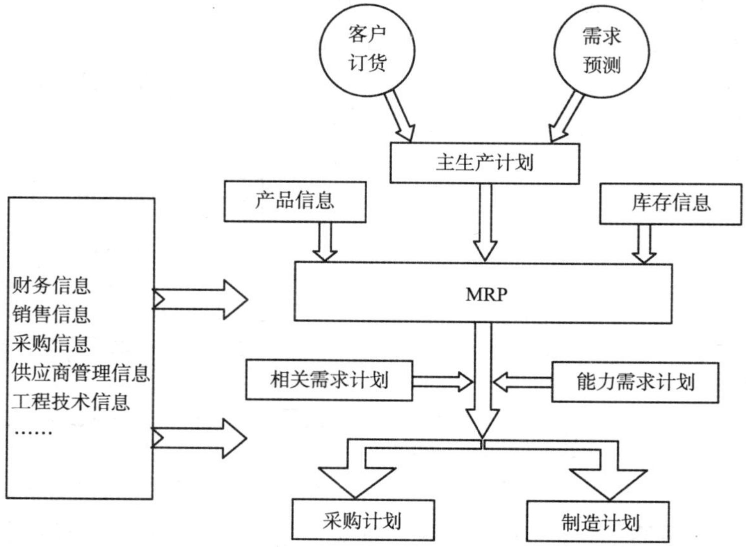

图 5-7　MRP Ⅱ系统的基本结构与流程

（3）MRP Ⅱ的特点。MRP Ⅱ具有以下特点：① 计划的一贯性与可行性，即 MRP Ⅱ是一种计划主导型的管理模式，始终与企业经营战略保持一致，并具有可执行性；② 管理系统性，即在“一个计划”的协调下将企业所有与生产经营直接相关的各子系统有机地联成一个整体；③ 数据共享性，即各子系统实现了数据共享，消除了重复工作；④ 环境适应性，即根据市场预测与客户订单确立生产计划，采用滚动计划以实现计划的衔接，适应于以销定产的商品经济环境；⑤ 物流与资金流的统一，即因生产和财务两个子系统的关系较为密切，保证了生产和财务数据的一致性；⑥ 充分利用资源，MRPⅡ对制造企业的各种资源进行统一计划和控制，能够充分利用和节约企业各种资源。

3. 企业资源计划

（1）企业资源计划的基本思想及其含义。企业资源计划（Enterprise Resource Planning，ERP）概念是由美国的 IT 分析公司 Garter Group 于 20 世纪 90 年代提出来的，它是在当时工业生产领域新的管理思想（准时制、供应链管理等）的基础上，适应市场环境剧烈变化、企业生产从单一的生产方式向混合型生产方式发展的形势而产生和发展起来的。

ERP 的基本思想是把企业的业务流程看做是一个紧密连接的供应链，并将企业内部划分成各种相互协同作业的支持子系统，如财务、市场营销、生产制造、服务维护和工程技术等，然后以现代计算机和网络通信为工具，整合优化企业所有的资源（包括人力资源、资金、物资、设备、信息、时间和方法等），实现准确生产，加速资金周转，减少库存，降低成本，提高劳动生产率和客户满意度。

ERP 包含三层含义，即 ERP 是在 MRPⅡ基础上发展而成的、面向企业供应链管理的现代企业管理方法；ERP 是一种现代化计算机信息系统或管理软件工具；ERP 是整合企业管理理念、业务流程、基础数据、人力、物力、计算机硬件和软件的企业资源信息管理系统。

（2）企业资源计划的结构与流程。一个比较完善的 ERP 系统，几乎涵盖了企业内部供应链的所有环节或功能。以德国 SAP 公司的 ERP 软件产品 R/3 系统为例，它包含的功能模块主要有销售管理、采购管理、库存管理、制造标准、主生产计划、物料需求计划、能力需求计划、车间管理、JTT 管理、质量管理、账务管理、成本管理、应收账管理、应付账管理、现金管理、固定资产管理、工资管理、人力资源管理、分销资源管理、设备管理、工作流管理和系统管理等。当然并不是所有 ERP 系统都包含上述模块，不同的 ERP 系统设置的模块略有不同。图 5-8 表示的是一个普通的 ERP 系统总流程。

（3）企业资源计划的特点。

1）ERP 在 MRPⅡ基础上实现了功能的重大跨越，功能更强大。ERP 将企业的内部结构划分成相互协同作业的、相互配合与平衡的子系统或功能模块；扩充了企业经营管理功能和范围，提供了可对企业供应链各环节进行有效管理的功能；设置了多种模拟功能和决策支持系统；采用计算机和网络技术的最新成就，实现管理信息集成和共享。

2）体现管理企业供应链资源的思想。ERP 通过多功能的信息管理系统，把客户需求和企业内部的制造活动连接起来，把经营过程中的有关各方（如供应商、制造工厂、分销网络和客户等）的信息纳入企业供应链管理中，进行计划、协调、操作、控制和优化。

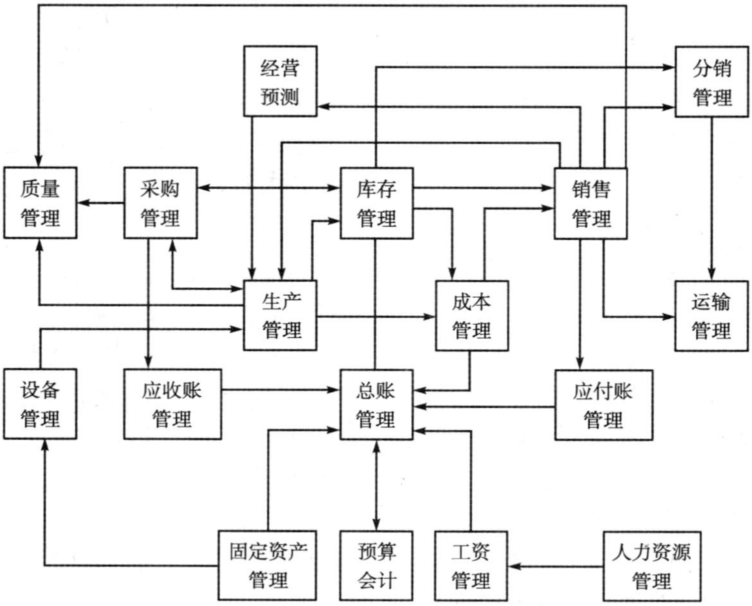

图 5-8　ERP 系统总流程

3）ERP 能支持企业适应混合型制造环境。与 MRPⅡ较为适应几种典型的单一生产方式（如重复制造、批量生产、按订单生产和按库存生产等）不同，ERP 能够适应于混合型的生产方式和较为复杂的生产环境。

4）ERP 体现事先计划与事中控制的思想。ERP 系统拥有一个包括主生产计划、物料需求计划、能力计划、采购计划、销售执行计划、利润计划、财务预算和人力资源计划等内容的计划体系，它可以将设计、制造、销售和运输等活动通过集成来并行地进行各种相关的作业，为企业提供了对质量、适应变化、客户满意和效绩等关键问题的实时分析能力，从而为企业实现事中控制和实时做出决策提供支持。

ERP 和 MRP、MRPⅡ的应用要受到许多条件的制约，如企业信息技术水平和管理水平、企业人员的综合素质、企业的经营业务特点、相关企业的技术水平和管理水平以及相互之间协作关系的密切程度等。所以，在实践中要综合考虑这些条件的影响，否则将难以取得较好的成效。

5.3.2　供应链生产计划与控制总体模型

供应链生产计划与控制总体模型如图 5-9 所示。该模型将供应链上供应商信息、零售商信息和分销商信息以及核心企业信息集成起来，共同作用于企业生产计划与控制，体现了集成化供应链管理的思想。

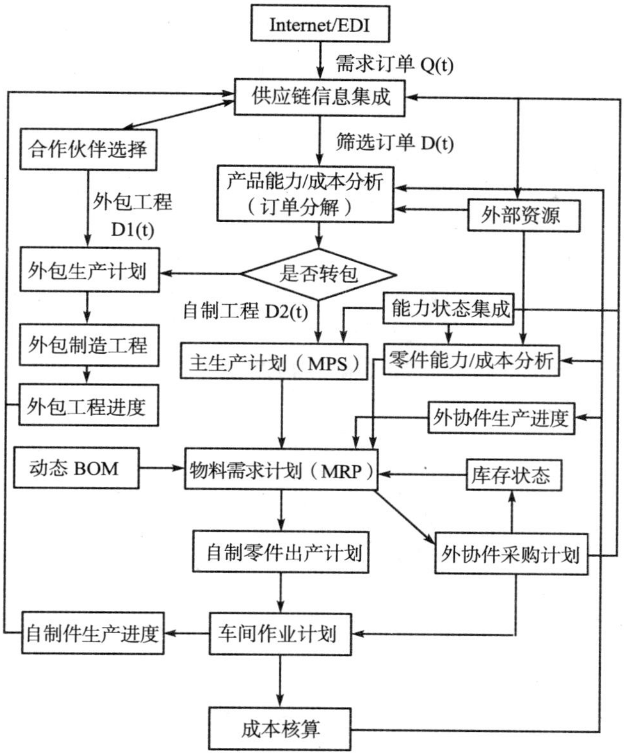

图 5-9 供应链生产计划与控制总体模型

该模型将上下游企业的信息传递到计划的每一个环节，并有效地应用于企业的生产计划中去，实时监控供需差异，减少两者之间的波动幅度，从而减少整个供应链上的波动幅度。由于供应商的供货能力对企业生产计划的制定有影响，所以企业需要根据供应商的生产能力制定自己的生产计划；而当企业的客户需求变动时，企业也需要及时做出响应，减小需求变动带来的波动影响，并立即反映给上游的供应商。这就需要依靠信息系统进行实时的监控与调整，使生产计划与控制系统更能适应以客户为导向的复杂多变的市场需要，更加灵活、有效地适应供应链管理中的生产。供应链生产计划与控制总体模型中生产计划与生产控制模式的特点如下。

1. 生产计划的特点

（1）生产计划与控制总体模型运用了基于业务外包和资源外用的生产决策策略和算法模型，使生产计划与控制系统更具灵活与柔性，更适应以客户需求为导向（如订货型企业）的多变的市场环境的需要。

（2）把成本分析纳入了生产作业计划决策过程中，体现了以成本为核心的生产经营思想。传统的 MRP Ⅱ 系统中虽然有成本核算模块，但仅仅是用于事后结算和分析，并没有真正起到成本计划与控制的作用。

（3）基于该模型的生产计划与控制系统，充分体现了基于价值增值和用户满意的供应链管理思想与管理模式。

2．生产控制模式的特点

（1）实施订货决策与订单分解控制。模型设立了订单控制系统，用户订单进入该系统后经过三个分析过程：价格/成本比较分析、交货期比较分析和能力比较分析。最后进行订单的分解决策，产生两种订单：外包订单和自制订单。图 5-10 所示是订货决策与订单分解控制流程。

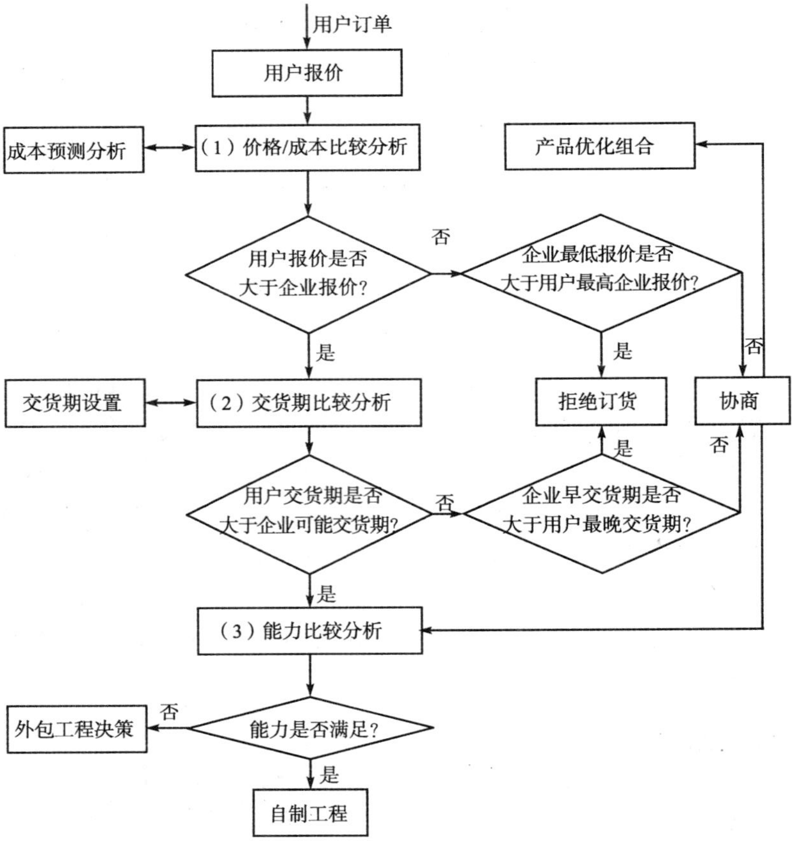

图 5-10　订货决策与订单分解控制流程

（2）建立了面向对象的、分布式协调的生产作业控制模式。生产型企业的对象由产品、设备、材料、人员、订单、发票和合同等组成，企业之间最重要的联系纽带是“订单”，企业内部和企业间的一切经营活动都是围绕着订单运作，并通过订单驱动其他企业活动。例如，采购部门围绕采购订单而动，制造部门围绕制造订单而运作，这就是供应链的订单驱动原理。

面向对象的生产作业控制模式从订单概念到订单的最后完成，充分考虑物流系统各目标之间的关系，对有关企业的产品、设备、材料和人员等进行协调与控制，形成面向订单的控制系统。其最主要的特点是信息的沟通与共享。其控制过程的任务包括：① 对整个供应链过程进行面向订单的监督和协调检查；② 规划一个订单工程的计划完成日期和完成工作量指标；③ 对订单工程对象的运行状态进行跟踪监控；④ 分析订单工程完成情况，与计划进行比较分析；⑤ 根据客户需求变化和订单工程完成情况提出切实可行的改进措施。

订单控制过程可以用订单运行流程图表示，如图 5-11 所示。

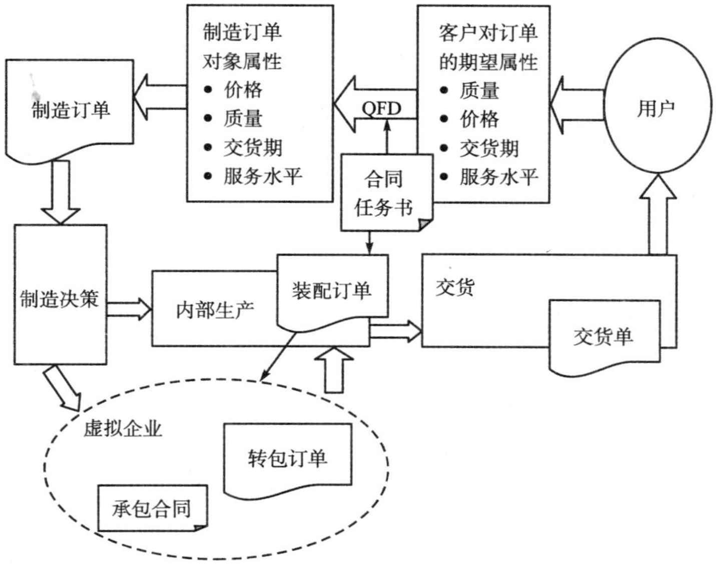

图 5-11 订单运行流程

5.3.3 供应链生产系统的协调机制与信息跟踪机制

1. 供应链协调机制

供应链企业可以利用电子数据交换（EDI）和 Internet 等技术手段，建立生产系统的协调机制，使信息无缝地、顺畅地在供应链中传递，使生产的各个环节衔接起来，避免“牛鞭效应”的产生，达到同步化响应市场需求变化、满足客户的不同需求的目的。

供应链的协调机制划分方法有两种：一是根据协调的职能划分，供应链的协调可以分为不同职能活动之间的协调（如生产—供应协调、生产—销售协调和库存—销售协调等）和同一职能不同层次活动的协调(如多个工厂之间的生产协调)；二是根据协调的内容划分，供应链的协调可划分为信息协调和非信息协调。

2．供应链信息跟踪机制

在供应链系统中建立信息跟踪机制可以对各个代理之间的服务信号进行有效的跟踪和反馈，从而促进企业生产与供应同步进行。

这种信息跟踪机制可以从信息和非信息两个方面对供应链进行协调。信息协调主要通过企业之间的生产进度的跟踪与反馈来协调各个企业的生产进度，保证按时完成用户的订单。非信息协调主要是指完善供应链运作的实物供需条件，采用准时制（JIT）生产与采购和运输调度方法等来协调各个代理间的关系。在供应链的信息跟踪机制中，最主要的是生产计划中的跟踪机制和生产进度控制中的跟踪机制，它们可以保证供应链中生产和其他主要任务的完成。

在生产系统中，供应链企业使用信息跟踪机制的根本目的是保证对下游企业的服务质量。跟踪机制在企业内部表现为客户（上游企业）的相关信息在企业生产系统中的渗透。其中，客户的需求信息（订单）成为贯穿企业生产系统的一条线索，促使生产计划、生产控制和物资供应相互衔接与协调。

5.4 供应链管理中的生产模式

近几十年来，许多战略管理思想、生产哲理以及生产和管理方法、生产手段在企业管理领域孕育、产生，并在不断完善的基础上，逐渐形成一些新的生产模式，如准时制生产、大规模定制生产和精益生产等。它们在不同时期有效地推动了生产管理和供应链管理的发展。

5.4.1 准时制生产

1．准时制生产的含义与基本原理

准时制（JIT）生产于 20 世纪 70 年代在日本丰田汽车公司诞生并发展起来，并在实践中获得了巨大的成功。准时制基于“任何工序只在需要的时候，按需要的量生产所需的产品或提供所需服务”的逻辑，按照产品的实际需求进行生产，其目的在于在原材料、在制品和产成品保持最小库存的情况下实现大批量生产。

准时制的基本原理是：当有一件产品卖出时，市场就从系统的终端（如总装线）拉动一个产品，于是形成了对生产线的订货；总装线工人从物流的上游工位拉动一个新产品补充被取走的产品，这个上游工位又从更上游的工位拉动产品；重复这一过程，直到原材料的投入工序。也就是说，准时制要使实际的生产周期等于对产品作必要加工的增值时间，消除非生产时间和一切无效活动，在生产中永无止境地追求尽善尽美。

2．准时制的实现方法

（1）适时适量生产。即在需要的时候，按需要的量生产所需的产品或提供所需的服务，它强调的是“准时”和“准量”，其方法主要是生产同步化、生产均衡化和“看板”管理等。所谓生产同步化，就是工序间不设置仓库，前一工序的加工结束后，使其立即转到下一工序去，装配线与机械加工几乎平行进行，产品被一件一件连续地生产出来。生产同步化要依赖于相应的设备布置（例如，由机群式布置改为按照加工工件的工序顺序布置）以及缩短作业更换时间等方法。

（2）弹性配置作业人数，即“少人化”，是指根据生产量的变动，弹性地增减各生产线的作业人数，尽量用较少的人力完成较多的生产。其相互关联的条件是：适当的设备配置；有训练有素、具有多种技艺的作业人员，即“多面手”；经常审核和定期修改标准作业组合。

（3）保证质量，主要是实施全面质量控制（Total Quality Control，TQC）。全面质量控制是以零缺陷为目标，以生产过程的质量检测为核心，在生产操作过程中进行质量控制，将缺陷消灭在产品生产过程之中；制造单元内的生产工人同时也是质量检验和检测人员，在生产加工的操作过程中进行连续的自我质量监控。一旦发现缺陷，便在生产线上及时解决和纠正，杜绝任何残次品或缺陷从前一道工序转入下一道工序。

除此之外，还要采取一些其他措施，如减少机器设备的调整和准备时间，进行防护性的设备维护，与供应商建立良好的伙伴关系等。

5.4.2 大规模定制生产

1．大规模定制生产的基本思想

“大规模定制”的概念最早由斯坦·戴维斯在《未来理想》中提出。大规模定制生产（MC）是指个性化定制产品和服务的大规模生产，其核心是产品品种的多样化和定制化。它把大规模生产和定制生产这两种生产模式的优势有机结合起来，在不牺牲企业经济效益的前提下，了解并满足单个客户的需要。

大规模定制思想主要体现在，通过产品结构和制造过程的重组，运用现代信息技术、新材料技术和柔性制造技术等，把产品的定制生产问题全部或部分转化为批量生产，以大量生产的成本和速度，为单个客户或小批量、多品种市场定制任意数量的产品。

2．大规模定制的设计

为了有效地实现大批量定制，在产品设计的早期阶段进行整体概念设计的同时，要考虑范围经济性和批量经济性；重点是建立合理的产品族结构，同时完成一组产品的设计，而不只是一个产品；设计应符合个体客户对产品的需求，设计过程必须从传统的设计和制造集成扩展到销售、服务等部门。设计流程在设计领域和产品族方面的扩展如图 5-12 所示。

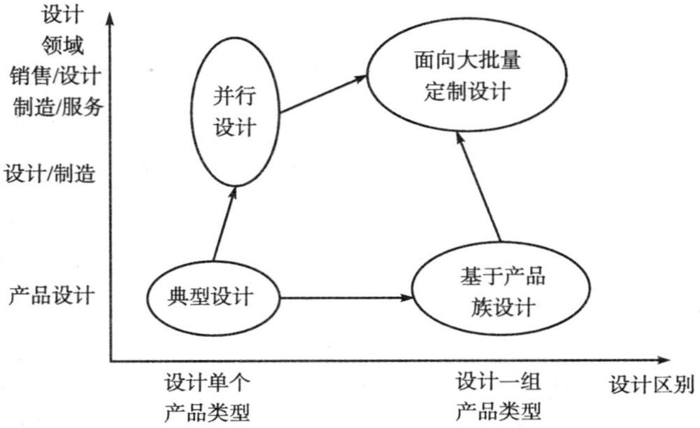

图 5-12　设计流程领域和产品族方面的扩展

要完成大规模定制的设计，需要对传统的设计流程作以下几方面的改进：

（1）将产品设计分成产品开发和快速设计两个阶段。产品开发阶段对企业的客户群进行定位，分析已拥有的客户需求，预测未来的客户需求，建立相应产品族结构，形成完善的变型机制。快速设计阶段则以产品配置器为主要工具，结合定制设计，快速实现随时到来的客户需求。

（2）工作流程并行。它通过产品设计和制造等领域活动的并行来缩短产品的开发时间。并进一步扩展到产品的销售和服务等领域，成为产品全生命周期的并行。

（3）加强流程间合作。企业如果存在不同的产品族，在产品族的开发阶段应加强流程之间的合作，在产品的模块划分和零部件设计中取得一致，尽量采用相同的设计成果，促进设计成果重用，增加可同时制造的零件数量，形成批量经济性。

3．大规模定制的制造技术

大规模定制生产必须在满足低成本和质量要求的条件下具有柔性与快速响应能力。从制造系统的构成方式和控制方式等方面来看，适合大规模定制生产的关键技术有：

（1）制造系统模块化。模块化的生产单元有标准的接口，因而具有良好的可替换性，当用户需求变化或出现意外故障时可以通过模块间的替换满足动态的需求变化。

（2）动态组合的布局方式。在制造系统模块化的基础上，将生产线按照功能分解成小型生产线模块，形成可动态组合的生产线布局方式。

（3）柔性物流系统。其目标是可以传输任何体积、重量和形状的物品；不需要轨道，没有路线的约束；保持高传输速度；缩短安装时间；增加智能化向导能力和自恢复能力。这就需要建立可重组的硬件系统（如将传送带模块分为线性传送带模块和连接传送带模块），建立开放的、可重组的柔性物料处理软件系统，并将二者有机结合起来。

（4）动态响应的控制结构。目前制造系统主要有三种控制结构，即集中控制结构、递阶控制结构和异构控制结构。其中，异构控制结构属动态响应的控制结构，它将系统分解成近似独立的实体，使实体通过预先定义的通信接口进行合作，并使每个实体具有高度自治性，可以快速响应环境变化。大规模定制制造系统可以采用异构控制结构。

（5）减少生产准备时间。其主要方法有把零件分发到所有需要使用的地点；使用通用夹具或可以快速更换的夹具；将非柔性的零件合并为通用的标准化零件；通过柔性程序控制，加工更多种类的零件；减少人工的各种准备。

（6）应用延迟技术。通过对产品构造差异点的分析，将产品构成单元分成通用的部分和定制的部分；应用生产延迟策略延迟产品差异点部分的生产，应用物流延迟策略延迟在制品向第二阶段的移动和配送，直到获得市场足够的需求信息才向下游移动；通过加工制造形成产成品。运用延迟策略进行产品最后的生产和集中装配，将定制产品的生产问题转化或部分转化为批量生产问题。也就是说，通过采用标准化的模块、零部件和标准的生产作业，使相同程序制作过程尽可能最大化，而体现个性化定制需求或最终需求部分的差异化过程尽可能被延迟。这样就可以解决供应链过程中大量定制生产中成本和速度两大问题。

5.4.3 精益生产

1. 精益生产的基本思想

精益生产是源于日本丰田准时制生产，经美国学者与制造商合力研究，于 20 世纪 90 年代形成的一套新的生产方式和理论方法体系，是准时制生产的发展和延续。其基本思想就是通过发挥人的创造能力，不断地寻找并消除企业生产活动中各种浪费的原因，包括员工关系、供应商关系、技术水平和原材料、库存的管理等方面的因素，以越来越少的投入——人力、设备、时间和场地等，创造出尽可能多的价值，同时也越来越接近用户，为他们提供需要的东西。

精益生产要求企业在产品上“尽善尽美”、“精益求精”，并实现三个子目标：零库存、高柔性（多品种）和无缺陷。尽管这是一种很难实现的理想，但人们只要不断追求就会缩短与理想之间的距离。精益生产在改变生产方式的同时，还改变着一系列传统的认识，改变着人的思维方式和人与人之间的相互关系。

2. 精益生产体系的特征

（1）以用户为导向，了解用户的要求，以最快的速度和适宜的价格，以高质量的适销新产品去抢占市场。

（2）以人员为本位，大力推行适应市场竞争的小组工作方式，充分发挥员工的积极性和创造性。

（3）以精简生产过程为手段，消除生产过程中的一切多余环节，实行精简化运作。

（4）以产品零缺陷为最终目标，依靠无缺陷质量控制体系，重点抓好缺陷预防。

3. 精益生产体系工作小组

精益生产体系的基础是计算机网络支持下的小组工作方式，在生产组织上采取“精简、消肿”的对策，成立生产一线工作小组。这种小组是企业集成各方面人才，如机、电、工具、技术、工艺和计划调度等人员，在计算机网络的支持下，组成面向项目的综合工作组。一个工作小组全面负责一个产品型号的开发和生产，包括设计、编制预算、材料购置、生产准备和投产等工作，并根据实际情况及时调整原有的设计和计划。小组工作方式具有组织技能综合性、管理活动自主性和工作过程平行性等特点。

4. 精益生产体系的支柱

在小组工作方式的基础上，精益生产体系有三大支柱，即准时制（JIT）生产、成组技术（Group Technology，GT）和全面质量管理（Total Quality Management）。

成组技术是实现多品种、小批量、低成本、高柔性、按客户订单组织生产的技术手段。根据加工对象的结构、加工工艺和生产组织等方面的相似性，以叠加批量等方式扩大生产过程的规模。成组技术的具体形式有成组加工中心、成组生产线和成组流水线等。

全面质量管理的核心思想是企业的一切活动都围绕着质量来开展。它强调包括产品质量、工程质量和工作质量在内的全面质量；要求用优秀的工作质量保障工程质量，即把影响质量的人、机器设备、材料、工艺、检测手段和环境等全部纳入控制范畴；强调用优秀的工程质量和工作质量保障产品与服务质量；强调全员应用一切可以运用的方法进行质量管理活动，通过全过程质量控制，最终使客户满意。

5.4.4 敏捷制造

1. 敏捷制造的含义和特点

1988 年，美国里海大学艾科卡（Iacocca）研究所组织的联合研究组，撰写了著名的题为“21 世纪制造企业战略”的报告，提出了“敏捷制造”的概念。我国的 863/CIMS 课题专家组也于 1993 年开始对敏捷制造进行了跟踪和研究。

敏捷制造（Agile Manufacturing，AM）是一种能够对复杂多变的市场做出敏捷的反应，从而很好地满足客户需求（包括产品需求和服务需求）的制造组织和制造方式。其基本思想是通过对企业经营有关的人、技术和其他各方面因素统筹考虑，以虚拟经营方式捕捉市场机遇、增强抗风险能力，充分、高效地利用企业内外部资源获取竞争优势。

敏捷制造生产模式以向客户及时提供所需求的产品为主要目的，是在具有创新精神的组织和管理结构、先进制造技术（以信息技术和柔性智能技术为主导）、有技术和智慧的管理人员三大类资源支柱支撑下实施的，也就是将柔性生产技术、有技术和知识的劳动力与能够促进企业内部和企业之间合作的灵活管理集中在一起，通过共同的基础结构，对迅速改变的市场需求和市场进度做出快速响应。

2. 敏捷制造的特征

敏捷制造的基本特征有：① 产品系列的寿命较长。产品一般是根据客户需求重新组合的或更新替代的产品，而不是全新产品。② 信息交换迅速准确。它要求企业不但要从用户、供应商和竞争对手那里获得足够信息，还要保证信息传递快捷、准确。③ 以订单组织生产。通过将一些重新编程、可重新组合、可连续更换的生产系统结合成为一个新的、信息密集的制造系统，做到生产成本与批量无关。

3. 敏捷制造的基本要素

敏捷制造系统主要包括三个要素，即生产技术、组织方式和管理手段。

（1）生产技术。具备产品创新设计的能力，可以利用计算机的过程模拟技术进行产品设计和开发，并利用高度柔性的设备按市场需求任意批量且快速灵活地制造产品。

（2）组织方式。它要求企业能够形成高度柔性的、动态联盟式的企业；有能力把分布在不同地方的企业资源集中起来，以内部团队和外部团队等形式随时构成虚拟企业。

（3）管理手段。以灵活的管理方式实现组织、人员与技术的有效集成，尤其是发挥人的作用。在管理方法上要求运用先进的管理方法、计算机管理技术和业务流程重组（Business Process Reengineering，BRP）等进行全过程管理。

5.4.5 计算机集成制造

1. 计算机集成制造与计算机集成制造系统的概念

计算机集成制造（Computer Integrated Manufacturing，CIM）的概念由美国约瑟夫·哈林顿博士于1973年提出来，20世纪80年代逐渐被人们广泛接受并付诸实施，但目前它还没有一个统一的定义。国际标准化组织（ISO）的一个工作小组（ISO/TC184/SC5/WGI）在1992年提出的CIM定义是："CIM把人的经营知识及能力与信息技术、制造技术综合应用，以提高制造企业的生产率和灵活性，由此将企业所有的人员、功能、信息和组织诸方面集成为一个整体。”

CIM是组织现代生产的一种指导思想，其核心在于集成。CIM不是全盘自动化，也不是单纯的技术互连，或者自动化加计算机化，而是要把人与经营系统、技术系统三者紧密结合起来。

计算机集成制造系统（CIMS）就是在CIM思想指导下，逐步实现企业全过程计算机化的综合人机系统。它是一种基于CIM理念而构成的数字化、虚拟化、网络化、智能化和集成化的制造系统，是信息时代的新型生产模式。不论其计算机技术应用的广度和深度处于什么阶段，只要全局规划是明确的，确实按照CIM思想指导着企业的体制改革和技术改革，都可称为CIMS。

2. CIMS的基本构成

单从技术组成的角度看，CIMS包含四个应用分系统和两个支撑分系统，如图5-13所示。四个应用分系统是管理信息系统、工程设计系统、质量保证系统和制造自动化系统。两个支撑分系统则是数据库系统和通信网络系统。

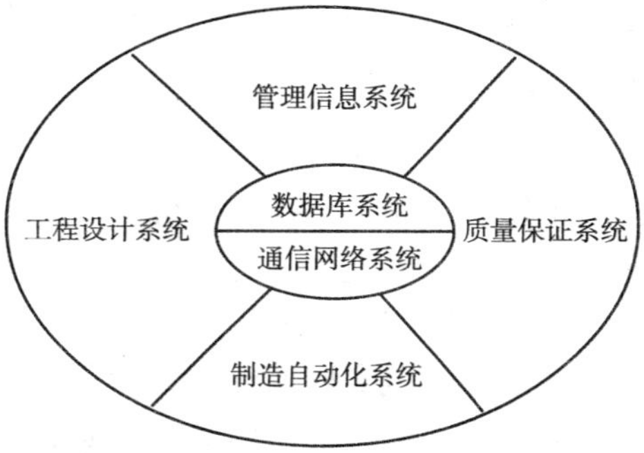

图5-13　CIMS的技术组成

CIMS在运用中与之相结合的现代企业生产管理方法或生产模式有优化生产技术、制造资源计划、企业资源计划、准时制生产、精益生产、敏捷制造、柔性生产、基于并行工程的产品开发与生产等。

3. CIMS的作用

CIMS有利于信息及时、准确地交换，保证了数据的一致性，从而能够提高产品质量，缩短产品开发周期，提高生产效率，带来更多的效益。据英国生产管理协会介绍，采用CIMS可以获得的效益是：设计效率提高4～30倍；设计费用降低15%～30%；生产提前期缩短30%～70%；生产率提高30%～60%；库存费用下降30%～70%；劳务费下降5%～25%。我国曾在多个行业内实施863/CIMS应用示范工程，将CIMS与传统产业改造相结合，取得了明显效果和示范带动作用。

本章小结

适应市场环境的变化，供应链中生产系统的有关概念、生产模式、计划与控制和物流管理等被赋予了新的内涵。受整个供应链的柔性约束、生产进度和生产能力等方面的影响，供应链中的生产计划编制形成了纵向和横向信息集成、能力平衡被扩展和计划循环过程被延伸等特点，供应链中的生产控制表现出控制难度大、生产节奏控制更严格、提前期管理影响更大、信息实时反馈和协同合作程度更高等特点。

制造资源计划（MRP Ⅱ）是在物料需求计划（MRP）基础上发展起来的，它使生产、销售、财务、采购和工程技术等活动以及相关资源紧密结合在一起，具有计划一贯性与可行性、管理系统性、数据共享性、环境适应性、物流与资金流统一、充分利用资源等特点。企业资源计划则把企业的业务流程看做是一个紧密连接的供应链，并将企业内部划分成各种相互协同作业的支持子系统，然后整合优化企业所有的资源，以实现生产的计划与控制，在功能上比 MRPII 有重大跨越，更适应混合型制造环境、事先计划与事中控制等情况。供应链管理中的生产计划与控制总体模型将供应链上供应商信息、零售商信息和分销商信息以及核心企业信息集成起来，共同作用于企业生产计划与控制，体现了集成化供应链管理的思想。

准时制生产、大规模定制生产、精益生产、敏捷制造和计算机集成制造等都是随着社会生产与科技的发展而产生的新的生产模式，它们逐渐形成了各自的基本思想、特点和结构体系，适应于不同的生产环境条件。

案 例

惠普公司的 DeskJet 打印机供应链①

惠普公司（Hewlett-Packard，HP）成立于 1939 年。HP 台式机于 1988 开始进入市场，并成为 HP 公司的主要成功产品之一。但随着台式机销售量的稳步上升，库存的增长也紧随其后。在实施供应链管理之后，这种情况得到了改善。

DeskJet 打印机是 HP 的主要产品之一。该公司有 5 个位于不同地点的分支机构负责该种打印机的生产、装配和运输。产品分别销往美国、欧洲和亚洲。从原材料到最终产品，生产周期为 6 个月。以往的生产和管理方式是各成品厂装配好打印机之后直接进行

① 改编自：王耀球，施先亮．HP 台式打印机供应链的延迟制造．供应链管理．北京：机械工业出版社，2005.

客户化包装，为了保证 98%的客户订单即时满足率，各成品配送中心需要保存大量的安全库存（一般需要 7 周的库存量）。

HP 打印机的生产和研究开发节点分布于 16 个国家，销售服务部门节点分布于 110 个国家，而其产品种类超过 22 000 种。公司在北美、欧洲和亚太地区各设立一个分销中心。欧洲和亚洲地区对于台式打印机电源供应（电压 110V 和 220V 的区别，以及插件的不同）和语言（操作手册）等有不同的要求。以前这些都由温哥华的公司完成。这样一种生产组织策略，可称为“工厂本地化”（Factory Localization）。HP 的分销商都希望尽可能降低库存，同时尽可能快地满足客户的需求。这就加大了公司及时供货的压力。公司不得不采用备货生产的模式以保证对分销商供货准时，这样分销中心的安全库存很高。制造中心的生产是拉动式的，计划的生成是按照准时制（JIT）模式满足分销中心的目标安全库存，同时它本身也必须建立一定的零部件和原材料安全库存。

零部件与原材料的交货质量（到货时间推迟、到货错误等问题）、内部业务流程和需求等的不确定性导致不能及时补充分销中心的库存，需求的不确定性导致库存堆积或者分销中心的重复订货。

将产品海运到欧洲和亚太分销中心需要用大约一个月的时间，这么长的提前期导致分销中心没有足够的时间去对快速变化的市场需求做出反应，欧洲和亚太地区就只能以扩大安全库存来保证对用户需求的满足。

HP 公司认为，减少库存，并同时提高服务质量是温哥华 HP 公司管理的重点。企业管理者希望在不牺牲客户服务水平的前提下，加强供应商管理以降低供应的不确定性，并减少机器闲置时间。

为了解决存在的问题，HP 公司计划将供应商、制造点（温哥华）、分销中心、经销商和消费者作为 HP 台式打印机供应链的各个节点，组成一个由采购原材料、把它们转化为中间产品和最终产品，运送产品到用户手中的过程所组成的供应链网络。

在这个新的供应链中，主要的生产制造过程由在温哥华的 HP 公司完成，包括印刷电路板、组装与测试（Printed Circuit Board Assembly and Test，PCAT）和总机装配（Final Assembly and Test，FAT）。在 PCAT 过程中，电子组件（如 ASIC、ROM 和粗印刷电路板）组装成打印头驱动板，并进行相关的测试；在 FAT 过程中，电动机、电缆、塑料底盘和外壳、齿轮、印刷电路板总装成打印机，并进行测试。其中的各种零部件和原材料由 HP 的子公司或分布在世界各地的供应商供应。在温哥华生产的通用型打印机运输到欧洲和亚洲后，再由当地分销中心或代理商加上与地区需求一致的变压器、电源插头和用当地语言写成的说明书，完成整机包装后由当地经销商送到消费者手中。这种生产组织策略称为“分销中心本地化”（DC-Localization）。产品设计上也有一定变化，电源等个性化需求的部件设计成了即插即用的组件。

这些改变大大缩小了库存量，现在只需要5周的库存量来满足生产需求，一年大约可以节约3 000万美元，电路板组装与总装厂之间也基本实现了无库存生产。同时，打印机总装厂对分销中心实施准时制（JIT）供应，以使分销中心保持目标库存量（预测销售量+安全库存量）。同时，通过实施供应链管理还改善了HP公司的服务水平，并减少了因原材料供应而导致的生产不确定性和停工等待时间。

由于通用打印机的价值低于同等数量的个性化产品，又进一步节省了运输和关税等费用。

除了降低成本，延迟策略还使得产品在企业内的生命周期缩短，这对外界的需求变化具有很好的适应性。一旦发现决策错误，可以在不影响客户利益的情况下迅速地纠正。

复习思考题

1. 如何理解供应链中生产系统的概念？
2. 供应链生产系统中物流管理的基本任务是什么？
3. 对本章案例中HP公司的生产系统进行分析。
4. 结合本章案例，阐述供应链管理中生产控制的特点。
5. 简述物料需求计划（MRP）和制造资源计划（MRPⅡ）的基本思想。
6. 企业资源计划（ERP）的基本思想和特点是什么？
7. 简述准时制生产的基本原理和实现方法。
8. 简述大规模定制生产的基本思想及所使用的技术。
9. 根据案例，请画出惠普的供应链的流程图，并分析惠普运用了哪些生产技术。
10. 根据案例，分析延迟策略对企业的供应链有哪些重要影响，实施延迟策略的前提是什么。

第 6 章

供应链管理中的信息技术

本章学习目标

- ◇ 了解供应链中信息的特点、作用和信息技术的作用及其种类。
- ◇ 了解 Internet、Intranet 与 Extranet 的相互关系，理解基于 Internet/Intranet/ Extranet 的管理信息技术集成和供应链信息组织与集成模式。
- ◇ 掌握供应链管理中一些信息系统的基本含义和原理，了解其基本构成、功能和作用等内容。

6.1 信息技术与供应链管理

随着经济的发展和消费者需求的个性化，以及信息技术的高速发展，市场竞争的加剧，需求的波动频率加快，波动幅度加大，企业经营面临着更加不确定的外部环境。为适应新的市场竞争环境，广泛利用信息技术，企业从组织结构和管理模式等方面进行了大胆的创新与改革。如前所述，供应链管理作为一种新的企业管理模式，越来越受到人们的重视。Internet 的迅速发展，为供应链管理提供了便利。信息技术已经成为影响供应链管理效率和水平的最重要的因素之一，它在供应链管理中的应用非常广泛。

6.1.1 供应链管理中信息的特点和作用

供应链管理中的信息是整条供应链有关产品的生产与流通的信息和供应链所处环境的有关信息。这些信息主要包括供应源信息，如产品供货期、价格、种类和特性等；生产信息，如产品品种、数量、工厂情况、供货期、成本和批量等；配送和零售信息，如货物流向、送货地点、数量、方式、价格、库存和供货期等；需求信息，如需求者、购买量、价格和需求分布等。

1. 供应链管理中信息的特点

供应链由多个独立的企业构成，它是一个虚拟的扩展企业，不仅涉及单个企业内部的信息集成，而且涉及所有供应链节点企业的信息集成。因此，与单个企业管理信息相比，供应链管理中的信息有许多新特点：

（1）信息流动范围广。信息的流动跨越不同部门和企业，纵向延伸到供应链的源头和最终端的消费者，横向扩展到社会的许多方面。

（2）以消费者服务为核心。供应链管理模式是在企业联合的基础上，通过合作，共同提升供应链整体价值，实现节点企业共赢，信息传递的最终目的是按照消费者的真正需要提供服务。

（3）信息量大，来源多样化。由于供应链组成复杂，各种活动和环节多，所以信息量很大。信息来源包括企业内部和外部供应链以及社会其他方面，同时还包括供应链上采购、生产、分销、运输、配送和仓储等几乎全部环节的所有信息。

（4）信息处理难度大。供应链信息处理的难度不仅因为信息来源不同和信息量大，而且由于节点企业及其在不同时间，其关注的重点和追求的目标不同，并且这些目标之间还有可能存在矛盾和冲突，因而所传递的信息对于整个供应链管理的价值差异很大。

从理论上说，掌握的信息越多，越有利于供应链管理，但收集信息是需要成本的，而且收集的信息越多、越详细，花费的代价越大。因此，在实际的供应链管理过程中，并非信息越多、越详细越好，而是综合考虑信息的价值和收集信息的成本，尽可能以较低的成本收集价值较大的、及时的准确信息。这就使供应链信息处理比单个企业的信息处理更加复杂。

2. 供应链管理中信息的作用

供应链作为一个虚拟的扩展性的企业，其内部结构复杂，各节点企业相互依赖。整个供应链的运营效率取决于节点企业的协同行动，而信息及其有效传递是各企业协同行动的基础。随着社会经济的发展，供应链的规模不断延伸，其结构更加复杂，信息的重要性也显得越来越突出。信息在供应链管理中的作用可以概括为以下几个方面：

（1）信息是供应链最重要的驱动要素。没有信息，供应链中的供应、生产和分销等各个部门或组织的运作就失去了依据，就无法有效地按照市场的实际状态合理分配人员、设备和资金等。

（2）信息能很好地将供应链的驱动要素紧密结合起来，创造统一、协调的供应链。如果没有信息或信息交流不充分，供应链中各个部分、各个环节和各项活动就可能相互分割或独立，难以形成统一的整体供应链网络。

（3）信息能帮助管理者做出最好的决策。决策者必须掌握必要的、及时准确的信息，才能了解整条供应链的情况，并根据影响供应链的相关因素制定供应链战略，做出正确的决策。

6.1.2 供应链管理中信息技术的应用与作用

1. 供应链管理中信息技术的应用

信息技术（Information Technology，IT）是关于信息的产生、发送、传输、接收、变换、识别和控制等应用技术的总称，是在信息科学的基本原理和方法的指导下扩展人类信息处理功能的技术。在供应链管理中的信息技术包括在整个供应链中用以收集、处理和分析信息的硬件与软件，主要应用于以下几个方面：

（1）收集信息。收集并汇总每个产品在制造、运送到销售过程中所有相关的信息，并且为供应链所有成员提供较高的信息透明度。

（2）存取资料。供应链中需要使用某些信息的任何相关企业及其人员，都可以通过任何执行界面设备取得相同的即时资料。也就是说，任何相关企业与人员可以从任何单一接触点（Single-Point-of-Contact）中存取系统里的任何信息。

（3）供应链的分析和规划活动。包括对整个供应链中的信息进行分析，以及对供应链中的采购、生产、仓储和运输等活动进行最优规划。

（4）充当供应链伙伴间沟通和交流的工具。供应链伙伴间充分交流与沟通，是实现风险共担，信息分享的必要条件，相关的信息技术是可靠的物质基础。

（5）对供应链进行日常管理。如企业运用 EDI，MIS 和 MRP 等信息系统对企业内部以致整个供应链进行管理。

2. 供应链管理中信息技术的作用

先进和适用的信息技术，对于供应链管理和企业管理发挥着重要作用：

（1）信息技术支持供应链管理所有方面的运作。如地理上分散的流程团体的网络化，渠道策略和运作的集成，供应链中的存货管理、运输计划和自动补库等，没有信息技术的支撑是根本不可能的。

（2）供应链管理组织的建立离不开信息技术的支持。传统的组织已不适应供应链管理的要求，只有建立以流程为基础的供应链组织，才能实现有效的供应链管理，而以流程为基础的组织的建立，不论是虚拟企业、动态协作，还是知识联网，都需要信息技术的支持。

（3）供应链集成的实现离不开网络化信息技术的支持。信息技术使企业在不断变化的关系模式中彼此之间、与客户之间、与供应商之间进行协同，从而能够实现对企业内外的资源进行集成。

（4）信息技术可以削弱或消除由信息传递失真引起的牛鞭效应。以分布式开放系统为基础的共享数据库系统的应用，可以使企业传递并处理大量的信息，使各种信息在供应链中公开透明，避免信息传递失真，可以削弱或消除供应链上的牛鞭效应。

（5）几乎所有的供应链管理方法都充分利用了信息技术。许多典型的供应链管理方法，如快速反应、有效客户反应、物料需求计划等都离不开各种信息技术的应用。

6.1.3 供应链管理中信息技术的分类

供应链管理中用到的信息技术很多，这里将其归纳并列入表 6-1 中。从中可以看出，供应链管理几乎涉及了目前所有的信息技术。这些信息技术可以从不同的角度去理解，因此它们可以分成不同的种类。

表 6-1 供应链管理中的信息技术

序号	技术名称	序号	技术名称
1	因特网（Internet）	18	神经网络（Neural Net）
2	外联网（Extranet）	19	物料需求计划（MRP）
3	内联网（Intranet）	20	制造资源计划（MRP Ⅱ）
4	广域网（WAN）	21	企业资源计划（ERP）
5	局域网（LAN）	22	供应链管理信息系统（SCMIS）
6	网格（Net Grid）	23	联合预测、计划与补货系统（CPFR）
7	计算机辅助软件工程（CASE）	24	高级计划与排程系统（APS）
8	电子邮件（E-mail）	25	决策支持系统（DSS）
9	专家支持系统（ESS）	26	计算机集成制造系统（CIMS）
10	电子数据交换（EDI）	27	配送需求计划（DRP）
11	面向对象的编程系统（OOT）	28	自动订货（CAO）系统
12	电子商务（EC）	29	连续商品补充（CRP）
13	地理信息系统（GIS）	30	应用服务提供（ASP）
14	全球卫星定位（GPS）	31	超级文本传输协议（HTTP）
15	WWW 技术	32	文件传输协议（FTP）
16	卫星通信（Satellite Communication）	33	计算机技术（Computer Technology）
17	并行系统（Parallel System）	34	客户/服务器模式（C/S）

续表

序号	技术名称	序号	技术名称
35	人工智能（AI）	39	图像处理技术（Image Processing Technology）
36	数据库技术（Database Technology）	40	前台处理系统（POS）
37	条形码技术（Barcode Technology）	41	工作流自动化（Work Flow Automation）
38	射频识别技术（RFID）	42	多媒体技术（Muli-Media Technology）

按照对信息的作用，信息技术可以分为信息基础技术、信息处理技术、信息应用技术和信息安全技术。信息基础技术包括微电子技术、光子技术、光电技术和分子电子技术等；信息处理技术包括信息获取技术、信息传输技术、信息加工技术和信息控制技术等；信息应用技术包括两类，一类是以管理信息系统（MIS）技术为代表的技术，另一类是生产领域的信息应用技术，主要代表是计算机集成制造系统（CIMS）；信息安全技术主要有密码技术、防火墙技术、病毒防治技术、身份鉴别技术、访问控制技术、备份与恢复技术和数据库安全技术等。

按照信息技术对供应链管理的支撑作用，供应链管理中所用到的信息技术可以分为基础信息技术与信息系统。基础信息技术是指那些最为基础的单元信息技术，如条形码技术、自动识别与数据采集技术、电子数据交换技术等；而信息系统是指那些以计算机为核心的集成系统或产品，如企业资源计划、计算机集成配送、自动补货系统、财务系统、供应链决策系统、高级策划与排程系统等。一般集成的信息系统包含了多种信息系统与核心信息技术的集成。6.3 节将重点介绍一些典型的信息系统。

6.2 基于 Internet/Intranet 的供应链管理信息技术

如今，随着 Internet 的迅速发展，人们已经感受到它对整个世界的巨大影响。Internet 为个人带来了生活、工作和精神方面的影响，但对供应链和企业来说，则会带来生存和发展的机遇与挑战。因此，基于 Internet 的信息技术也是供应链管理中一个非常重要的内容。

6.2.1 Internet、Intranet 与 Extranet 的关系

Internet 即因特网，它原来是美国的一个军用网，后来发展成为一个民用网。它是由许多计算机网络用 TCP/IP 协议连接而成的全球性的巨型网，它可以使网上的计算机之间快捷、有效、方便地进行互相通信、共享信息。Internet 技术无所不包，且对任何人开放。它灵活到既可以在一个组织（Intranet）内部运行，也可以在外部（Public Internet）开放环境

中运行，或其他安全形式（Extranet）下运行。

在供应链管理中，随着上网技术的发展和成熟，Internet 技术为供应链成员信息共享和交流提供了相对方便、快捷和廉价的方式，使他们可以不受空间限制地从事商业活动，从而强化了企业间的联系，使之形成共同发展的生存链和价值链。

Intranet 是一种内联网。从技术上说，它是连接一系列使用标准 Internet 协议的客户网络。它是存在于一个或者多个由安全或虚拟网络连接在一起的、防火墙之后的、一些基于 IP（Internet Protocol，网际协议）的节点组成的网络。Intranet 是 Internet 技术在企业内部的表现。如果一个公共网络连接了两个或以上的贸易伙伴，一般被称之为企业对企业的 Web，或者叫做 Extranet。从应用上说，Intranet 是一个组织内部使用 Internet 技术实现通信和信息访问的方式。在供应链中，它是一种协作信息网络，它可以将供应链中许多相互分离的业务功能，如物料管理、运输、生产、销售、财务管理和送货等集成在一起，如图 6-1 所示。事实上，Intranet 的用途是非常广泛的，它完全取决于用户的需求。

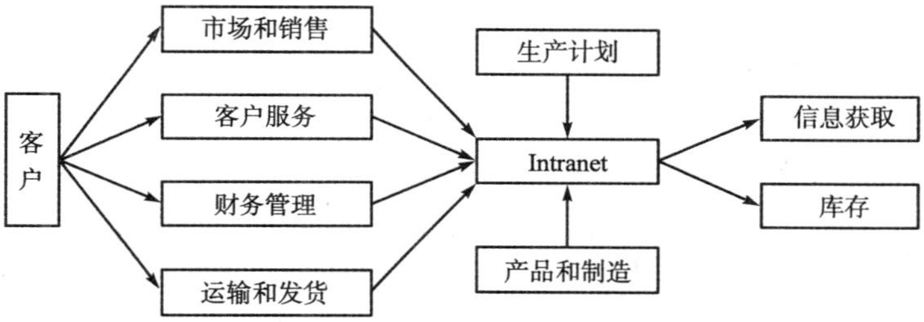

图 6-1 在 Intranet 基础上企业功能的集成

Internet 和 Intranet 二者间的关系如表 6-2 所示。

表 6-2 Intranet 与 Internet 的比较

Intranet	Internet
公共信息包	私有信息包
IP 协议族	IP 协议族
费用由公共使用者共同负担	费用由企业负担
用于问题管理	用于企业管理
原则性弱	原则性强
无强制性管理	中心强制管理
无控制性组织	企业控制

Extranet 也叫外联网，是 Internet 的另一种应用。Extranet 是将 Internet 的构建技术应用

于企业间的网络系统，它使企业与其客户、供应商相连并实现共同目标和交互合作。Extranet可以通过 Internet 或公司内部网络更新公司数据库，从而保持公司相互之间关系。与 EDI 相比，Extranet 由于使用的是公共网络，费用要便宜得多。另外，EDI 以通过标准的贸易单证完成企业间计算机到计算机之间的通信，而 Extranet 更多的是使用 Web 技术，一个企业的操作人员登录到另一个企业的主页上，通过填写网页上的单证完成交易。

综上所述，Internet、Intranet 和 Extranet 三者的区别和联系在于：Internet 是基础，是网络基础和包括 Intranet 与 Extranet 在内的各种应用的集合；Intranet 强调企业内部各部门的联系，业务范围仅限于企业内部；Extranet 强调各企业间联系，业务范围包括贸易伙伴、合作对象、零售商、消费者和认证机构。由此可见，Internet 业务范围最大，Extranet 次之，Intranet 最小。

6.2.2 基于 Internet/Intranet/Extranet 的管理信息技术集成

Internet 在供应链企业中的应用以及与 Intranet 的集成，是供应链中信息技术发展的趋势。由于 Intranet 面向企业内部，是企业内部凝聚各个部门每个职工的“蜘蛛网”，而 Internet 面对的是全球的用户，它是企业走向全球市场的“桥梁”。所以，如果实现 Internet/Intranet 的集成，即将管理信息系统的部分功能移到 Internet 上，或者是基于 Internet/Intranet 技术和思路开发管理信息系统，则集成后的管理信息系统将与传统的管理信息系统在操作运行模式上有相当多的不同，它实现了从传统管理信息系统向 Internet/Intranet 集成模式的转变，可以形成供应链的全球化信息资源网络，提高供应链网络的整体运行效率和管理效率。图 6-2 表示了这种管理信息系统模式的转变。

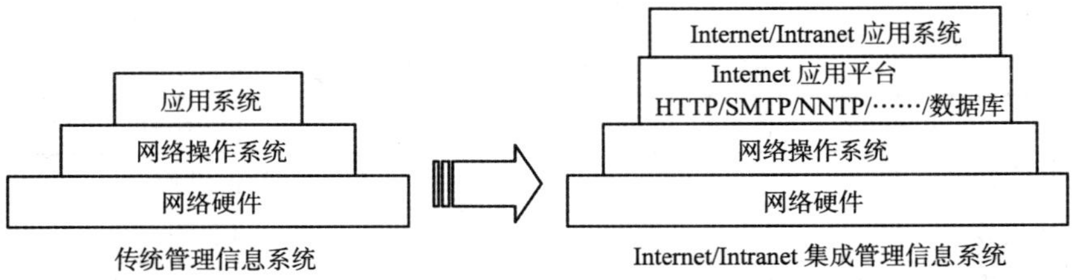

图 6-2　管理信息系统模式的转变

Internet/Intranet 集成基础上的管理信息系统的技术特点是：

（1）基于 TCP/IP 协议和 WWW 规范，在技术上与 Internet 同源。

（2）加强企业内部与外部信息沟通、资源共享和协同信息处理能力。对内可全面支持企业的经营管理决策和日常办公事务处理工作，对外可形成企业信息发布和产品宣传以及营销策略的工具。

（3）超文本链接简化了信息查询和检索，无所不在的浏览器窗口，实现了双向、全面，而且是不分地域、不限时间的信息沟通。

在 Internet/Intranet 集成网络环境下，供应链中企业内部与企业之间的信息交流通常都是通过双方的 IP 和主页来完成的。这种信息沟通方式无论从效率上，还是从时间上都是传统方式无法比拟的。这一过程如图 6-3 所示。

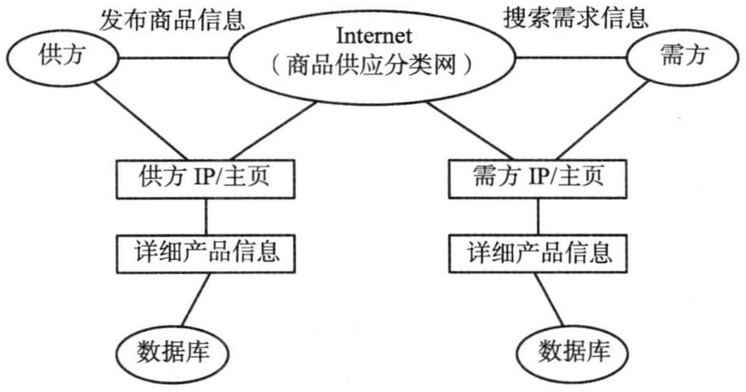

图 6-3 Internet/Intranet 集成环境下信息供需实现方式

6.2.3 基于 Internet/Intranet/Extranet 的供应链信息组织与集成模式

基于 Internet/Intranet 的供应链企业管理信息系统，可以使供应链的企业之间更好地实现信息的组织与集成。在供应链企业的管理信息系统中，一般企业可以通过高速数据专用线连接到 Internet 骨干网中，通过路由器与自己的 Intranet 相连，再由 Intranet 内主机或服务器为其内部各部门提供存取服务。计算机可以既是 Internet 的节点，又是 Intranet 的节点，它们之间范围的界定由服务范围和防火墙限定。这种基于 Internet/Intranet 的供应链企业信息组织与集成模式如图 6-4 所示，这也就是基于供应链管理的 Internet 和 Intranet 集成化管理信息系统的网络结构模型。根据该结构，供应链企业间可以充分利用 Internet 和 Intranet 建立三个层次的管理信息系统。

1. 外部信息交换系统

企业首先应当建立一个 Web 服务器，通过 Internet 一方面完成对企业在不同地域的分销商、分支机构、合作伙伴的信息沟通与控制，实现对客户的及时访问与信息收集；另一方面可以实现企业的电子贸易，在网上进行售前、售中、售后服务和金融交易。这样，企业就需要与交换对象签订协议，规定信息交换的种类、格式和标准。

2. 内部信息交换系统

企业的 Intranet 是企业管理信息系统的核心，这是因为企业的事务处理、信息共享和协同计算都是建立在 Intranet 之上，企业与外部交换信息也是以 Intranet 组织的信息为基础，而数据库服务器用于存储企业的基础数据和业务处理数据等。应用服务器则是 Web 服务器与数据库服务器的中间接口，完成两者的数据交换。这个系统主要由企业部门内部独立的个人计算机应用系统组成，主要涉及企业内部所有部门的业务流程。

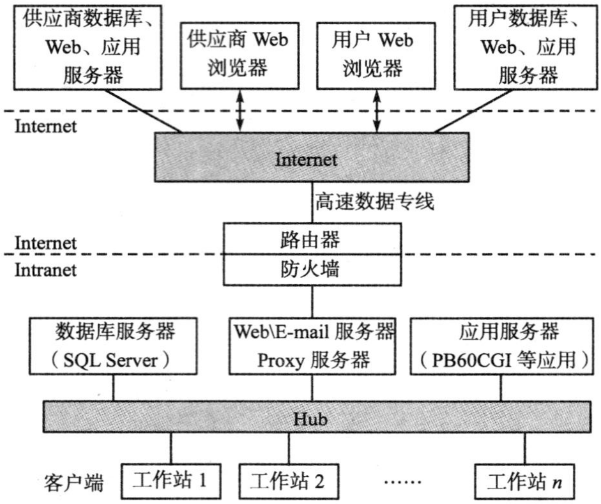

图 6-4　基于 Internet/Intranet 的供应链信息组织与集成模式

3. 信息系统的集成

通过 Internet 的“标准化”技术，将企业各部门的信息系统的结构、通信协议和文件标准等环节进行统一，以更方便、更低成本的方式来集成各类信息系统，使企业内外部信息环境集成为一个统一的平台整体。

在基于 Internet/Intranet 实现信息环境的组织与集成以后，供应链的成员企业之间也就形成了一个基于 Internet/Intranet 的集成网络结构，如图 6-5 所示。

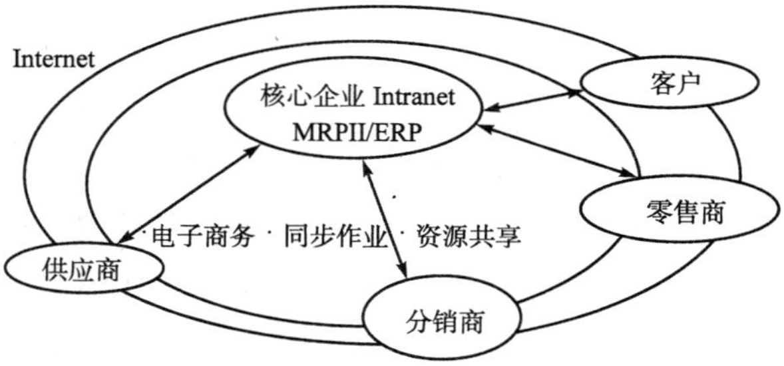

图 6-5　基于 Internet/Intranet 的集成网络结构

6.3 供应链管理中的信息交换技术

借助现代的信息交换技术，供应链成员之间可以进行有效的信息沟通，使供应链成员之间相互集成，实现一体化运作，同时降低运营成本。这些信息交换技术包括电子数据交换（EDI）及可扩展标记语言（Extensible Markup Language，XML）。

6.3.1 供应链管理中的 EDI

1. EDI 的概念

国际标准化组织（ISO）于 1994 年确认了电子数据交换（EDI）的技术定义："将商业或行政事务处理，按照一个公认的标准，形成结构化的事务处理或信息数据格式，从计算机到计算机的数据传输。"

EDI 系统的构成包括 EDI 软件，如转换软件、中间文件、翻译软件和通信软件等；硬件，如计算机、调制解调器和通信线路等；通信网络，包括直接连接和增值网络两种形式；数据标准，包括产业标准、国家标准和国际标准。EDI 的主要功能表现在电子数据传输的交换、传输数据的存证、文书数据标准格式的转换、安全保密、提供信息查询、提供技术咨询服务和提供信息增值服务等方面。

2. EDI 的作用

在供应链管理的应用中，EDI 是供应链企业信息集成的一种重要工具，特别是在全球进行合作贸易时，它是在供应链中连接节点企业的商业应用系统的媒介。实践中，EDI 技术可以为供应链及其成员企业带来许多利益。

（1）有助于供应链中的需求预测。企业可以利用 EDI 相关数据，对最终消费者的需求做出尽可能准确的预测，可以消除供应链上许多不确定性的因素，并同用户和供应商一起利用预测信息。

（2）节约时间。由于交易双方的信息经由计算机通信网络传输，瞬间即达，可大大缩短供应链各节点之间业务运作时间。

（3）降低成本，扩展业务范围。由于信息处理是在计算机上自动完成的，无须人工干预，所以除节约时间外也可大幅度降低业务处理过程中的差错率，从而降低资料出错的处理成本；由于减弱了不稳定性，供应链可以降低库存成本；还可以降低人事费用和交易文件成本。另外，企业业务较少受到地域的限制，企业增大视野，扩大业务活动范围。

世界上许多大公司采用了 EDI 系统。我们用一个实例来说明 EDI 的实践效果。美国的普罗克特—甘布公司是汽车运输公司的长期客户，它和 124 家汽车运输公司有业务往来，每个月要处理 3 000 件左右的运费账单。其中 65%的运费账单是由 EDI 处理的，与传统的运费账单处理方法相比，这样做不仅节约了大量人力，而且使处理工作中的错误减少 50%～75%。另外，使用 EDI 也使公司电话费用减少，业务开支减少。据一家为普罗克特—甘布公司服务的汽车运输公司报告，由于使用 EDI，在运费账单的处理和发送方面可以节约不少费用，平均每份运费账单的处理成本下降约 3.5 美元。

但是，EDI 由于投资大，缺乏开放性等原因，发展很慢，应用范围较小，国外一般都是一些大公司在使用。我国 EDI 应用起步较晚，目前一些沿海省市如广东、上海、江苏、浙江、山东、北京和天津等地区以及少数大公司有所应用。

3. 基于 EDI 的供应链信息组织与集成模式

基于 EDI 的供应链信息组织与集成模式如图 6-6 所示。其中结算中心是一个连接所有节点的增值网络。包含所有商务信息的 EDI 数据信息发送到结算中心后，结算中心根据不同节点的要求做出处理，然后将有关文档输送到相关节点。

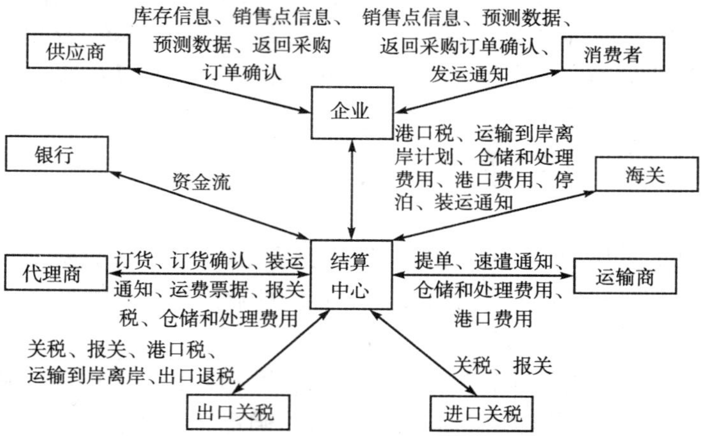

图 6-6　基于 EDI 的供应链信息组织与集成模式

基于 EDI 的信息集成后，供应链节点企业之间与有关商务部门之间也实现了一个集成，形成一个集成化的供应链，这就是基于 EDI 信息的企业集成模式，如图 6-7 所示。其基本过程是企业先将各子公司和部门的信息系统组成局域网（LAN），在局域网的基础上组建企业级广域网（WAN），相当于 Intranet，再和其他相关的企业和单位连接。企业和其他组织的通信连接方式是通过增值网（EDI 中心）或 Internet 进行的。

除了传统的 EDI 数据交换模式外，随着 Internet 的出现，企业也可以采用一种新的基于 Internet 的 EDI 模式：Internet/MIME 的 EDI 模式，如图 6-8 所示。由于 Internet 灵活多样的入网方式和开放统一的通信标准，消除了贸易伙伴之间的通信壁垒，而且收费标准低，带宽高，有利于降低 EDI 的通信成本和时间，因此，利用 Internet 传输 EDI 单证，更适合于供应商对零散用户的库存管理。另外，采用 Internet/EDI 模式，一方面丰富了 EDI 单证的交换方式，另一方面可以利用电子邮件传送多媒体的能力，丰富了 EDI 的内容，把传统的基于文本格式的单证扩展成多媒体形式，使单证图文并茂。如供应商向用户提供报价信息时，也提供商品的外观图像，有助于用户选择商品。

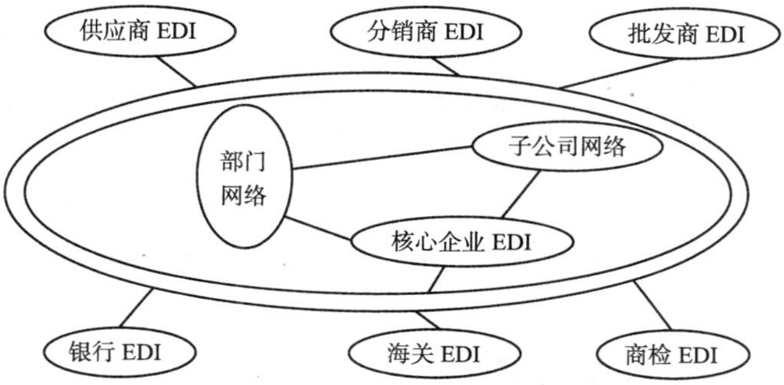

图 6-7　基于 EDI 信息的企业集成模式

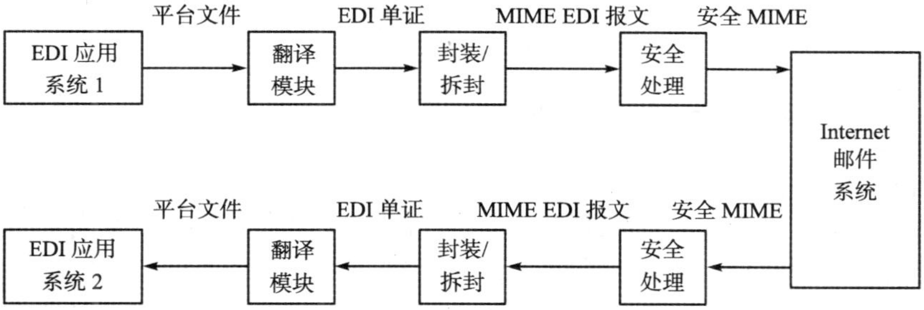

图 6-8　基于 Internet/MIME 的 EDI 模式

6.3.2　可扩展标记语言

1．可扩展标记语言概述

可扩展标记语言（Extensible Markup Language，XML），是一种半结构化的数据库描述语言，XML 可以描述任何数据结构。XML 使应用程序能够通过 Internet 进行通信。有了 XML，企业之间不仅可以通过应用程序共享数据，还可以调用其他应用程序的功能，而不考虑其他应用程序是如何生成的。

2．可扩展标记语言的优点

（1）可扩展性。XML 允许使用者创建和使用它们自己的标记而不是 HTML 的有限词汇表。企业可以用 XML 为电子商务和供应链集成等应用定义自己的标记语言，甚至特定行业一起来定义该领域的特殊标记语言，作为该领域信息共享与数据交换的基础。

（2）灵活性。XML 提供了一种结构化的数据表示方式，使得用户界面分离于结构化数据。所以，Web 用户所追求的许多先进功能在 XML 环境下更容易实现。

（3）易描述性。XML 文档通常包含一个文档类型声明，因而 XML 文档是自描述的，不仅人能读懂 XML 文档，计算机也能处理，这样就可以使供应链中的企业实现订单及其他信息的自动处理。

（4）通用性。XML 支持世界上几乎所有的主要语言，并且不同语言的文本可以在同一文档中混合使用，应用 XML 的软件能处理这些语言的任何组合。所有这一切将使 XML 成为数据表示的一个开放标准，这种数据表示独立于机器平台、供应商以及编程语言。

XML 为供应链中的信息交换带来新的机遇，目前，许多大公司和开发人员已经开始使用 XML，包括 B2B 在内的许多优秀应用已经证实了 XML 将会改变今后创建应用程序的方式。

6.4 供应链管理中的信息系统

供应链管理中的信息系统分为许多种类，它们以其各自的特点被应用于供应链管理之中。

6.4.1 管理信息系统的概念、功能与分类

1.管理信息系统的概念

管理信息系统（MIS）是运用系统的理论方法，以计算机网络和现代通信技术为工具与手段，对信息进行收集、传递、存储、加工处理，并能为管理决策提供信息服务的人—机系统，它能够提供信息，支持企业或组织的运行，管理和决策功能。所以它具有以下几个基本含义：

（1）管理信息系统是融合人的现代思维与管理能力以及计算机强大的处理、存储能力为一体的、协调和高效的人—机系统。

（2）管理信息系统的处理对象是企业用户经营活动的全过程，如生产、销售、财务和采购等，同时通过反馈给各级管理者提供有用的信息。

（3）管理信息系统运用数据库技术，通过集中统一规划的中央数据库的应用，使得系统中的数据实现了一致性和共享性。

管理信息系统的概念模型如图 6-9 所示。

2．管理信息系统的功能与分类

管理信息系统的功能主要包括：

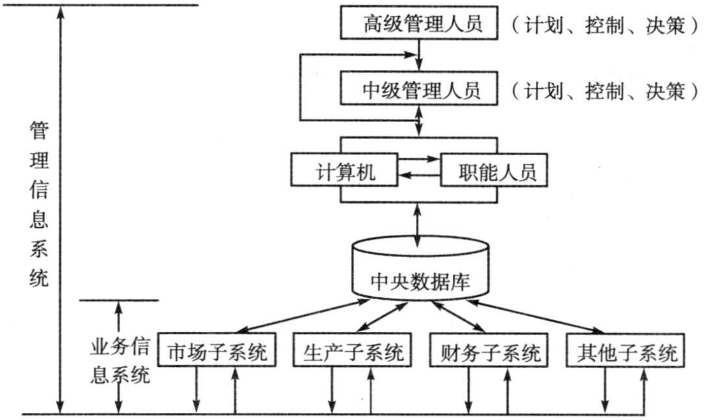

图 6-9 管理信息系统的概念模型

（1）数据处理功能。就是指对各种类型数据的收集录入、加工处理、检索查询和存储传输等处理工作的总称，这是管理信息系统的首要任务和基本功能。

（2）预测功能。就是指运用一定的数学方法和预测模型，利用历史的数据对未来可能发生的结果进行预测，这是管理计划和管理决策工作的前提。

（3）计划功能。它是对各种具体工作合理地计划和安排，是指导各个管理层次高效率工作的前提。

（4）控制功能。是指通过信息反馈可以对整个供应链和企业生产经营活动的各个部门、各个环节的运行情况进行监测、协调与控制。

（5）辅助决策功能。这是指运用运筹学的方法和技术，为合理地配置企业的资源与做出最佳决策提供科学的依据。

按照不同的标准，管理信息系统可以分成不同的类别：

（1）按管理决策的层次分，管理信息系统可以分为作业管理系统、协调控制系统和决策支持系统。

（2）按照信息处理方式分，管理信息系统可以分为联机、脱机和实时系统三种类型。

（3）按照管理组织的职能分，管理信息系统可以划分为供应、生产、销售、人事、财务、信息处理和高层管理等子系统。

6.4.2 管理信息系统的结构

管理信息系统的结构是指系统中各个组成部分以及它们相互关系的总和。管理信息系统的结构方式有概念结构、功能层次结构、软件结构和硬件结构四大类型。这里介绍其概念结构、功能层次结构。

（1）管理信息系统的概念结构。管理信息系统的概念结构是指管理信息系统组成的四大部件，即信息源、信息处理器、信息接收器和信息管理者所形成的关系，如图 6-10 所示。

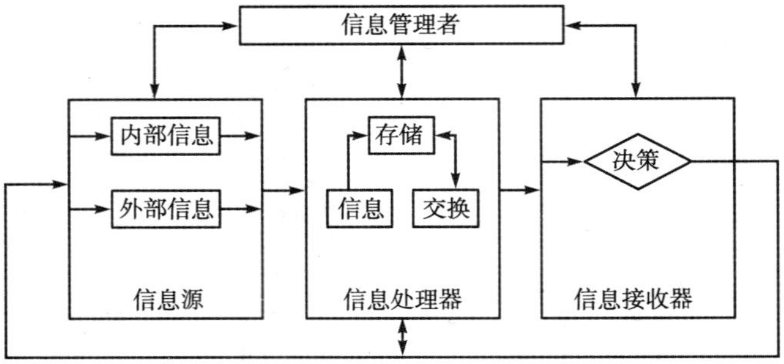

图 6-10　管理信息系统的概念结构

按照各个组成部件之间的关系，管理信息系统概念结构又可以分为开环结构和闭环结构两种方式。开环结构又称为无反馈结构，这种结构系统在执行一个决策的过程中不收集外部信息，并不根据信息的情况而改变决策，只对本次决策的结果进行事后的评价，以备以后的决策参考。闭环结构也称为有反馈结构，这种结构在决策过程中不断地收集信息，不断地向下传递信息，不断地调整决策。

（2）管理信息系统的功能层次结构，指依据管理的层次和功能以及它们之间的联系来划分的结构。

由于一般的组织管理分为战略计划管理、战术管理（又可以分为计划控制和运行控制两个层次）和作业管理三个层次，所以管理信息系统也分为相应的三个层次。又由于企业管理按职能分为销售与市场、生产、财务和人事等，所以管理信息系统也具有相应的功能。一般来说，越是下层的信息处理量越大，越是上层的信息处理量越小，所以功能层次结构可以看成一个金字塔式的结构，如图 6-11 所示。

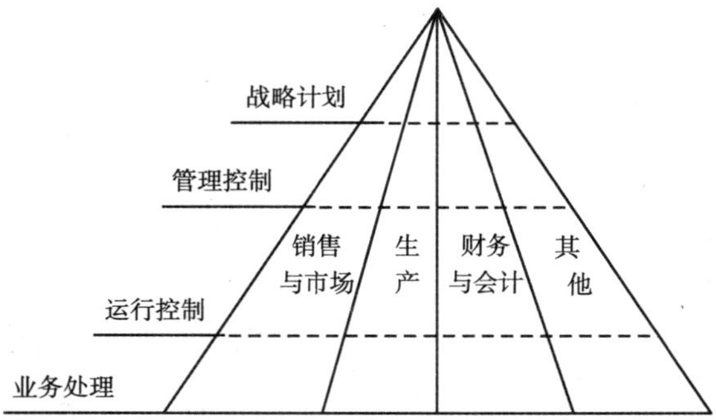

图 6-11　管理信息系统的功能层次结构

6.5 供应链决策支持系统

决策支持系统可帮助供应链中的成员进行决策，提高决策的效率和准确度。

6.5.1 决策支持系统的基本概念

决策支持系统（DSS）是20世纪70年代末期以来兴起的一种管理信息技术。DSS至今还没有严格的定义，较为普遍的看法是，DSS是以管理科学、计算机科学、行为学和控制论为基础，以计算机技术、人工智能技术、经济数学方法和信息技术为手段，面向半结构化或非结构化决策问题，辅助支持中高级决策者决策的一种人机交互信息系统。它为决策者迅速而准确地提供决策所需的数据、信息和背景资料，帮助决策者明确决策目标，建立、修改决策模型，提供各种可选择的方案，并对各种方案进行评价和优选。

DSS是管理信息系统（MIS）高级阶段的一种形式，它被认为是MIS的一种发展和自然延伸，可以作为MIS高层的一个子系统来调用，同时也可以单独作为有别于MIS的系统而存在。

一般认为DSS与MIS的不同之处在于：后者更多的是执行企业日常业务活动的常规信息处理工作，而DSS是辅助企业领导进行决策；后者的主要目的是提高效率，而DSS的目标是改善决策效果；MIS核心是数据库，而DSS的核心是模型库；后者适合在较稳定的环境下运行，而DSS能适应变化的环境。

6.5.2 决策支持系统的特性

从DSS的概念可以看出：① DSS的目的是提高决策的效果，即以决策的有效性为主要目标；② DSS按照决策者的意向，在不同决策阶段提供不同的支持；③ DSS对决策者只能起“支持”和“辅助”的作用，它永远不能代替决策者的重要思维和最终判断；④ DSS是一种用户驱动的动态系统，用户应当参与系统开发和使用的全过程；⑤ DSS能够支持的是“半结构化”的决策问题，这类决策含有大量的不确定因素，人们对这类问题只能部分地描述和求解；⑥ DSS是一种模型驱动系统，模型库和模型库管理系统是DSS的核心；⑦ DSS是一种智能化系统，它不仅能有效地利用原有的数据、模型、方法和知识，还可以生成系统，生成新的数据、模型和方法。

6.5.3 决策支持系统的层次和求解步骤

DSS有三个不同的技术层次，即被决策者直接应用的、能够完成某一确定任务并具有直接支持作用的专用的 DSS；可用于建立专用的 DSS 的软/硬件系统，能提供一套快速而简单的建立专用 DSS 的环境和生成器；用来研制专用 DSS 和 DSS 生成器的 DSS 工具。我们一般讨论的 DSS 属于管理组织机构内部向决策者提供决策支持的系统，因而是在专用 DSS 这一层次上来求解问题。一般地，专用 DSS 求解问题的步骤为：

（1）决策者通过人机交互语言将要求解问题的描述和要求输入系统。

（2）交互语言处理系统对输入信息进行识别和解释。

（3）启动问题处理系统，通过知识库和数据库收集与该问题有关的数据和知识，并据此对问题进行判别，以判定问题的性质和求解过程。

（4）通过模型库集成构造解题所需的规则模型或数学模型，并对该模型进行分析和鉴定。

（5）通过方法库来识别模型求解所需的算法，进行模型求解，并对所得结果进行分析评价。

（6）通过语言系统对求解结果进行解释，输出用户可以理解的结果。

（7）通过对话，重复上述过程，直到得到满意的结果为止。

6.5.4 决策支持系统的结构模式

DSS 有两种主要的结构模式，一种是基于数据和模型的 DDM 模式，另一种是基于知识和问题求解的 LKP 模式。DDM 模式各部分的组成和功能分别是：

（1）数据库系统，包括数据库和数据库管理系统。它可以存储和管理决策所需的内部数据；提供对数据库的各种操作，如查询、修改和删除等；收集、提取和合理组织各类数据；建立生成程序，构造新的数据（见图 6-12）。数据库和数据库管理是开发 DSS 的重要组成部分，是建立 DSS 的先决条件。

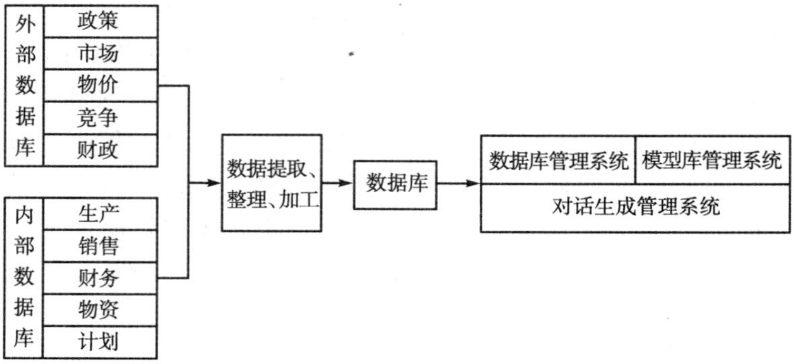

图 6-12 DSS 数据库系统

（2）模型库系统，包括模型库及其管理系统，它为决策者提供强大的分析问题的能力。

正是由于模型的引入才推动 MIS 发展到 DSS，模型库系统是 DSS 软件系统的核心。模型库包括战略模型、战术模型、操作模型和模型生成系统等，另外还包括模型库的附属数据库。模型的存取操作最终还得转化为对数据的操作，这要通过数据库管理软件来实现。因此，模型库系统和数据库系统有着密切的关系，如图 6-13 所示。

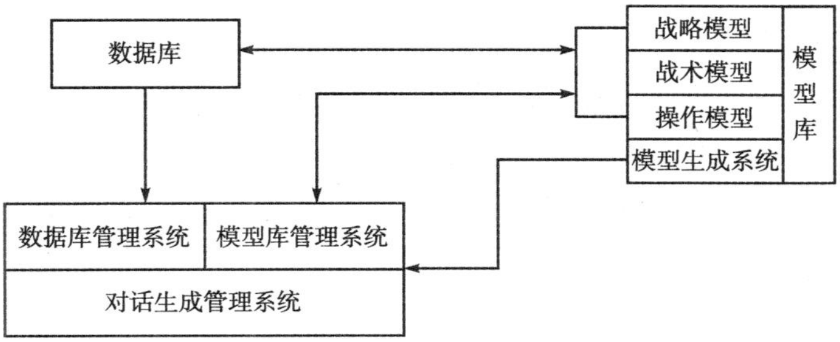

图 6-13　DSS 模型库系统

模型库系统主要作为决策者在完成决策过程中有力的分析工具，主要是对设计和选择阶段活动的支持。支持活动包括目标识别，问题的表述、分析、规划、建议，提出备选方案和推论，以及对备选方案进行比较、评价、优化和模拟实验等。

（3）对话生成管理系统。DSS 的许多功能是通过对话生成管理系统由用户和系统之间相互作用产生出来的。对话管理系统的功能包括在用户和系统之间提供通信联系；向用户提供各种对话方式，并能得到迅速响应；提供系统与输入/输出设备的接口；协调数据库系统与模型库系统之间的联系；为用户提供各种获取信息的渠道。图 6-14 给出了对话生成管理系统的示意图。

LKP 模式把 DSS 划分为语言系统、问题处理系统和知识系统三部分，如图 6-15 所示。各部分的组成和功能如下。

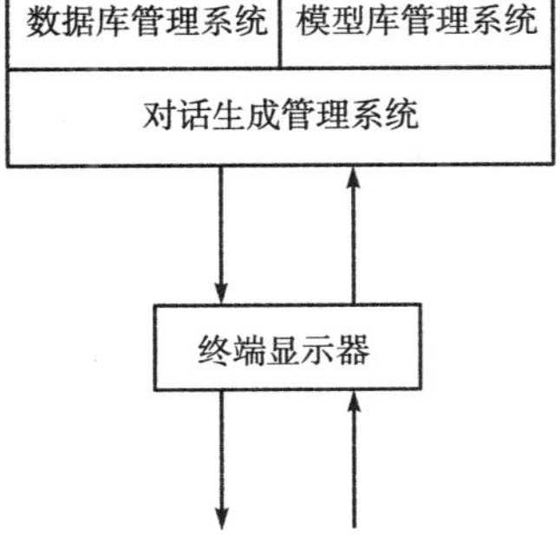

图 6-14　DSS 的对话生成管理系统

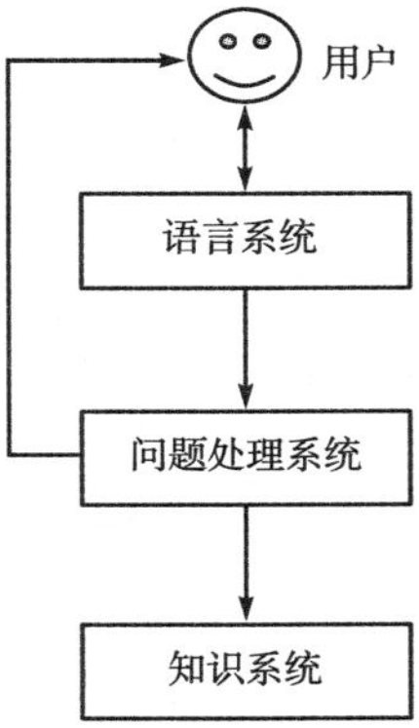

图 6-15　DSS 的 LKP 模式

（1）语言系统（Language System，LS）。语言系统提供用户与 DSS 其他构成部分的同时机制，是用户与系统对话的桥梁、通道和工具。它包括数据和模型的操作语言系统、增删和维护知识的知识语言系统与问题处理语言系统。

（2）问题处理系统（Problem Processing System，PPS）。PPS 是 DSS 的核心，是求解问题的软件系统。其功能主要包括信息的搜索、加工、存储和传输，问题的识别和表述，建立表述模型和分析模型等。

（3）知识系统（Knowledge System，KS）。知识是指数据、模型、方法、规则和过程。它们可能是他人的经验，决策问题的内外部环境，决策过程中所用的公式、模型或规则，决策产生的中间结果，各种分析工具和推理规则，评价标准和用户需求等。

6.5.5 决策支持系统的基本功能

从 DSS 概念和结构模式中可以看出，DSS 应具有以下功能：

（1）处理和及时提供系统内与决策有关的数据，如生产状况和财务情况等。

（2）收集、存储并及时提供系统外与决策有关的各种数据，如市场状况和政策变动等。

（3）存储、调用、修改和增删相关的各种模型与方法，如各种经常数学模型和决策预测模型等。

（4）数据、模型和方法的管理与维护，如模式变更和方法修改等。

（5）灵活运用模型和方法，主要对数据进行分析、汇总和加工处理，向决策者提供综合的数据和预测信息。

（6）帮助决策者明确决策目标，为解决问题提供各种备选方案和对方案的优选。

（7）供人—机对话接口的图形编辑功能，具有良好的数据传输特性，保证及时、准确地提供数据和信息。

（8）具有较强的数据、模型和方法的生成能力。

6.6 高级计划与排程系统

高级计划与排程系统能为复杂的生产和供应问题找出优化解决方案，因此已成为供应链管理系统中的重要组成部分

6.6.1 高级计划与排程系统的含义和结构体系

高级计划与排程系统（Advanced Planning and Scheduling，APS）是随着计算机应用技术的飞速发展，在 MRP、MRPII 和 ERP 的应用与发展基础上发展起来的。它基于约束理论，在编制计划时采用一些复杂的数学模型和运算法则，其中包括优化模型与优化技术，

可以将其看做一种 DDS 在供应链中的应用。

APS 的结构体系示意图如图 6-16 所示。从中可以看出，它可以用来制定企业和供应链上各个业务环节的计划以及排程、排产和调度。这些计划既可以是短期的，也可以是中期或长期的。由于 APS 具有优化的功能，因此这些计划和调度都含有优化的结果，能够帮助企业解决瓶颈问题，增强对供应链上需求变化的预见性，并且在计划实施的同时，对业务流程具有改善作用。

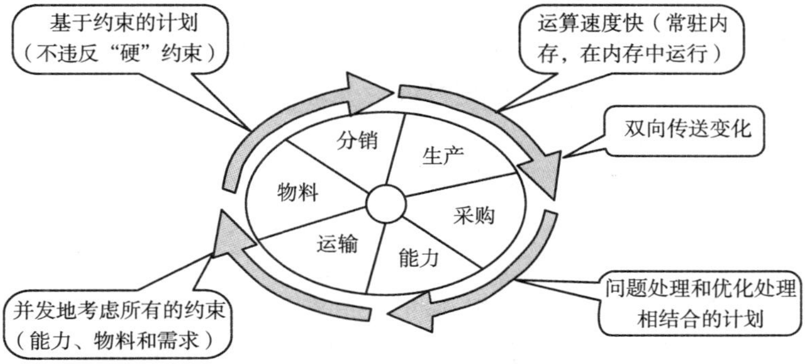

图 6-16 APS 结构体系示意图

6.6.2 APS 的特点

从 APS 的结构体系图中，可以发现它有以下基本特点：

（1）采用了先进的计算机计算技术。它常驻于内存，将所有相关的数据读入计算机内存，避免频繁读硬盘，因此运算速度加快，比基于 MRP 的 ERP 运算速度约快 300 倍。

（2）扩大了计划范围。可以对供应链和企业的各项业务进行计划，它一次性地考虑了业务流程的纵向和横向的协调，并采用了同步计划，不需要一个一个地依次制定计划。

（3）应用了优化的数学模型和技术。它采用了线性规划、人工智能、启发式算法、遗传算法和其他的优化技术，使计划更具有可行性和优化功能。

（4）基于约束理论和规则进行计划。在制定计划时考虑了所有的约束因素，如物料、设备、人员、场所、时间和技术等资源，使计划更加准确和可行。优化是有目标的，不同的目标需要通过不同的规则来解决，不同的规则就决定了上述算法的优化目标函数。不仅对单一目标进行优化，而且还可以实现多目标优化。

（5）信息双向传递。在供应链上向上游和下游双向传送变化信息，充分显示变化的影响。

（6）实现实时重排计划。它既可以由计划人员根据需要排除的问题，在 APS 的帮助下进行重排，也可以通过自动化解决问题的流程来实现。

（7）为客户分配资源。它能够将供应链上的某些稀缺资源预先分配给具有高优先级别的某个具体客户或分销渠道，以避免其他需要此资源的客户与他们争夺该资源。而ERP不能提供这种能力。

（8）实时地、智能地实现需求、供给和供应链约束之间的重新同步。一旦意外的事件破坏了需求供给之间的平衡，APS 就会接收到一个预警信号。利用这些并发的信息，APS 执行有关逻辑性的操作，使供需之间重新恢复平衡。

（9）基于计划时段进行计划。APS 的“计划时段”标准可以在不同的时间段内（分、小时、天、周、月、季、年等）编制计划。它是在一个灵活的时段环境下，采取并行的方式支持计划制定（可以是倒排、顺排或中间排），并采用综合的方法，将所有的供应链计划融入一个过程中，甚至是全球供应链计划过程中。而ERP的“组织计划”标准只能使它采用按顺序编排计划的方法。

（10）实时承诺性。APS 的“期限承诺”标准能为客户实时地提供交货的准确日期，包括供应商和服务商在内的资源进行动态地分析与物理检查，对客户做出交货期限的承诺。同时，在商谈订单的第一时间就确定该订单是否可以获利，是否需要接受该订单。

（11）动态计算提前期。APS 的“提前期”标准为其提供了另一个优于 ERP 的特性，ERP 逻辑使用了固定的提前期去计划生产运作，这对整个供应链运行具有若干负面的影响。相比之下，在 APS 中，提前期是动态地进行计算的，它考虑了在供应链活动中由软、硬两种约束所造成的可能的延迟。

（12）评价计划成本。做出计划后，根据 APS 的“评价计划成本”标准，可以对所做的计划进行成本评估，并与企业的财务指标进行对比和衡量，进一步核实其可行性。这在ERP的计划制定过程中是不可能实现的。

6.6.3 APS 的输入信息和基本原理

一个高级计划与排程系统通常使用了四种不同的输入数据来制定计划：

（1）描述供应链的物理关系的信息，包括供应链上每个环节的物理信息，如工厂、配送中心、分销商、用户、供应商、物料清单、生产路径、分销路径和分销清单，以及提前期和每一个供应链上的作业或资源的联合成本。

（2）描述供应链约束和管理规则的信息，包括能力约束（某一时段内一个工作中心的最大可用能力）、供应约束（某一时段内一个供应商所能提供的某物料或零部件的最大数量）、运输约束（具体运输容器的最大装载能力）和非物理因素，如客户和地区的优先权问题（它将用于自动分配有限的资源供应），还有其他的信息如安全库存量和场地大小等。

（3）反映需求方面的信息，包括供应链用来满足需求的各种信息。如销售预测、客户订单和补充订单等，它们是根据时间段在计划范围内提供的。

（4）反映供给方面的信息，包括供应链通道上各种有效的供给信息，如部件、原材料和半成品、成品的库存信息，分销订单、生产订单和采购订单的信息，也是根据时间段在计划范围内提供的。

利用这些并发的信息，APS 首先执行有关逻辑性的操作。它在每一个时段内将需求信息与供给信息和现有的约束进行比较，如果这三个因素不匹配就立刻发出预警信号，这一过程的执行可在全球范围内进行。这意味着无论何时，只要有不可预知的变化改变了需求、供给或供应链约束，对这种变化影响的预见性就会立即传遍整个供应链；之后，APS 会重新制定一组新的可行计划（如采购、生产、分销和分配计划等）来重新实现它们之间的平衡。

6.6.4 APS 的功能

APS 系统的计划功能可以替代任何原有系统或遗留系统中的计划模块，包括预测、MRP、DRP、MPS、CRP、排程、排产等模块。这意味着一旦实施 APS 系统后，那些计划模块能够被完全去除。从 APS 的特点中我们已经知道了它的许多功能。例如，能够跨越供应链制定具有优化功能的同步计划；基于约束理论和某些规则进行计划，实现供应链上信息双向传递；等等。

虽然 APS 具有众多的计划优化功能，但它却不具备某些事务处理的功能，如接收货物、物料盘点与出库、文档管理和会计管理等；也不具有处理与数据维护相关的业务功能，如对项目主文件、资源/设备列表和资源列表等数据进行维护的功能。这些工作则由原有的遗留系统（如 ERP、MIS 和 DRP 等）来完成。目前，有些供应链管理系统又扩展了 APS 的功能，增加了供应链执行（Supply Chain Execution，SCE）系统。APS 的核心逻辑图如图 6-17 所示。

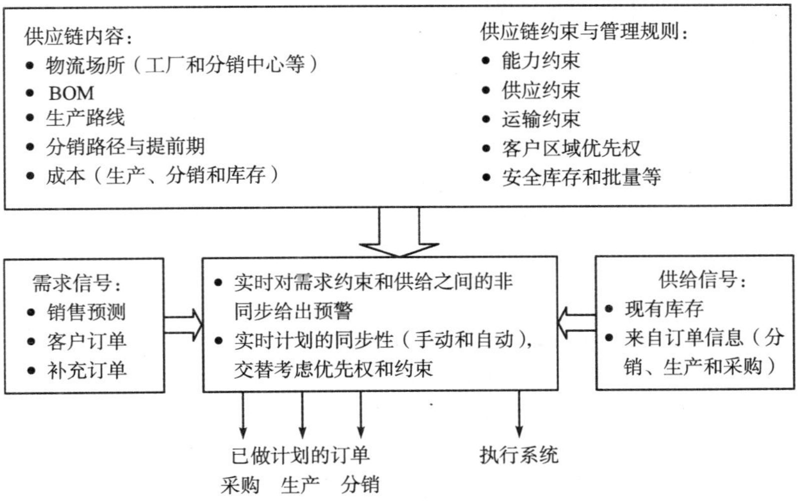

图 6-17 APS 的核心逻辑图

综上所述，APS 依靠对供应链问题的实时、可预见性的能力和智能性、重排计划的能力，确保贯穿整个供应链的供给与需求之间永远保持平衡。采用了 APS，任何企业都具有能力去全方位地优化它的供应链管理过程，硬件和软件约束不再是一个瓶颈因素。当前，在供应链管理优化中有待开发的最后一部分是“人的因素”。

6.7 电子商务在供应链管理中的应用

电子商务是 20 世纪信息化、网络化的产物。由于它运用了许多基础的信息技术和信息系统，使 Internet 与商务活动有效地结合起来，所以目前已经引起了人们的广泛关注。这里对其作一简要介绍。

6.7.1 电子商务的含义

电子商务（Electronic Commerce，EC）一般是指在 Internet 上开展的商务活动，它利用 Internet 技术，将企业、客户和供应商等供应链的各个环节连接到现有的信息技术系统上，从专用 Internet 到共享 Intranet，再到公共 Internet，把市场的空间形态、时间形态和虚拟形态有机地结合起来，将物流、信息流和资金流汇集成开放的、良性循环的环路，使供应链及其成员企业实现了充分利用有限资源、减少商业环节、缩短业务周期、提高效率、降低成本、提高用户服务水平的目标。

电子商务的概念模型由电子商务实体、电子商场、交易事务和信息流、商流、资金流、物流等基本要素构成，如图 6-18 所示。

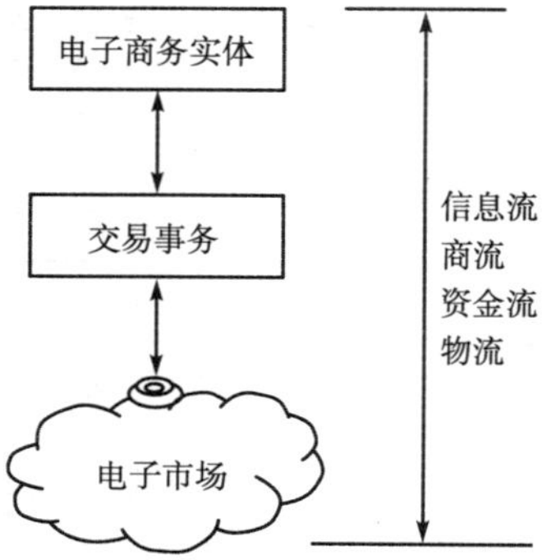

图 6-18 电子商务的概念模型

电子商务综合应用了多种基础信息技术和管理信息系统，其中包括条形码、图像处理、智能卡、传真、电子邮件、电子数据交换、电子支付系统、电子订货系统、电子公告系统和 Internet/Intranet/Extranet 等。在供应链管理中，电子商务在供货体系管理、库存管理、运输管理和信息管理等方面提高了企业以及供应链管理运作的效率，同时也在改变着人们的经营理念，使人们从工业时代“只有拉长迂回路径，增加中间环节，才能提高附加值”的传统理念，变为“只有快速拉近与客户的距离，减少中间环节，才能提高附加值”的信息价值观。电子商务正在发展成为一种全新的商业领域。

6.7.2 电子商务的类型

电子商务的发展经历了几个阶段，第一代电子商务主要是建网站，第二代电子商务主要是网上交换信息，第三代电子商务则是以物流配送为主体的真正意义的电子商务。根据电子商务参与的主体划分，电子商务的典型形式有：

（1）企业与企业间电子商务，这就是通常所说的 B2B 电子商务。它是指在 Internet 上采购商与供应商进行谈判、订货、签约、接受发票和付款，以及索赔处理、物品发送管理和运输跟踪等所有活动。企业间的电子商务又可分为两种，一是非特定企业间的电子商务，它是在开放的网络中对每笔交易寻求最佳伙伴，并与伙伴进行从订购到结算的全面性交易行为；二是特定企业间的电子商务，是指过去一直有交易关系而且继续进行交易的企业间围绕交易进行的各种商务活动，特定企业间的交易既可以通过大众公用网络进行，也可以利用企业间专门建立的网络进行。

（2）企业与消费者间电子商务，这就是 B2C 电子商务。它通过电子商店（网上商店）实现在线商品销售和为消费者提供所需的服务的商务活动，引发了商品营销和销售方式的重要变革，有着强劲的发展趋势。B2C 电子商务包括网上检索、网上营销、网上导购、网上交易和网上支付等活动。

（3）企业与政府间电子商务。它涵盖了政府与企业间的各项事务，包括政府采购、税收、商检和管理条例的发布，以及法规政策的颁布等商务和事务活动。政府在电子商务中具有双重角色，一方面作为消费者，可以通过 Internet 发布自己的采购清单，公开、透明、高效、廉洁地完成所需物品的采购；另一方面作为市场调控者，政府通过网络更能充分、及时地发挥对市场和企业的宏观调控、指导规范与监督管理等作用。

（4）企业内部电子商务。这主要是指企业内部通过网络实现内部物流、信息流和资金流的数字化。其基本原理与企业间的电子商务类似，只是企业内部不同部门进行交换时，交换对象是相对确定的，交换的安全性和可靠性要求相对较低。企业内部电子商务处理企业财务、资源调度和供应链内部成员的网上管理活动。

6.7.3 电子商务的主要技术手段

（1）电子数据交换（EDI）销售点和预测。EDI 可以成为供应链中节点企业连接的商业应用系统的媒介。通过 EDI 预测，可以最有效地减少供应链系统的冗余，这种冗余可能导致时间的浪费和成本的增加。通过利用预测信息，用户和供应商可以一起努力缩短订单周期（循环时间）。

（2）财务技术手段。主要包括三种：EFT（Electronic Funds Transfer），它被广泛应用于财务和相关的财务机构之间，用户可以通过汇款通知系统结账，而不用通过支票；Lockboxs，它可以传送用户的支票或电子付款单给供应商并及时处理；ECR（Evaluated Cash Receipt），它是一种有效减少发票的技术手段，用户可以在接收到产品或服务时自动地以共同商定的单位价格付款给供应商。

（3）非技术型企业的电子商务。没有电子商务系统的小企业，可以采用 E-mail 或传真实现电子商务功能。企业可以通过 Internet 参加实时的电子会议，发布产品和服务的促销广告，也可以利用电子用户支持系统了解其他企业更多的信息，还可以浏览企业的广告，通过网络进行订购。

（4）共享数据库技术。供应链合作伙伴可以通过一定的技术手段，在一定的约束条件下相互共享特定的数据库。例如，有邮购业务的企业可以与其供应商共享运输计划数据库，准时制（JIT）装配制造商可以与他们的主要供应商共享生产作业计划和库存数据。

本章小结

在供应链管理中，信息技术可以有效地促进供应链各个环节的正常运作，促进现代企业组织的构建和集成化的供应链的形成，也促使一些新的供应链管理方法的孕育、产生和发展。信息技术按照对信息的作用，可以分为信息基础技术、信息处理技术、信息应用技术和信息安全技术；按照信息技术对供应链管理的支撑作用，可以分为基础信息技术与信息系统。

Internet、Intranet 和 Extranet 三者相互联系和作用，促进了各种现代管理信息技术的集成，实现了从传统管理信息系统向 Internet/Intranet 集成模式的转变，可以促使供应链的全球化信息资源网络的形成，进而提高供应链网络的整体运行效率和管理效率。通过企业内部、企业之间和供应链信息系统的集成，供应链的相关企业可以形成基于 Internet/Intranet/Extranet 的集成网络模式。

EDI、MIS、DSS、APS、CFAR 和 EC 是多种基础信息技术和信息系统的集成与应用，它们在供应链管理中具有相应的含义、特点、组成、功能或作用，并且随着供应链管理的发展而进一步地完善。

案 例

耐克供应链的信息化之路

耐克公司是世界领先的运动鞋、运动服饰和运动器械的设计和营销公司。耐克公司于20世纪70年代初期创建，总部设在美国的俄勒冈州。到70年代末和80年代初，市场对耐克公司的需求已十分巨大，市场份额为市场占有率之首。

实际上，耐克公司并不自主生产任何产品，而是依靠一个全球化的网络，以一种“虚拟经营”的方式运营并巩固着现在的霸业。全球化虚拟经营的基础在于信息系统的支撑。耐克在信息化的投入上不惜血本，而其曲折的信息化之路也可以称得上信息化的经典案例。

耐克公司对耐克运动鞋进行的是集中管理。所有的产品设计、工厂合同和交货都在俄勒冈州Beaverton市规划和协调。1975年，为了应对当时混乱的跑鞋市场，耐克对其供应链实施Futures计划。Futures计划是一个6个月的订货周期计划，耐克总部围绕Futures计划对订货统一管理。

然而，随着耐克变得越来越全球化，其供应链开始细分。到1998年，耐克在全球拥有27个订单管理系统，所有这些系统都高度定制，没有较好地连接到Beaverton，分散的信息系统无法与其集中管理的流程很好地配合。因此，耐克需要对其分散的信息系统进行集成。于是，耐克开始计划实施其信息化的一项被称为单一实例（Single-instance）的战略，并以该战略支持了耐克今后多年的信息化项目。该战略的核心在于将ERP、供应链规划和CRM软件集成到一个平台上。耐克SAP ERP软件将成为信息系统集成的基础，而i2供应、需求与协作规划软件应用程序和Siebel的CRM软件也通过中间件集成到总体系统中。耐克在北美以及欧洲、中东和非洲的机构将共享这个平台。也就是说，耐克要在其SAP ERP系统内建立一个供北美、中东和非洲每位雇员使用的巨型集成数据库。这意味着在软件投入使用前，必须让所有人在业务惯例和公共数据定义上取得一致，这在ERP项目管理中很少见。

耐克公司在1999年开始部署i2需求与供应规划软件。耐克没有将SAP ERP项目的一部分先尝试部署i2，而是从一开始就全面安装。但很快就出现了问题。i2的需求预测应用和其供应链规划程序（规划具体产品的生产）使用不同的业务规则并用不同的格式保存数据，因而集成这两个应用程序很困难。i2软件必须进行大量的定制工作才能与耐克的老软件一起使用。系统速度很慢，在耐克几千万个产品号的重压下，该系统经常崩溃。而且该系统在订单处理时还会常常出错，并且需求规划程序还在订单数据输入6～8周后删除记录，令规划人员不可能记起他们曾要求每家工厂生产什么。所有这些问题导致各相关方都感到无所适从，非常混乱。

面对这些问题，耐克对此采取了一些临时的解决办法。例如，下载 i2 需求预测器的数据，然后需要应用程序共享数据时，由程序员、质量保证人员和业务人员手工重新加载到供应链规划器中。耐克还请来了咨询人员来开发数据库以及一些定制的桥接程序，促进数据的共享。尽管做了这些努力，但这也让耐克为此付出了不小的代价，不但损失了 1 亿美元的销售额，股价下跌了 20%，而且触发了一系列起诉官司。

2001 年春季，耐克停止将 i2 的需求规划程序用于短期和中期运动鞋规划（它仍用于耐克的规模不大但不断发展的制衣业），而是将这些功能交给 SAP ERP 系统。

回顾耐克公司 i2 系统实施的经历，其失败的教训可以总结为三点：

（1）软件本身的问题，集成性、兼容性差，还存在一些错误和不合理的地方，但这还不是项目失败的根源；

（2）i2 需求与供应规划系统原本是一个与核心业务流程紧密关联的系统，但是它却没有能够支持耐克的业务模型。而且新旧系统之间的关系也没能得到很好的处理，成为业务的绊脚石。没有进行充分的需求分析和合理的 IT 规划，为后来的实施埋下了隐患，使公司的信息化遭遇顿挫。

（3）培训不够也是一个因素。耐克的规划人员在该系统投入运行前没有接受过如何使用该系统的足够培训。在信息化项目的继续进行中，耐克后来也充分意识到培训的重要性，加大了对员工以及其供应链上下游的供应商和客户的培训。

复习思考题

1. 阐述 Internet 对供应链及其企业的影响。
2. 举例说明供应链中的制造企业利用电子数据交换（EDI）的方式。
3. 举例说明企业发展自己的管理信息系统的方法。
4. 决策支持系统的特性和功能是什么？
5. 简述高级计划与排程系统的特点和基本原理。
6. 从耐克的案例中，请分析供应链管理中应用信息技术应该注意的问题，以及如何才能让信息技术成功地服务于供应链管理。

第 7 章

供应链环境下的供应商与客户管理

本章学习目标

- ◈ 理解供应商管理的基本知识。
- ◈ 掌握供应商关系管理的含义、模式及其实施要求和过程。
- ◈ 理解供应链管理中客户管理的基本知识。
- ◈ 掌握客户关系管理的概念、功能及其实施条件与步骤。

7.1 供应商的开发与管理

供应商的开发和管理是供应链上采购环节管理的重要内容。对于制造企业而言，供应商的优劣直接关系到制造商的生产成本、产品质量和供货速度。供应商提供的材料成本低、质量好，制造商才有可能生产并提供质高价低的产品，才能在市场上具有竞争力；同时供应商的及时供应也是制造商快速响应市场的重要基础。因此，供应商在整个供应链中扮演着至关重要的角色，它是供应链中物流的始发点，它以原材料订单的形式接受最终用户的所有需求信息，而它对订单的实现程度将最终影响到用户需求的满意程度。尤其是实行准时制（JIT）生产方式的企业，更强调与上游供应商的合作。供应商的开发与管理直接影响着供应链的运作效率和整体供应链在市场上的竞争力，因而受到了人们的广泛关注。

7.1.1 企业关系与供应商关系

1．企业关系

在现代经济活动中，关系已经成为企业的一种无形资产，并逐渐成为企业管理的重点。企业关系可以分为内部关系和外部关系。企业内部关系包括员工之间、上级与下级之间，以及领导之间等方面，而外部关系包括客户关系、供应商关系、公共关系和投资者关系等。供应链是在生产和流通过程中，涉及将产品或服务提供给最终客户的上游或下游企业所形成的网链结构，而供应链管理则是通过建立并协调管理供、产、销企业和客户之间的关系，对供应链中的物流、信息流和资金流进行设计、规划、协调与控制，以最大限度地减少内耗与浪费，实现供应链整体效率的最优化，并保证供应链中的成员取得相应的绩效和利益。因此，供应链中的关系属于企业外部的关系，关系管理对于供应链上的每一个节点企业和整条供应链都是至关重要的。美国经济学家布鲁斯·摩根在《关系经济中的策略和企业价值》中特别指出：在所有的企业关系中，企业的外部市场关系应被视为最重要的关系资本；供应商关系资本就是最重要的关系资本之一，企业可以通过供应商关系管理来提高供应商关系资本的价值。

2．供应链中的供应商关系

传统的企业关系中，竞争多于合作。一个企业往往与多个供应商之间保持一种简单的、短期交易关系，通过讨价还价，或者在供应商之间分配采购数量控制供应商，利用供应商之间的竞争，尽可能以较低的价格获得更好的产品。因此，买卖双方之间表现为一种非合作性竞争关系。随着供应链管理模式的出现，企业在采购过程中，注重供应商的质量，有选择地和少数供应商在平等互利的基础上，建立和发展一种新的关系——战略性合作关系，实现企业间的双赢（Win-Win）机制。供应商与采购商之间的关系已经由单纯的买卖关系转化为更为复杂的、更深层次的竞合关系，这种转变可以用图 7-1 表示。

图 7-1 中显示的是两种典型的供应关系模式：传统的竞争关系和合作性关系或者叫双赢关系。在采购方面，两种关系模式表现的特征有所不同。竞争关系模式是价格驱动的，其采购策略表现为：买方同时向若干供应商购货，通过供应商之间的竞争获得价格好处，同时也保证供应的连续性；买方通过在供应商之间分配采购数量对供应商加以控制；买方与供应商保持的是一种短期合同关系。双赢关系模式注重企业间的合作。它强调供应商和生产商之间共同分享信息、通过协商实现协调合作。其采购策略表现为：制造商对供应商给予协助，帮助供应商降低成本、改进质量、加快产品开发进度；通过建立相互信任的关系提高效率，减少交易/管理成本；用长期的信任合作取代短期的简单交易合同；相互之间进行广泛的信息交流。

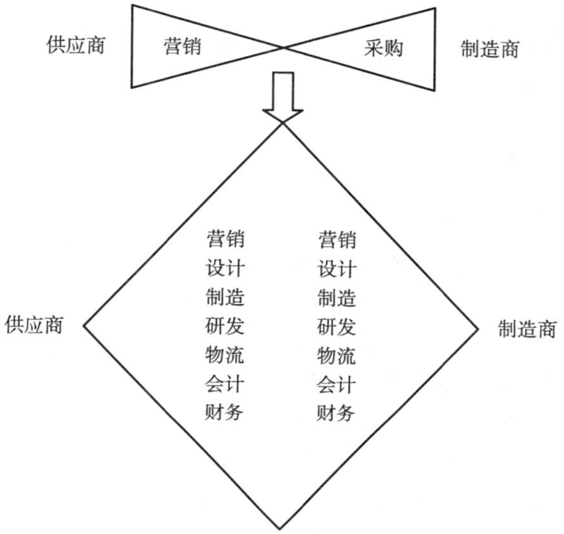

图 7-1 供应商与制造商关系结构的改变

双赢关系是供应链管理思想的集中体现。因此，核心企业有效地管理与供应商的关系，成为企业发展中的战略性任务。

7.1.2 供应商管理的含义和目标

1. 供应商管理的含义

在供应链管理中，核心企业对供应商的管理，就是以自己的诚信为基础，在互惠互利原则指导下，选择优秀的供应商，并与其建立长期的合作伙伴关系。通过建立统一的经营理念、价值观念和企业文化，创造和谐的合作竞争氛围，尽可能地实现双赢。

总的来说，供应商管理就是要设计一种能最大限度地降低风险的合理的供应结构；寻求一种能使采购总成本最小的采购方法；与供应商建立一种能促使供应商不断降低成本、提高质量的长期合作关系。供应商管理的内容包括供应商开发，供应商评估与选择，供应商合作关系的建立和维护，供应商绩效管理等。其中供应商评估与选择是供应商管理的重中之重。

2. 供应商管理的目标

供应商管理的核心就是取得供应商的支持和协助，确保在任何情况下，企业以低成本及时获得所需要的产品。供应商管理的目标可以归纳如下：

（1）获得符合企业质量和数量要求的产品或服务。

（2）以最低的成本获得产品或服务。

（3）确保供应商提供最优的服务和及时送货。

（4）发展和维持良好的供应商关系。

（5）开发潜在的供应商。

3. 供应商的分类

在一个供应链中往往存在着多个供应商。由于它们的产品市场及其对企业经营的影响不同，它们对企业的重要性也各不相同。据此，我们可以把供应商分为四类：

（1）战略伙伴型供应商。这类供应商不仅为企业提供生产制造所需要的重要部件或资源，而且自身也是同行业中的佼佼者，具有很强的产品开发与创新能力。它可以通过为企业提供新产品而推动企业发展和创新，有助于提高企业竞争力。

（2）优先型供应商。这类供应商非常看重企业的采购业务，而由于市场竞争激烈，或者由于它所提供的产品在企业生产中的地位不太重要，企业并不特别看重这项采购业务。这类供应商对企业具有强烈的依赖感。

（3）重要供应商。由于市场相对宽广，企业的采购数量不大，因此对于供应商来说无关紧要，但该采购业务对企业来说却非常重要，必须保持与供应商的长久关系。

（4）一般供应商。企业和供应商对于相互之间的交易都不是非常看重，相互之间的交易具有偶然性和临时性的特点，因而这类供应商在供应链上具有很强的变动性。

对供应商进行分类，可以使企业管理者清楚地认识到不同供应商对于企业的经营具有不同的重要性，因而，管理者可以针对不同类型的供应商采取不同的管理方法。对于重要的采购业务，企业应特别注意加强对供应商关系的管理，尽可能地发展稳定的供应商，注重培育和发展战略伙伴关系，而对于优先型供应商和一般供应商，则应密切关注他们的产品市场，有效地利用市场竞争获得价格优势。

7.1.3 供应商的选择与评价

供应链主要由供应商、生产商或制造商和销售商构成。供应商是整个供应链的“狮头”，因此，对供应商的评价和选择是供应链运行的基础。供应商在交货、产品质量、提前期、库存水平和产品设计等方面都影响着制造商的成功与否。同时，供应商所供产品的价格和质量决定了最终消费品的价格和质量，从而也决定了最终产品的市场竞争力，并影响整个供应链的核心竞争力。为了实现低成本、高质量、柔性生产和快速反应，企业首先必须选择适当的供应商，并对其进行评估。

1. 对供应商的初步选择与评估程序

供应链管理下供应商的选择与评估程序如图 7-2 所示。第一步是对供应商的质量体系进行全面、深入、认真的调研。

第二步是进行初步评审。按照企业的发展状况，需要什么样的质量支撑，对质量体系进行初步评审；评审完以后，对合格品可进行样品评估。评估结果可能产生两种情况：若产品不合格，应中断合作；若产品合格，应进一步进行品质的确认。品质确认在实践操作中要特别注意封样制度，在封口上还可以实行签名制度。

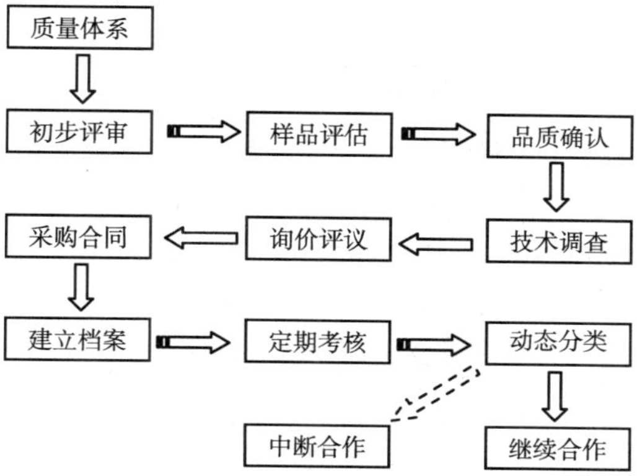

图 7-2　供应商的选择与评估程序

第三步是对供应商生产场地进行技术调研，确定调查样品的真实来源及其工艺的可靠性。在了解市场的价格、成本组成和利润水平的基础上，进行价格协商和谈判。

第四步是签订合同，进入采购合同阶段。合同签好以后，要建立档案，并进行专门的保管。每年对供应商进行定期的考核，并将考核结果归档管理，在连续考核的基础上对供应商进行动态分类，及时清除不合格的供应商，寻找和发展新的合格供应商，巩固和发展与合格供应商的稳定关系。

2．选择供应商的主要指标

供应商的选择并不是一件简单的事情，尤其是战略供应商和重要供应商，他们直接影响企业的市场竞争力。因此，对这类供应商的选择不仅要考虑短期指标，还必须从长远意义上考虑。而对于优先型供应商和一般供应商，由于企业或者在交易中具有绝对优势地位，或者交易表现出明显的短期化趋势。因此，选择供应商主要考虑短期的成本和绩效等因素。

供应商选择的短期标准包括：

（1）商品质量合适。采购物品的质量是企业采购首先要考虑的因素。质次价低的商品，虽然采购成本低，但会影响最终产品的质量。另外，非常优质的商品并不意味着适合企业的要求。一般来讲，优质产品价格比较高，若其质量远远超过了企业的生产要求，那么对于企业而言就是一种浪费。因此，采购物品的质量应符合企业生产要求，过高或过低都是错误的。

（2）成本低。成本不仅包括采购价格，而且包括原料或零部件使用过程中或整个生命周期中因采购而发生的一切支出。采购价格低，对于降低企业生产经营成本、提高竞争力和增加利润都有着明显的作用，因而它是选择供应商的一个重要条件，但是价格最低的供应商不一定就是最合适的，应结合产品质量、交货时间和地理位置等因素综合考虑。

（3）交货及时。供应单位能否按约定的交货期限和交货条件组织供货，直接影响着企业生产和供应活动的连续性，同时也影响着企业的库存数量，从而影响企业的库存成本。因此，交货时间也是选择供应商所要考虑的因素之一。影响供应商交货时间的因素主要有供应商从取得原料、加工到包装所需的生产周期、供应商生产计划的规划与弹性、供应商的库存准备、所采购原料或零部件在生产过程中所需要的供应商数目与阶层（上下游），以及运输条件和能力。供应商交货的及时性一般用合同完成率或委托任务完成率来表示。

（4）整体服务水平好。供应商的整体服务水平是指供应商内部各作业环节，能够配合购买者的能力与态度，如各种技术服务项目、方便订购者的措施、为订购者节约费用的措施等。评价供应整体服务水平的主要指标有以下几点。

1）安装服务。如空调的免费安装、计算机的装机调试和贴片机的安装调试等都属于供应商提供的安装服务的范畴。对于采购者来讲，安装服务是一大便利。通过安装服务，采购者可以缩短设备的投产时间或应用时间。供应商能否提供非常完善的安装服务是评价供应商的一个重要指标。

2）培训服务。对于采购者来讲，会不会使用所采购的物品决定着该采购过程是否结束。如果采购者对如何使用所采购的物品不甚了解，供应商就有责任向采购者传授使用知识。每一个新产品的问世都应该有相应的辅助活动（如培训或讲座）推出。供应商在产品售前与售后的培训工作情况，也会大大影响采购方对供应商的选择。

3）维修服务。供应商对所售产品一般都会做出免费保修一段时间的保证。例如，我们到电子市场买一台计算机，通常会问卖方提供多长时间的保修。免费维修是对买方利益的保护，同时也对产品提出了更高的质量要求。为减少维修，供应商会想方设法提高产品质量，因此，维修期和维修内容本身就反映了供应商的品质。

4）升级服务。信息时代的产品更新换代频繁，各种新产品层出不穷，功能越来越强大，价格越来越低廉，供应商提供免费或者有偿的升级服务为采购者提供了便利，也是供应商竞争力的体现。

5）技术支持服务。技术服务是供应商为企业提供的重要服务之一。尤其是新产品，采购商对于它的操作技术和技术维护等方面一般不太了解，需要供应商提供类似的服务。

（5）履行合同的承诺与能力。企业在进行采购时，确定供应商有无履行合同的承诺与能力主要考虑以下几点：

1）供应商处理订单的时间。

2）供应商在需要采购的项目上是否具有核心能力。

3）供应商是否具有自行研发产品的能力。

4）供应商目前的闲置设备状况。

对于战略伙伴型供应商和重要供应商的选择，不仅要考虑产品质量、价格和售后服务等因素，还应该从企业长期发展战略出发，考虑是否与其建立长期的合作关系。具体包括以下几个方面：

（1）产品及其加工和创新能力。长期合作的供应商首先必须具备执行订单、满足企业需求的生产加工能力，同时，还应该具有一定的产品研发能力，能够及时更新产品。不仅能够在产品的质量和性能方面满足当前企业的需要，而且能够通过开发创新、提供新产品，帮助企业提升市场竞争力。

（2）可靠性。供应商的可靠性不仅表现在提供产品的可靠性上，而且还必须在财务状况上具有可靠性。供应商的财务是否稳健，直接影响到其交货周期和履约，同时也影响其进行投资研发和开展业务的能力。如果供应商的财务出现问题，资金周转不灵，或者倒闭破产，将会造成自身供料不足，甚至出现停工的严重危机。因此，供应商的可靠性是企业与其建立长期合作关系的基础。重要供应商在交易中存在明显的优势，但对企业非常重要，在提供产品的可靠性上尤为重要。

（3）分享技术和信息的合作意愿。战略伙伴型供应商不仅能够满足企业的生产采购需求，而且还可以依靠自身的研发能力和对市场的了解，选择和开发与企业新设计和开发的产品相匹配的零部件和技术。这种联合开发的技术就是技术和信息的共享，因此，企业选择的战略伙伴型供应商首先必须有与企业共享技术和信息的意愿。这是双方合作、形成战略性伙伴的必要条件。

（4）供应商内部的组织与管理。供应商内部组织与管理是关系到日后供应商服务质量的因素。供应商内部管理水平直接影响着供应商的经营效率和发展状态，从而影响着企业与其长期合作的状态。而内部组织机构的设置是否合理，则关系到合作双方信息交换程度和企业采购的效率等。如果供应商组织机构设置混乱，供应商部门之间互相扯皮，无法及时处理来自采购方的信息和订单，或者供应商的高层主管不能将采购单位视为主要客户，无法在面临突发事件时采取有效措施优先处理，采购的效率与质量就会下降。尤其重要的是，供应商的订货系统应该简捷、有效，保证以最短的时间完成从订货到供货的过程，确保对企业需求的快速响应，缩短订货周期，以保证低成本的、频繁的小批量订货，减少库存及其成本。

（5）沟通能力。战略伙伴型供应商或重要供应商还必须具备较强的沟通能力，只有这样，双方才能及时消除隔阂，在共同利益引导下密切合作，保持稳定的伙伴关系。

此外，地理位置也是选择供应商的重要因素之一，它影响着货物运送的物流成本。因此，在满足其他条件的情况下，应考虑综合成本，尽可能采取就近的原则。

7.1.4 供应商绩效考核

供应商绩效考核是指对现有供应商的日常表现进行定期监控和考核。对供应商的传统考核整套的规范和程式，主要是对重要供应商的商品质量进行定期检查。在供应链管理模式下，只有最好的供应商才能作为合作伙伴。企业发展和维持合作伙伴关系的目的在于借助合作伙伴的专家和技术建立自己的竞争优势。对供应商进行评估，了解供应链中关键供应商的绩效，一方面可以挑选最好的、可信赖的供应商；另一方面可以与供应商保持良好的合作关系，提高对整个供应链运作的预见性，避免突发事件造成不良影响，为进一步的价值增值提供更多的机会。

1．供应商绩效考核的目的、原则和范围

（1）供应商绩效考核的目的。供应商绩效考核的主要目的是确定供应商的供应是否能够按照企业的要求按时按质完成订单，同时进行比较，发现、保留并巩固优秀的供应商，淘汰绩效差的供应商。也可以了解供应存在的不足之处，将不足之处反馈给供应商，促进供应商改善其业绩，为日后更好地完成供应活动打下良好的基础。

（2）供应商绩效考核的基本原则。主要有以下几个方面：

1）绩效考核的持续性原则。定期对供应商进行考核，有助于供应商改进质量和服务，尤其是对优先型供应商和一般供应商，当他们知道会定期地被评估时，自然就会致力于改善自身的绩效，从而提高供应质量。对于战略伙伴型供应商和重要供应商的绩效考核，建立在诚意合作基础上，将相关的信息及时反馈，有助于提升供应链的整体运营效率。

2）充分考虑环境影响因素。供应商的绩效总会受到各种外来因素的影响，包括供应链上的其他与之相关的节点企业，以及供应链以外的因素影响。因此，对某个供应商的绩效进行评估时，要充分考虑这些因素的影响，确定真正属于供应商本身的影响范围和影响结果。

3）从供应链整体运营效率出发，确立双方共同认可的评价指标。确立整体的评价指标，不能孤立地单方面设定指标单独衡量一个供应商的绩效，而是在整体运作效益指标基础上，设定企业和供应商共同认可的考核标准。

（3）供应商绩效考核范围。不同的单位针对供应商的考核要求不同，相应的考核范围也不一样。最简单的做法是仅衡量供应商的交货质量；成熟一些的除考核质量外，也跟踪供应商的交货表现；较先进的系统则进一步扩展到供应商的支持与服务、供应商参与本公司产品开发等表现，也就是由考核订单交单实现过程延伸到考评产品开发过程。

世界一流企业对供应商的考核非常细致，包括所有的供应商，并且以文件的形式规定好考核什么、何时考核、怎样考核、由谁考核；事先确定好考核指标并通过信息系统自动计算考核结果；考核指标明确、合理、与公司的总目标保持一致；考核指标具体，考核准则体现跨功能精神；考核表现反馈给供应商并通报到公司内部相关人员；组织供应商会议，跟进相应的改善行动；设定明确的改进目标等。

2．供应商绩效考核的指标体系

为了科学、客观地反映供应商供应活动的运作情况，有必要建立与之相适应的供应商绩效考核指标体系。在制定考核指标体系时，应该突出重点，对关键指标进行重点分析，尽可能地采用实时分析与考核的方法，要把绩效考核范围扩大到能反映供应活动时间运营的信息上去，因为这要比做事后分析有价值得多。评估供应商绩效的因素主要有质量、交货时间、价格和服务水平等。

（1）质量指标。质量指标是供应商考核的基本指标，包括来料批次合格率、来料抽检缺陷率、来料在线报废率和来料免检率等。来料批次合格率是最为常用的质量考核指标之一。

来料批次合格率=（合格来料批次÷来料总批次）×100%

来料抽检缺陷率=（抽检缺陷总数÷抽检样品总数）×100%

来料在线报废率=［来料总报废数（含在线生产时发现的）÷来料总数］×100%

来料免检率=（来料免检的种类数÷该供应商供应的产品总种类数）×100%

此外，有的公司将供应商体系、质量信息、供应商是否使用及如何使用SPC于质量控制等也纳入考核。例如，供应商是否通过了ISO 9000认证，或供应商的质量体系审核是否达到一定的水平。还有些公司要求供应商在提供产品的同时提供相应的质量文件，如过程质量检验报告、出货质量检验报告和产品成分性能测试报告等。

（2）供应指标。供应指标又称企业指标，是同供应商的交货表现和供应商企划管理水平相关的考核因素，其中最主要的是准时交货率、交货周期和订单变化接受率等。

准时交货率=（按时按量交货的实际批次÷订单确认的交货总批次）×100%

交货周期=自订单开出之日到收货之时的时间长度（常以天为单位）

订单变化接受率是衡量供应商对订单变化灵活性反应的一个指标，是指在双方确认的交货周期中可接受的订单增加或减少的比率。

订单变化接受率=（可接受的订单增加或减少的数量÷订单原定的交货数量）×100%

值得一提的是，供应商能够接受的订单增加接受率与订单减少接受率往往不同，前者取决于供应商生产能力的弹性、生产计划安排和反应快慢以及库存大小与状态（原材料、半成品或成品），后者主要取决于供应商的反应、库存（包括原材料与在制品）大小和对因减单可能造成的损失的承受力。

（3）经济指标。供应商考核的经济指标总是与采购价格和成本相联系。与质量指标和供应指标不同的是，质量指标与供应指标考核通常每月进行一次，而经济指标则相对稳定，多数企业是每季度考核一次。此外，经济指标往往都是定性的，难以量化。具体考核点有：

1）价格水平。往往同本公司所掌握的市场行情比较，或根据供应商的实际成本结构和利润率来判断。

2）报价是否及时，报价单是否客观、具体、透明（分解成原材料费用、加工费用、包装费用、运输费用、税金和利润等以及相对应的交货与付款条件）。

3）降低成本的态度和行动，即是否真诚地配合本公司或主动地开展降低成本活动，制定改进计划，实施改进行动，是否定期与本公司协商价格。

4）分享降价成果，即是否将降低成本的好处也让利给客户（本公司）。

5）付款，即是否积极配合响应本公司提出的付款条件要求与办法，开出的付款发票是否准确、及时并符合有关财税要求。

有些单位还将供应商的财务管理水平与手段、财务状况以及对整体成本的认识也纳入考核指标中。

（4）支持、配合与服务指标。考核供应商在支持、配合与服务方面的表现通常是定性、定期的考核，相关的指标有反应表现、沟通手段、合作态度、共同改进、参与开发和售后服务等。

1）反应表现，即对订单、交货和质量投诉等反应是否及时、迅速，答复是否完整，对退货和挑选等是否及时处理。

2）沟通手段，即是否有合适的人员与本公司沟通，沟通手段是否符合本公司的要求（电话、传真、电子邮件以及文件书写所用软件与本公司的匹配程度等）。

3）合作态度，即是否将本公司看做重要客户，供应商高层领导或关键人物是否重视本公司的要求，供应商内部（如市场、生产、计划、工程和质量等部门）是否能整体理解并满足本公司的要求。

4）共同改进，即是否积极参与或主动参与本公司相关的质量、供应和成本等改进项目或活动，或推行新的管理方法等，是否积极组织参与本公司召开的供应商改进会议，是否配合本公司开展的质量体系审核等。

5）售后服务，即是否主动征询客户（本公司）的意见、主动访问本公司、主动解决或预防问题。

6）参与开发，即是否参与本公司的各种相关开发项目，以及如何参与本公司的产品或业务开发过程。

7）其他支持，即是否积极接纳本公司提出的有关参观和访问事宜，是否积极提供本公司要求的新产品报价与送样，是否妥善保存与本公司相关的文件等不予泄露，是否保证不与影响到本公司切身利益的相关公司或单位进行合作等。

根据考核的重点和目标，给予不同指标以权重，通过加权平均可以对供应商进行综合考评。

7.2 供应商关系管理

7.2.1 供应商关系管理的含义

根据供应链管理的概念，上游企业向下游企业提供产品（这里的产品可能是原材料、半成品、零部件或产成品和服务），下游企业再向它的下游企业提供产品，位于上游的提供产品（或零部件）的企业叫做供应商，位于下游的购买产品（或零部件）的企业叫做客户。所以，这里的供应商是为供应链下游客户（非最终消费者）提供原材料、零部件或服务的企业。

供应商关系管理（Supplier Relationship Management，SRM），正如当今流行的客户关系管理（Customer Relationship Management，CRM）用来改善与客户的关系一样，是用来改善企业与供应商关系的管理，即如何与供应链的上游企业在业务往来过程中实现紧密联系和协同运作，与其结成长期、稳固的战略伙伴，使供应商及其资源能够更有效地参与到自己的产品设计和生产制造，甚至投放市场的过程中，降低成本，减少库存，缩短产品开发、生产和投放市场的周期，做到既经济又准确地获得最好的策略资源。所以，供应商关系管理就是供应链上的企业为了更好地满足用户需求，通过对采购方—供应方资源和竞争优势的整合实现供应链整体竞争力和成本的最小化而与供应商建立某种长期稳定的合作关系，并采取一定的手段（电子商务、数据挖掘和协同技术等信息技术）维护发展这种关系、实现共赢的管理模式。

实际上，它是一种以“扩展协作互助的伙伴关系、共同开拓和扩大市场份额、实现双赢”为导向的企业资源获取管理的系统工程。同时，也是运用信息技术对供应商关系进行有效管理的软件系统。

7.2.2 供应商关系管理的模式

1. 制造性企业的物资分类

制造性企业的物资分类调查结果显示，采购量的大小和采购物资对企业生产的重要程度是决定供应商与企业关系的首要因素。根据采购量的大小和采购物资对企业生产的重要程度，可以用一个矩阵来对企业物资进行分类，如图 7-3 所示。

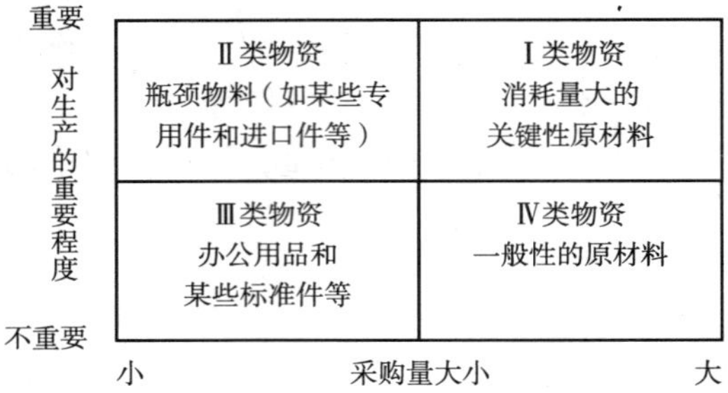

图 7-3 企业物资分类

对于Ⅰ类物资，企业的需求量大，采购该类物资占用的资金较多，其质量好坏对企业的最终产品质量影响很大；对于Ⅱ类物资，企业的需求量不大，但是其质量的好坏对企业的生产影响很大，而且企业对该类物资没有多少讨价还价的余地；办公用品、标准件和其他零星物资等品种多、需求频繁，但是每次需求的数量不大、单项产品占用资金不大的物资属于Ⅲ类物资；一般性的原材料（如一些辅助原材料和燃料等）属于Ⅳ类物资，企业对该类物资需求量大，占用资金多，供应商的数量多，企业的选择余地大，并且其质量好坏对企业的最终产品的质量影响不大。

2. 供应商关系管理模式

针对上述 4 类物资的特性，企业可以采用相应的供应商关系管理模式，如图 7-4 所示。

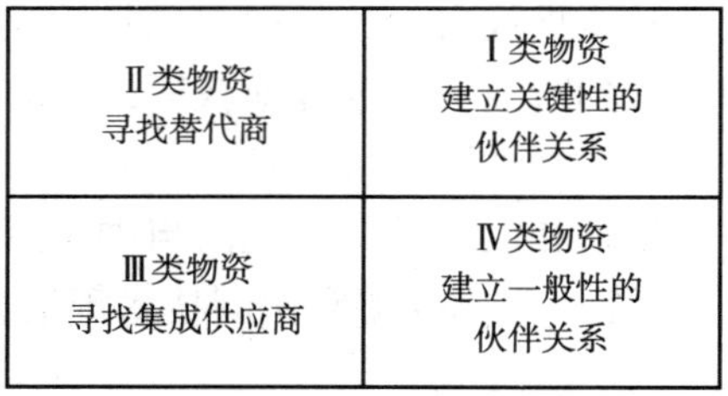

图 7-4 供应商关系管理模式

（1）与Ⅰ类物资供应商建立关键性的伙伴关系。许多供应商选择的理论都是针对Ⅰ类物资的，企业对于Ⅰ类物资的供应商要求很高，需要在诸多供应商中考虑。因为企业的采购量较大，双方共同的利益点很多，因此，供应商也乐于与企业进行较为密切的合作。制造商一般从质量、价格、交货期、响应速度、合作时间、供应商的地理位置、财务状况、生产能力和技术水平等诸多方面来考虑如何选择供应商，并把供应商数量降至最少。

迈克尔·戴尔在实践中发现，维持与众多供应商的关系会增加经营的复杂性和经营成本，不仅包括一般的采购成本，还包括零部件的设计、质量管理、运营测试和市场协调成本等。在发展与关键原材料供应商的伙伴关系中，他认为沟通是非常重要的。戴尔公司花费了大量时间，向供应商解释公司在品质、设计目标、库存、物流、服务、全球性需求和成本方面的要求。相比较下，成本是次要因素，了解供应商是否具备长期的竞争力才是首要任务。因此，他们的原则是尽量压低供应商的数目。该公司不到40家的供应商提供他们90%的原料需求。

一般来说，企业开发和更换此类供应商的成本较高，企业一般愿意与Ⅰ类物资供应商签订长期合作协议，与较少的供应商建立较为固定的伙伴关系，定期与供应商沟通，必要时帮助和扶助供应商，希望供应商能够与企业一起成长。

调查结果显示，超过60%的采购经理提到他们针对某种Ⅰ类物资，一般寻找两三个供应商，并且强调这样做主要是为了企业风险管理的需要。某通信设备制造商的做法有一定的代表性：他们将Ⅰ类物资的3个供应商划分为A，B和C三个等级，对于A级供应商，公司的采购量达到该类物资需求量的70%，公司与其签订长期合作协议，建立伙伴关系；对于B级供应商，公司的采购量达到该类物资需求量的20%；对于C级供应商，公司的采购量达到该类物资需求量的10%，因为对C级供应商的采购量不大，每年集中采购一两次。这有点类似于存货管理中的ABC分类法。

（2）寻找Ⅱ类物资供应商的替代商。瓶颈物料的价值不高，但影响很大。企业经常会碰到这样的情况：由于某种进口件不能按时到货或因为质量问题不能及时处理，整条生产线或整个企业停产。没有太多谈判能力的中小企业尤其被动。一般来说，企业与瓶颈物料供应商在交易中的地位差别悬殊，没有足够的讨价还价能力，企业即使全力以赴，也会由于行业结构的不平衡，不可能与该类供应商建立战略合作关系。

采购人员为保证供应、维持生产的连续性，对于瓶颈物料的采购，一般会寻找多个供货渠道，或者积极地寻找替代品或替代厂家，避免被一个供应商所左右。

（3）寻找Ⅲ类物资供应商的集成供应商。相比而言，企业处理与Ⅲ类物资供应商的关系较为容易。企业比较容易寻找到一般通用件、标准件、办公用品和零星物资的供应商。由于需求量不大，企业不必与此类物资的供应商建立伙伴关系。企业对Ⅲ类物资的供应商可以分品种按照流量招标，寻找第三方供应商，即以每年的需求量招标，价格一年或半年议定一次，以契约的形式保持简单的交易关系。例如，年初逐项议定价格，年内采购按照合同价进行，不再单独询价。为此，企业应努力寻找信誉好、资金实力雄厚的第三方供应商，将对服务水平的要求放在第一位，要求供应商能够送货、退货、换货等，保证产品质量，而将产品的价格放在次要位置。

（4）与Ⅳ类物资供应商建立一般性的伙伴关系。制造性企业往往对某些一般的辅助性原材料和燃料等的品质、差异性等要求不高，同时由于需求量大，所以企业具备对Ⅳ类物资的价格控制力。这类供应商一般处于被动地位，企业能够比较容易地与供应商形成伙伴关系。选择此类供应商时可以将价格放在首位，在供应商声誉和生产能力相当的情况下适当压低价格。

3．供应商关系的转化和改进

企业与供应商之间是一种动态的联盟关系。由于权利博弈的存在，企业与供应商的联盟深度并不总是很理想。企业需要努力与供应商寻求持续改进的途径，采取循序渐进的办法，如图7-5所示。

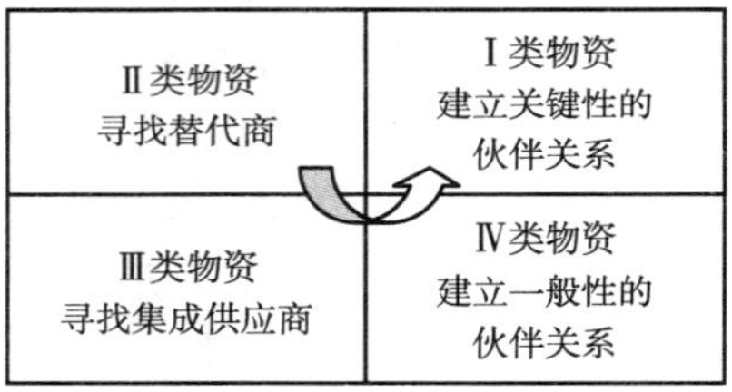

图7-5　供应商关系的转化和改进

（1）企业将Ⅱ类物资供应商转化为Ⅲ类物资供应商。如前所述，对于Ⅱ类物资，企业应一方面寻找多个供应渠道，另一方面积极寻找替代供应商将Ⅱ类物资供应商转化为Ⅲ类物资供应商。

某光纤光缆公司在进口日本的某种专用机器时，发现该机器的输出设备必须使用进口的耗材，使用成本相当高。他们当即通过第三方供应商联系国内的生产厂家，终于寻找到替代的输出设备。这样，虽然进口的输出设备作废，但是从长远来看，不仅节约了公司的成本，而且保证了耗材供应的稳定性。如果可能的话，企业可以借助行业的力量，寻找或者呼吁建立行业性的稀有零件的第三方供应商。

（2）企业将Ⅲ类物资供应商转化为Ⅳ类物资供应商，即将第三方供应商转化为一般性的伙伴关系供应商。企业逐步加大对第三方供应商的采购品种和数量以增加对第三方供应商的采购金额，形成一定的价格控制力。在此基础上，双方可以建立双赢的伙伴关系。沃尔玛是某国际啤酒有限公司的第三方供应商之一，他们签订的协议书中就约定，根据该国际啤酒有限公司年采购金额的大小，沃尔玛给予其不同的价格折扣。

（3）企业将Ⅳ类物资供应商转化为Ⅰ类物资供应商，即将一般性的伙伴关系供应商转化为关键性伙伴关系供应商。我国企业普遍存在一种趋势，即强势企业一旦与供应商约定了价格，企业往往不管供应商的成本。例如，供应商送货上门时，企业根据自己的便利，有时让供应商等几小时或等几天才开始验货，或者故意延迟付款等，这些都不利于企业与供应商建立长期的合作关系，很难取得双赢。企业与Ⅳ类物资供应商一旦建立了长期稳定的合作关系，就不应该再一味压价，而应该逐步为供应商着想。一般来说，企业具备一定的控制力，两者发展伙伴式的供应商关系较为容易，关心供应商、与供应商建立关键性的伙伴关系是双方共同的需要。

正如企业不可能为所有的客户都提供相同的服务一样，企业不可能与所有的供应商都保持伙伴关系。企业供应商关系管理也需要遵循一种循序渐进的模式，只有这样，企业才能够充分利用有限的资源，有效地进行供应商关系管理。

7.2.3 供应商关系管理的组织与实施

1. 供应商关系管理的组织实现过程

根据组织理论的研究，可以构造供应商关系管理的组织实现系统，如图 7-6 所示。基于供应商关系管理的理念，通过文化培植使制造商和供应商的所有人员具有相互合作的意识态度，在此基础上对人员进行有效的组织，并通过一系列工作过程实现供应商关系管理。

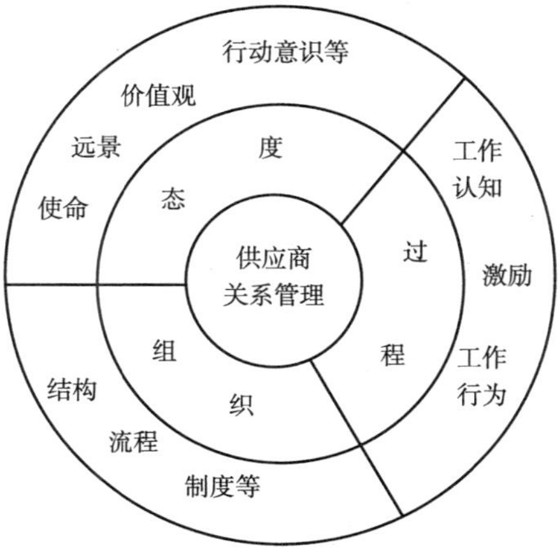

图 7-6 供应商关系管理组织实现系统

（1）态度。供应商关系管理的目的在于建立深层次的合作伙伴关系，增强同盟的竞争力，共同抵抗风险，消除彼此间不必要的浪费，获取更多的超额利润，最终实现供应链的成功。实施供应商关系管理是对传统文化和官僚结构的挑战，企业首先必须培植发展这种合作关系的文化氛围，并在企业的使命、远景、价值观和行动意识等方面加以体现，对全体员工潜移默化，培育员工关系管理的意识和观念。

在关系战略的指导下，供求双方的高层达成共识和坚定的合作意向，将诚信和双赢作为企业的行动纲领，在任何一方处于困难的时候，伙伴关系者都能伸出援助之手。

（2）组织。组织层面是非常重要的，它把企业的人治变为法治，运用业务流程改善（Business Process Improvement，BPI）对现有组织结构、业务流程和各种制度进行完善，以使之更好地发展供应商关系。有了关系管理的文化氛围，企业还必须设计和改善利于供应商关系管理的组织结构、流程和制度，来规范供应商关系管理过程，尽量减少行为的随意性。

供应商与制造商的关系结构的深刻改变，要求供应商关系管理充分授权，使采购、品质、营销、制造、设计、研发、财务和会计等各职能部门直接联系。传统企业的组织结构呈橄榄形，信息传递的有效性差，部门之间的协调性差，已经不能适应供应商关系管理的要求。组织形式扁平化，可以在双方关系主管人员知晓的前提下，使执行层面的职能人员与对方进行直接沟通，保证信息的对称性和一致性。

采供双方成立供应商关系管理联合团队的网络组织，以供应商关系战略为中心，吸收采供双方的资深采购和其他各职能人员，将许多以任务为中心的动态团队组成统一的系统，协调管理，共同改善供应商关系，并获得相应的关系绩效。

（3）过程。过程是供应商关系管理的执行层面，工作人员的工作认知和工作行为决定了供应商关系的有效性。态度和组织都只是供应商关系管理的基础，而过程则是供应商关系管理的实施。

相关的职能人员在发展供应商关系的企业文化理念下，依据已经制定的流程和制度规范，实施供应商关系管理，保证不实施有损于供应商关系的行为，即使在相关的流程和制度规范范围之外，也要在发展供应商关系理念指导下，做出正确的决策和行为。同时，供应商关系管理联合团队有必要对影响关系的工作人员的行为进行控制。工作人员首先是自律，然后相互监督，在未能自行调解的情况下，由供应商关系管理联合团队责成矫正行为，并运用激励机制进行公开的赏罚。

2. 供应商关系管理的实施

企业供应商关系管理战略的价值在于为关系双方带来绩效。为真正实现关系管理的价值，在实践过程中，需要制定一个完整的实施方案，包括实施的步骤、过程和技术细节等，并时刻提醒实施团队做了什么，正在做什么，还需要做什么，哪些地方需要检讨等。图 7-7 表示了整个供应商关系管理的实施过程。

整个供应商关系管理的实施过程可分为三个阶段，即供应商关系的建立、供应商关系的维护与改善和供应商关系的绩效评价与持续改善，如图 7-7 所示。

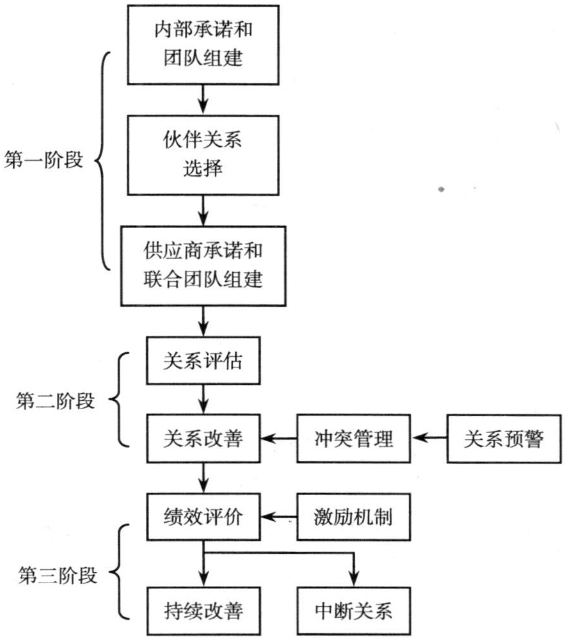

图 7-7　供应商关系管理实施过程

（1）供应商关系的建立。供应商关系战略的实施首先应该是客户方的内部理解和承诺，企业上下都达成要发展供应商关系的强烈共识。企业高层管理者应从战略的角度认清与企业生产密切相关的、但供给不稳定的主要产品和服务，并据此确定主要的供应商。在此基础上，组建供应商关系管理团队，明确管理目标，并制定适当的供应商关系模式，进行进一步审核后，与供应商确定关系战略，指导和帮助供应商企业理解并承诺关系战略，和供应商共同组建供应商管理联合团队。

（2）供应商关系的维护与改善。联合团队正式展开工作后，首先制定联合团队的管理制度、工作计划和工作流程，以及关系绩效指标体系和激励机制，评估目前客户与供应商的关系状况，找出影响关系的问题。针对问题，制定相应的改善方案和计划以及期望效果，执行和实施改善方案，并对过程全面监控，同时制定预警机制和冲突管理的一般解决方法。

（3）供应商关系的绩效评价与持续改善。关系改善方案执行后，应对改善后的状况进行绩效评价，并对照改善前的评估，分析改善程度，从而依据激励机制来对客户、供应商、联合团队和做出贡献的相关员工进行赏罚，同时继续进行关系管理变革全过程的总结检讨，由联合团队整理成文档报告。绩效评价后仍可能存在影响关系的问题，应针对问题进行下一轮的关系改善。当然，持续改善并非仅仅从按部就班的评估中开始，还应从建立的关系预警机制中获得问题信息，并及时处理。在评价中，若发现供应商严重违背承诺，可以选择中断合作关系并寻找新的合作伙伴。

7.3 供应链管理中的客户管理

客户管理是企业关系管理和供应链管理中的又一项重要内容，客户管理在企业管理和供应链管理中具有重要的地位与作用。没有成功的客户管理，供应链管理就不能有效地运作。

7.3.1 客户管理的概念与类别

1. 客户管理的概念

客户管理是指经营者在现代信息技术的基础上，收集和分析客户信息，把握客户需求特征和行为偏好，积累和共享客户知识，有针对性地为客户提供产品或服务，发展和管理与客户之间的关系，从而培养长期忠诚度，以实现客户价值最大化和企业收益最大化之间的平衡的管理方式。

客户管理主要包括三个层面的内容：① 服务渠道管理，即进行市场营销的综合性和互动性的服务渠道管理；② 关系营造，即建立在优质、高效、便捷服务基础上的真正的客户关系；③ 对企业的一体化管理，即前台操作与后台操作的一体化。

对于一般的工商企业而言，实施客户管理的过程就是企业在树立“以客户为中心”的经营理念的基础上，开展的包括判断、选择、争取、发展和保持客户的全部商业过程；是企业“以客户为中心”，通过再造企业组织体系和优化业务流程，展开系统的客户研究，提高客户满意度和忠诚度，提高效率和利润收益的工作实践。事实上，企业在市场营销中实施客户管理，一方面可以通过向客户提供更快速和周到的优质服务吸引与保持更多客户，另一方面可以通过对业务流程的再造降低营运成本。

随着社会经济的发展，产品的日益丰富，市场也由卖方市场过渡到买方市场，企业必须对市场变化迅速做出反应。市场的变化源于客户行为的变化，企业必须把注意力集中于客户需求，最大限度地满足其需求欲望和长远利益。随着市场竞争的加剧，现代企业的竞争优势早已不仅仅局限于产品本身了，决定企业命运的关键是客户——持久、忠诚的客户。从管理学的角度上看，客户管理工作的重点应在于管理和尽量延长整体客户特别是优质客户的生命周期，通过有效地满足现有客户的需要来扩大客户基础。因此，如何赢得客户和维持客户成为关系到企业生死存亡的大事。企业只有加强客户管理，不断地提高管理客户的能力，把一次性客户转化为长期客户，把长期客户转化为终身忠诚的客户，才能增强企业的核心竞争能力。

在供应链管理中，客户以及客户与企业的关系是整个供应链的重要资源。没有成功的客户管理就没有供应链管理的成功。

2. 客户管理对象的分类

客户管理的对象无疑就是企业的客户，所以企业要搞清楚的是客户到底包括哪些，以及如何分类。客户可以按不同的方法来划分，按照销售量及对企业的忠诚度可以将客户分为四类：

（1）销售量小且对企业不忠诚的客户。这些客户是没有价值的客户，企业对待此类客户的对策就是该出手时就出手，该淘汰的就淘汰。没有对差的客户的淘汰，就不能培养出一批好客户。

（2）销售量大但对企业不忠诚的客户。这些客户常常是企业最危险的敌人，他们以自己的销售额为资本向厂家讲条件、提要求，厂家不能满足他们的愿望，他们就还厂家以“颜色”——窜货，降价倾销，扰乱市场或是长期拖欠企业货款。对这些客户管理稍有疏忽，就会给企业造成很大的损失。

（3）销售量小但对企业忠诚的客户。这是可以培养的明日之星。对此类客户，企业要多扶持、培养，努力使其成为一个好客户。

（4）销售量大且对企业也忠诚的客户。这是企业最宝贵的财富。一个企业拥有的这类客户越多，市场就越稳定、越有发展潜力。

另外，按交易过程来分，企业客户包括曾经有过交易业务的客户、正在进行交易的客户和即将进行交易的客户；按时间序列来分，客户可分为老客户、新客户和潜在客户；按交易数量和市场地位来分，客户可分为主力客户（交易时间长、交易量大等）、一般客户和零散客户；按客户的性质来分，客户可分为政府机构（以国家采购为主）、特殊公司（如与本公司有特殊业务等）、普通公司、客户个人和交易伙伴等。

7.3.2 客户管理的内容和原则

1. 客户管理的内容

客户管理的实质是通过调查分析，进行客户开发、客户服务、客户促销、客户维护并促进客户价值的提升。客户管理的内容包括以下几点。

（1）客户调查管理。通过人口特征、生活态度、生活方式、消费历史和媒介消费等对目标客户进行分析，迅速了解客户需求，及时掌握客户信息，把握市场动态，调整、修正产品与服务的营销策略，满足不同的需求，促进产品和服务的销售。

通过调查，企业应掌握客户的有关信息，主要是：① 基础资料，即客户的最基本的原始资料，主要包括客户的名称、地址和电话，所有者、经营管理者、法人代表及他们个人的性格、兴趣、爱好、年龄和能力等，企业创立时间、与本公司交易时间，企业组织形式、业种和资产等。② 客户特征，主要包括服务区域、销售能力、发展潜力、经营观念、经营方向、经营政策、企业规模和经营特点等。③ 业务状况，主要包括销售实绩、经营管理者和业务人员的素质、与其他竞争者的关系、与本公司的业务关系和合作态度等。④ 交易现状，主要包括客户的销售活动现状、存在的问题、保持的优势、未来的对策、企业形象、声誉、信用状况、交易条件和出现的信用问题等。

（2）客户开发管理。客户开发的前提是确定目标市场，研究目标客户，从而制定客户开发市场营销策略。营销人员的首要任务是开发准客户，通过多种方法寻找准客户并对准客户进行资格鉴定，使潜在客户成为现实客户。

（3）客户信息管理。客户信息管理是客户管理的重要内容和基础，包括客户信息的收集、处理和保存。运用客户信息，区分准客户、新客户和老客户，区分大客户和一般客户，并实施不同的市场营销策略，进行客户关系管理。

（4）客户服务管理。客户服务是一个过程，是在合适的时间、合适的场合，以合适的价格、合适的方式向合适的客户提供合适的产品和服务，使客户价值得到提升的活动过程。客户服务管理是了解与创造客户需求，以实现客户满意为目的，企业全员、全过程参与的一种经营行为和管理方式，它包括营销服务、部门服务和产品服务等几乎所有的服务内容。客户服务管理的核心理念是企业全部的经营活动都要从满足客户的需要出发，以提供满足客户需要的产品或服务作为企业的义务。

（5）客户促销管理。促销是营销人员将有关产品信息通过各种方式传递给客户，提供产品情报、增加消费需求、突出产品特点，促进其了解、信赖并使用产品和服务，以达到稳定市场销售，扩大市场份额，增加产品价值，发展新客户，培养强化客户忠诚度的目的。促销的实质是营销人员与客户之间进行有效的信息沟通，这种信息沟通可以通过广告、人员推销、营业推广和公共关系四种方法来实现。而促销管理是通过科学的促销分析方法进行全面的策划，选择合理的促销方式和适当的时机，对这种信息沟通进行计划与控制，以使信息传播得更加准确与快捷。

2．客户管理的原则

（1）动态管理。由于客户的情况是会不断地发生变化的，所以对客户的变化要进行跟踪，对客户的资料也要不断地加以调整，剔除过时的或已经变化了的资料，及时补充新的资料，使客户管理保持动态性。

（2）突出重点。有关不同类型的客户资料很多，要透过这些资料找出重点客户。重点客户不仅要有现有客户，而且还应该有未来客户或潜在客户。这样可以为企业选择新客户，开拓新市场提供资料，为企业进一步发展创造良机。

（3）灵活运用。客户资料的收集管理，目的是在销售过程中加以运用。所以，在建立客户资料卡或客户管理卡后，不能束之高阁，应以灵活的方式及时全面地提供给推销人员及其他有关人员，使他们能进行更详细的分析，使死资料变成活材料，提高客户管理的效率。

（4）专人负责。由于许多客户资料是不宜流出企业的，只能供内部使用。所以，客户管理应确定具体的规定和办法，应由专人负责管理，严格客户情报资料的利用和借阅。

7.4 客户关系管理

保持和发展客户是所有企业都面临着的重要问题，它存在各级供应链中。客户关系管理（CRM）起源于20世纪80年代初美国的“接触管理”（Contact Management），即专门收集整理客户与公司联系的所有信息。1990年前后许多美国企业为了满足竞争日益激烈的市场需要，开始开发销售力量自动化系统（SFA），随后又着力发展客户服务系统（CSS）。1996年后一些公司开始把SFA和CSS两个系统合并起来，再加上营销策划（Marketing）、现场服务（Field Service），然后再集成计算机电话集成技术（CTI）形成集销售（Sales）和服务（Service）于一体的呼叫中心（Call Center）。特别是Gartner Group正式提出客户关系管理（CRM）的概念，加速了客户关系管理的产生和发展，目前已形成了一套客户管理理论体系。

7.4.1 客户关系管理的基本概念

关于客户关系管理的定义，不同的研究机构、公司和学者有着不同的表述，被引用较多的有Gartner Group和IBM所给出的定义。

Gartner Group是最先提出关于客户关系管理概念的机构，它给出的定义是：“客户关系管理是企业的一项商业策略，它按照客户的细分情况有效地组织企业资源，培养以客户为中心的经营行为以及实施以客户为中心的业务流程，并以此为手段来提高企业的获利能力、收入和客户满意度。”

IBM理解的客户关系管理包括企业识别、挑选、获取、发展和保持客户的整个商业过程。它把客户关系管理分为三类，即关系管理、流程管理和接入管理。

美国客户关系管理专家罗纳德·S·史威福特认为，“客户关系管理是企业通过富有意义的交流沟通，理解并影响客户行为，最终实现提高客户获得、客户保留、客户忠诚和客户创利的目的”。

以上关于客户关系管理的不同论述可以概括为以下三个层次：

（1）客户关系管理首先是一种管理理念，其核心思想是将企业的客户（包括最终客户、分销商和合作伙伴）作为最重要的企业资源，通过完善的客户服务和深入的客户分析来满足客户的需求，保证实现客户的终生价值。

（2）客户关系管理是旨在改善企业与客户之间关系的新型管理机制，它存在于企业的市场营销、销售、服务和技术支持等与客户相关的领域。一方面，通过向企业的相关人员提供全面、个性化的客户资料，并强化他们的跟踪服务和信息分析能力，使他们能够协同建立和维护一系列与客户和生意伙伴之间卓有成效的“一对一关系”，从而为客户提供更快捷和周到的优质服务，提高客户满意度，吸引和保持更多的客户，进而增加营业额；另一方面，则通过信息共享和优化商业流程来有效地降低企业经营成本。

（3）客户关系管理也是一种基于特定管理软件与技术的先进的管理方法，它将最佳的商业实践与数据挖掘、数据仓库、一对一营销、销售自动化和其他信息技术密切结合在一起，为企业的销售、客户服务和决策支持等提供自动转化的解决方案。企业以电子商务为基础，面向客户，成功地实现从传统企业模式到以电子商务为基础的现代企业模式的转化。

客户关系管理的目标主要有三个方面，即客户保留——通过保留忠诚和创利客户以及渠道，从而带来业务的增长；客户获得——基于已知的和了解的客户特征，促进业务发展和增加利润收入，从而获得正确的客户；客户赢利——通过在正确的时间提供正确的产品，增加从单一客户产生的利润。

在供应链管理中，把客户作为企业发展最重要的资源之一，将客户关系管理整合进整个供应链管理中去，对企业与客户发生的各种关系进行全面管理，不仅包括在单纯的销售过程中所发生业务的客户关系，而且还包括在企业营销和售后服务过程中发生的各种客户关系的管理。这实际上是 ERP 系统中销售管理的延伸，即借助 Internet Web 技术，突破供应链上企业间的地域边界和不同企业之间信息交流的组织边界，建立起企业自己的 B2B 网络营销模式，从而进一步延伸企业供应链管理。

总之，客户关系管理通过数据库和其他信息技术来获取客户数据，分析客户需求特征和行为偏好，积累和共享客户知识。在此基础上，有针对性地为客户提供产品或服务，从而提高客户满意度和忠诚度，实现企业和客户双赢的目的。

7.4.2　客户关系管理的功能与结构

1．客户关系管理的功能

客户关系管理就是要通过对企业与客户之间发生的各种关系进行全面管理，以赢得新客户，巩固保留既有客户，并增进客户利润贡献度。客户关系管理的功能主要分为以下三大部分：

（1）统一客户信息管理。打破部门之间的信息分割，整合企业不同的部门、不同的人所掌握的客户信息资料，实行客户信息集中统一管理，这包括对客户类型的划分、客户基本信息、客户联系人信息、企业销售人员的跟踪记录、客户状态和合同信息等。在企业内部，不同的部门和不同的人掌握着不同的客户信息，它们以分散的形态存在着。例如，销售部门掌握着客户的购买信息和相关的档案；财务部门掌握着客户的资金和信用等财务信息，而生产部门和物流部门则了解客户的订单等。必须把这些信息整合起来，才能了解客户全貌，更好地针对客户开展业务。

（2）实现企业经营目标。通过对各种渠道（包括传统营销、电话营销和网上营销）接触的客户进行记录、分类和辨识，了解客户的需求，并对客户需求进行系统的分析和研究，提供对潜在客户的管理，并对各种市场活动的成效进行评价。在此基础上，针对不同的客户，实行“一对一营销”的个性化服务，提高客户的满意度和客户价值，维护老客户，发展新客户。同时，结合前端的供应商关系管理，使企业和供应商以及客户之间实现良性互动，最大限度地利用供应链资源，拓展企业生存和发展空间，提高企业经营效益和企业核心竞争力。

（3）提供协同互动的管理平台。利用电子商务，建立面向客户的管理平台。支持现场销售人员的移动通信设备或掌上电脑设备接入。帮助企业建立网上商店、支持网上结算管理及与物流软件系统的接口。企业对电话销售和现场销售等各种销售活动进行跟踪，及时分析客户的需求动向和偏好，并根据客户需求的变化对产品、职能、网点和物流配送等及时调整。同时，根据供应商的业务安排、工作进度、流程、信用风险和环境变化等信息，为客户提供高质量的服务。另外，建立产品安装、服务请求、服务内容、服务网点和服务收费等档案，详细记录服务全程进行情况，支持现场服务与自助服务。客户可以不受时间和空间的限制，通过 Internet 访问企业，获得相关的信息和指导。

2. 客户关系管理系统的结构

客户关系管理要求以“客户为中心”，形成以客户服务为核心的业务流程和客户驱动的产品与服务设计。客户关系管理系统由触发中心、挖掘中心和业务中心三个部分构成，如图 7-8 所示。

（1）触发中心。主要功能是实现企业与客户之间的信息交流，并将相关信息记录下来，存入企业统一的数据仓库（Data Warehouse）。它主要由呼叫中心服务、传真/信件服务、电子邮件服务、Web 站点服务和个人接触服务几部分组成。

（2）挖掘中心。是通过对数据仓库中记录的客户及产品资料进行数据挖掘（Data Mining）和分析，从中发现客户行为规律和购买模式等，并为企业决策提供支持，它是客户关系管理（CRM）的核心部分。主要工具包括数据挖掘、联机分析处理（OLAP）和其他统计分析工具。

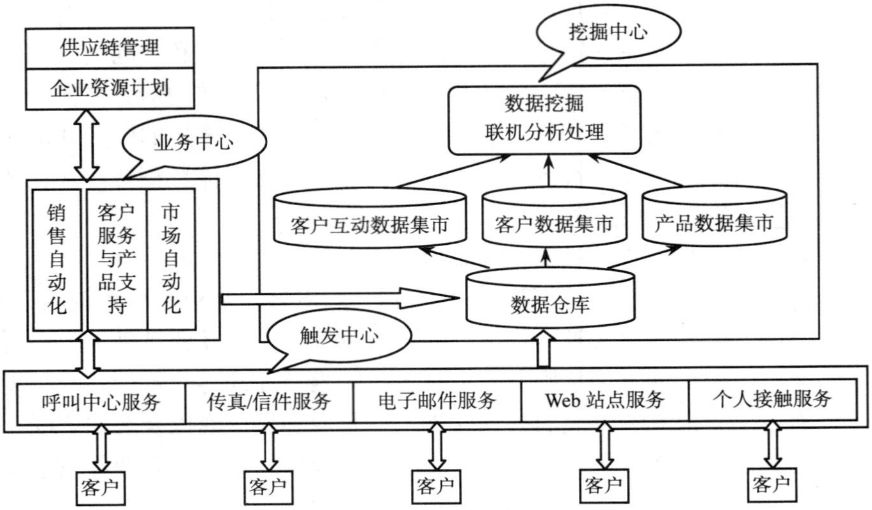

图 7-8　客户关系管理系统框架结构

（3）业务中心。主要是根据获得的客户信息，以客户为中心组织企业的销售、营销和服务等业务，并将相关信息记录下来，同时与企业的企业资源计划（ERP）系统和供应链管理系统进行信息交流。这里与传统企业最主要的区别是，业务流程不再是以产品为中心，而是以客户为中心，打破传统企业职能层级制的限制直达客户。它主要由销售自动化、市场自动化、客户服务与产品支持构成。销售自动化包括选择、购买、定购功能以及与销售队伍相关的管理功能；市场自动化包括判断、选择目标客户或开拓领域所需功能；客户服务包括客户订单、客户状态、客户转账或开户等管理功能的自动化；产品支持包括产品信息或问题解决的自动化。

3. 客户关系管理系统与其子系统

一个完整、有效的客户关系管理应用系统由以下四个子系统组成：业务操作管理子系统、客户合作管理子系统、数据分析管理子系统和信息技术管理子系统（见图 7-9）。

（1）业务操作管理子系统。它涉及三个基本的业务流程，即市场营销、销售实现、客户服务与支持，主要目标是实现基本商务活动的优化和自动化，包括营销自动化（Marketing Automation，MA）、销售自动化（Sales Automation，SA）和客户服务与支持（Customer Service&Support，CS&S）。

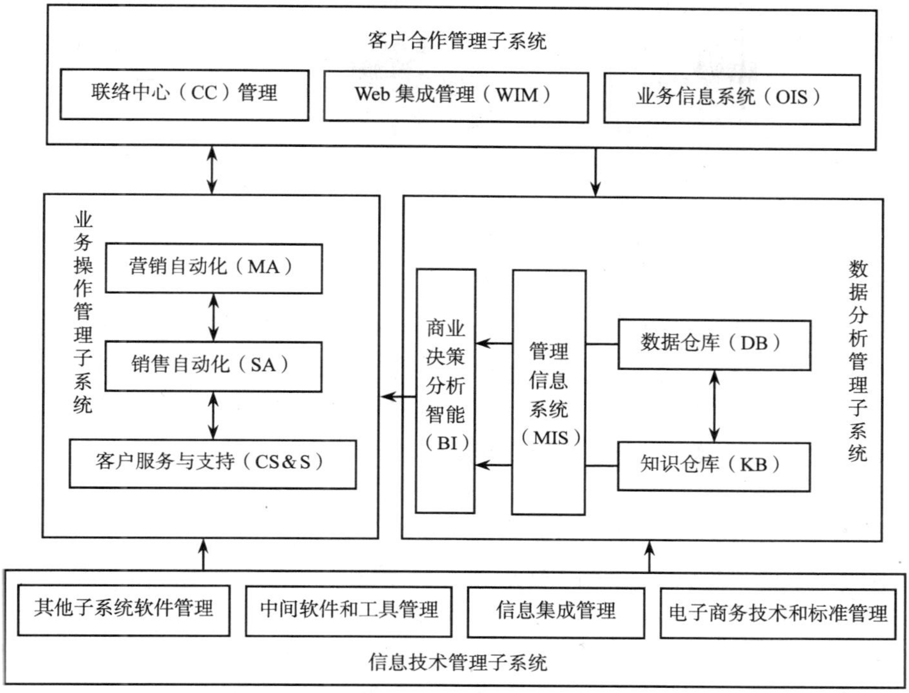

图 7-9 客户关系管理系统与其子系统

（2）客户合作管理子系统。主要目标是实现客户接触点的完整管理，以及客户信息的获取、传递、共享、利用和渠道管理，涉及企业不同职能部门的管理信息体系、联络中心（电话中心）、移动设备、Web 渠道的信息集成和处理等问题，因此主要内容包括业务信息系统（Operational Information System，OIS）、联系中心（Contact Center，CC）管理和 Web 集成管理（Web Integration Management，WIM）。

（3）数据分析管理子系统。主要涉及为实现商业决策分析智能的客户数据库建设、数据挖掘和知识库建设等工作，其内容包括数据仓库（DB）建设、知识仓库（Knowledge-base，KB）建设，并依托管理信息系统（Management Information System，MIS）的商业决策分析智能（Business Intelligence，BI）等设备和软件来保障，因此，信息技术管理也成为客户关系管理的有机组成部分。

（4）信息技术管理子系统。这也是 CRM 的有机组成部分，其主要功能包括：对其他子系统应用软件的管理，所使用的是数据库管理系统（Database Management System，DBMS）、电子软件分发系统（Electronic Software Distribution，ESD）等；对中间软件和系统工具的管理，其使用的是中间软件系统（Middle Ware System）、系统执行管理工具（System

Administration Management）等；企业系统的集成管理，主要是运用 CRM 与企业管理信息系统的集成以及整个的企业应用集成（Enterprise Application Integration，EAI）方案，以实现将企业的 CRM 应用与 ERP 和 SCM 等其他系统的紧密集成；电子商务和标准管理，主要是 Internet 技术及应用、EDI 技术及标准和通信标准管理等。

7.4.3 客户关系管理的实施

1. 组织实施客户关系管理必须具备的条件

组织实施客户关系管理须具备以下几个条件：

（1）企业最高管理层的全力支持。客户关系管理项目的实施必须得到企业最高管理层坚定、持续的赞同和大力支持，如果管理层亲自参与，效果将更加理想。

（2）员工观念和素质的转变。客户关系管理是一套全新的理念和管理方法，它不同于传统的企业文化和工作模式，每一个员工能否转变到以客户为中心的行为方式上来，将直接关系到客户关系管理的成败。

（3）组织和业务流程的变革。在实施客户关系管理时，在一定程度上要求组织结构和业务流程做某些变革（即使不是全面的）。这种变革能否得到各业务部门的理解和配合、业务流程能否得到真正的优化和重组、工作模式能否有效地转变，也是客户关系管理实施过程中需要考虑的重要条件。

（4）资金和资源配置的到位。资金主要是指足够的项目预算，资源配置则是指人力、物力的保障和团队的成功组建。如果资金和资源配置无法到位并得不到保障，客户关系管理的实施过程将困难重重。

（5）实施规则和范围的界定。任何企业都有太多的实际问题和资源限制，企业不能贪大求全。所以，在客户关系管理实施规划阶段，对实施的范围、规模和层次进行有效的界定非常重要，否则项目最终难以收场，也肯定无法达到理想的效果。

（6）隐私问题和原则的执行。由于客户关系管理的基础是理解客户，在客户信息的收集、使用等方面必须有一整套严格并可执行的规章制度和原则。

2. 实施客户关系管理的基本步骤

客户关系管理的实施包括客户关系管理系统的建立、运行、维护和改善等一系列活动，其中系统的建立是实施客户关系管理的基础，它包括员工客户至上观念的树立、实施客户关系管理的工作团队的建立、实施计划的编制、合作伙伴的选择、信息系统的建立、企业组织结构的变革、企业工作流程的再造等工作。企业实施客户关系管理的目的在于有效地赢得客户的信赖。实施客户关系管理的基本步骤如下：

（1）企业的定位与价值主张。任何企业对客户都有存在的价值，这个价值决定了客户的期望。例如，成立于20世纪70年代初期的美国西南航空公司，一开始便以短程航线和廉价的机票为经营定位，旅客在自动售票机购票，飞机上也不提供餐点。西南航空公司的经营定位控制了客户的期望，因此，搭乘西南航空公司飞机的旅客，不会要求豪华的商务仓服务。专家认为，如果要让客户满意，首先要清楚自己的定位。

（2）建立客户关系管理团队。成功的客户关系管理需要一个成功团队的支撑，尤其是“全职”的核心团队。核心团队一般由8～12名成员组成，其最佳配置包括管理高层、市场销售部门、系统集成/技术支持部门、财务部门的成员和终端用户。核心团队需要具备两方面的能力，即组织专长和技能专长。

具有组织专长的团队往往拥有实现营销、销售和服务功能所需的知识与关系，可以把客户关系管理与所有公司的部门和整体企业战略结合起来；技能专长意味着需要具备特定的专长来设计和实施新的客户关系管理战略、流程与技术。首先，它应当能够设计客户战略，来吸引、赢取并发展客户。其次，需要建立技术平台，以便能够在不同的客户接触点上实现统一的交互。最后，具有开发和执行评估的技能。通过评估，跟踪客户关系管理的商业价值，并驱动系统的持续改进。

事实上，很少有公司能够建立一个包括各种技能专家的团队。公司内部实施团队经常期望能与外部专家联盟。因为外部专家能够提供内部核心团队所不具备的关键技能，并且能够培养和开发经验少的内部人力资源。

（3）制定实施客户关系管理的计划。客户关系管理团队成立后应着手编制实施客户关系管理的计划书，在严密思考和对客户关系管理深刻理解的基础上，明晰企业的商业目标，准确把握和描述企业需求。在此基础上，制定实施计划书，规划未来的实施步骤，估计预期收益。计划书无论在计划的实施过程中或实施之后，都具有特别重要的价值，它指导计划的实施，并作为项目成功与否的测量标准之一。

（4）分析客户需求，初建企业信息系统。企业信息系统必须反映并满足客户的需要，为初建企业信息系统，应该首先分析客户的需求。对企业来说，客户的使用经验透露出许多宝贵的信息。戴尔电脑便是从客户使用经验中获得启发的成功企业。考虑到许多大企业在采购大量电脑之后，往往必须再由工程人员逐一安装特定的工作软件，耗费许多经费和人力。因此，戴尔公司就在为特定客户组装电脑的同时，加入他们所需要的软件和界面卡。

要做好客户信息收集工作和信息系统的初步建设，需要建立客户信息文件，一般应包括客户原始记录、统计分析资料和企业投入记录。企业应根据自身管理决策的需要、客户特征和收集信息的能力，选择确定不同的客户档案内容，以保证档案的经济性、实用性。

（5）选择合适的客户关系管理解决方案。具体又可以分成以下两个步骤：① 制定客户关系管理解决方案。可以借助媒体多方面地去了解、收集，然后进行综合，可总结多套不同的客户管理方案。也可以聘请专门的策划咨询公司，借助他们获得客户管理方面的资料。② 选择客户关系管理解决方案。一个复杂的客户管理解决方案有三个要素，即软件、经销商和经费。只有三个要素紧密结合在一起，才能成功实施客户关系管理。结合公司的实际情况，充分考虑以上三个要素，然后从备用方案中选择最合适的方案。

（6）变革企业的组织结构，再造工作流程。为有效实施客户关系管理方案，必须对企业组织结构实施适当的变革，改变企业各部门之间信息分割占有的状态，使得整个企业活动都以客户满意为中心和目标。客户关系管理方案的实施，可能破坏企业原有利益平衡，导致利益的重新分配，原有的既得利益部门或个人（如销售队伍和服务组织等）可能会抵制客户关系管理方案的实施。为消除这些抵制，企业除了进行正式的教育培训外，还应在组织结构上做一些新的安排，变革原有不合理或不合时宜的组织结构。

美国著名的管理咨询公司 Gartner Group 的调查表明，尽管最近几年在客户关系管理上投资非常大，但客户满意度一直在下降。出现这种客户关系管理实施失败的原因之一，在于组织用一套新的系统来代替现有系统（流程还是一样的），或者简单地使现有流程自动化。必须通过客户关系管理的实施，重组销售、营销和服务运作体系，改进客户关系，并且发掘每个客户连接点的最大化价值。

（7）组织培训，实现系统的正常运转。企业针对客户关系管理方案应确立相应的培训计划，培训对象应包括销售人员、服务人员和管理人员，并根据业务发展的需要不断对员工进行新的培训，使员工了解方案实现后管理与维护方面的要求，促使企业客户关系管理系统成功运行。

（8）运行、评估、维护和改进系统。企业应根据客户关系管理系统，为企业建立衡量管理绩效的数据监控体系、内部管理报表体系、决策数据体系和决策数据分析方法，并且建立和管理客户信息系统。同时，对客户关系管理系统提供的性能指标功能进行监测，估算系统应用的成功度。为确保系统能产生预期的效益，企业还要花时间对功能不足的模块进行改进，直到满足要求为止。

本章小结

供应商关系管理和客户关系管理都属于企业外部关系管理。供应商管理通过供应商开发、评估与选择、合作关系的建立和维护、绩效管理等环节，以确保在任何情况下，企业以低成本及时获得所需要的产品或服务。在供应商管理中应特别注重供应商的评价与选择、供应商的绩效考核。

供应商关系管理是一种用来改善企业与供应商关系的管理理念和管理模式。应根据制造性企业的物资分类，分别采取建立关键性的伙伴关系、寻找替代商、建立一般性的伙伴关系和寻找集成供应商等模式，并努力与供应商寻求持续改进的途径。在实施过程中，要在态度、组织和过程几个方面做出努力。

客户管理是培养客户忠诚度，以实现客户价值最大化和企业收益最大化之间的平衡的管理方式，它包括服务渠道管理、关系营造和对企业的一体化管理，其实质是通过调查分析，进行客户开发、客户服务、客户促销、客户维护并促进客户价值的提升，在实践中应坚持动态管理、突出重点、灵活运用和专人负责等原则。

客户关系管理将企业的客户作为最重要的企业资源，通过管理软件与技术来不断改善企业与客户之间关系，其功能主要为统一客户信息管理、实现企业经营目标、提供协同互动的管理平台。客户关系管理系统由触发中心、挖掘中心和业务中心三个部分构成。客户关系管理的实施应具备一定条件，并遵循以下步骤：企业的定位与价值主张；建立客户关系管理团队；制定实施客户关系管理的计划；分析客户需求，初建企业信息系统；选择合适的客户关系管理解决方案；变革企业的组织结构，再造工作流程；组织培训，实现系统的正常运转；运行、评估、维护和改进系统。

案 例

本田公司建立“超级供应商关系”

超级供应商关系是指企业和供应商之间建立在高度信任、真诚相待并客观对待结果基础上的合作关系。只要运用得当，超级合作关系能够为合作双方带来巨大的利益。

以本田为例。在六年时间里，本田通过与少数几家超级供应商的通力合作取得了令人瞩目的成就。在此期间内，美国的消费价格指数上涨了11个百分点，而本田的某主要竞争对手不禁有些沾沾自喜，因为它们将其物料成本的上涨幅度控制在了7个百分点以内。这点小小的成就在本田面前就显得相形见绌了。在与超级供应商的通力合作下，本田实现了19%的成本缩减，并从竞争对手那里赢得了26%的市场份额。

本田所取得的成就说明：与供应商建立并维持一种超级合作关系，将会给企业带来巨大的利益，这是传统上较为松散的“客户—供应商”关系所无法比拟的。本田正是通过与少数几家关键的供应商建立良好的关系，并悉心加以维持，从而极大地缩减了成本，并扩大了市场占有率。

汽车行业的发展佐证了企业利用超级供应商关系获取主要竞争优势的事实。具体来说，本田和丰田等日本汽车制造商，通过与超级供应商的合作而把福特和通用汽车远远地抛在了身后。东西方文化在处理企业与供应商之间的关系上的作风迥然不同。日本式的供应商关系是建立在相互信任、诚实、正直，以及对结果持有的一种客观的态度之上的。

除了文化以及共享价值观等问题，超级合作关系通常还要求企业能极大地降低供应商的风险，从而更好地对供应商的生产或服务能力加以利用。文化冲突是不可避免的，但是通过高度协作、减少内部交易流程，以及在各个操作层面上的紧密合作，就能够收获这种关系所带来的回报。

要想让超级供应商关系成为现实，并非一朝一夕可以实现的，并且没有任何捷径可取。企业必须长期坚持相互信任、诚实、正直以及对结果的客观态度，而不应对关键供应商进行并不明智的压榨。企业和供应商双方还应长期进行流程改进，以不断地降低成本，提高价值。

强调超级合作关系给供应商带来的利益，与强调它给客户带来的利益具有同等重要的意义。超级供应商可以为其合作伙伴提供成本加成价，而为合作伙伴的竞争对手提供市场交易价格。由于超级供应商具有更高的生产效率，那么，当它以市场价格为其合作伙伴的竞争对手提供产品或服务时，就能够获得更高的利润回报。

复习思考题

1. 企业如何进行供应商管理?
2. 如何实施供应商关系管理?
3. 客户管理的内容是什么?
4. 简述企业如何实施客户关系管理。
5. 根据案例，你认为与供应商的关系对供应链的整体绩效有什么影响，以及如何建立与供应商高度协调的关系。
6. 根据案例，请分析供应链环境下的供应商管理与传统方式有什么不同。

第 8 章

供应链战略联盟

本章学习目标

- 了解企业合作关系与战略联盟的演变及企业战略联盟的含义。
- 深刻理解供应链战略联盟的含义，掌握它的特征、分类和作用。
- 了解建立供应链战略联盟的影响因素，重点掌握建立供应链战略联盟的步骤和战略联盟伙伴的选择方法及如何对战略联盟进行管理。
- 深刻理解供应链战略联盟的两个支撑体系——企业核心竞争力和企业业务外包。

8.1 企业合作关系与战略联盟

20 世纪 80 年代以来，西方企业尤其是跨国公司面对日趋激烈的外部竞争环境，开始对企业竞争关系进行战略性的调整，从对立竞争逐步转向大规模的合作竞争。其中合作竞争最主要的形式之一就是建立企业战略联盟，战略联盟作为一种组织创新，已经成为现代企业强化其竞争优势的重要手段。随着世界经济和科技的发展以及市场竞争环境的变化，企业战略联盟的内涵也在不断地发展。

8.1.1 企业合作关系的演变过程

企业合作关系在漫长的企业发展史中经历了不同的发展阶段。拉明（Lamming）在《超越伙伴关系：革新的战略和精细供应》一书中，将企业合作关系的发展分为五个阶段：

（1）传统关系时期（1975 年以前）。这个时期的市场基本特征是产品供不应求。企业的管理战略是改进工艺和技术，提高生产效率；扩大生产规模，降低单位产品成本。企业各自独立，相互联系较少，企业间的竞争比较温和竞争压力较轻，竞争环境相对稳定。

（2）自由竞争时期（1972—1985 年）。这个时期市场上产品供应日趋饱和，市场竞争非常激烈，企业面临着巨大的竞争压力，相互之间处于敌对的关系紧张。企业间协调困难，外部交易成本上升。

（3）合伙关系时期（1982 年前后）。这个时期市场竞争激烈而混乱，客户对产品的质量要求日益提高。质量竞争使企业经营战略转向纵向一体化经营，侧重最终产品稳定的质量。企业间合作比较紧密，部分合作具有一定的战略性。

（4）伙伴关系时期（20 世纪 90 年代）。这个时期市场变化加快，纵向一体化经营反应迟缓，失去市场风险、投资风险和行业经营风险都不断增大，企业逐渐由纵向一体化经营转向横向一体化经营，采取快速响应市场变化的竞争战略。企业间确立伙伴关系，经营合作具有一定的层次性和能动性。竞争压力很大，但比较稳定。

（5）战略联盟关系时期（20 世纪 90 年代后期以后）。这个时期由于市场全球化的发展，经营难度和经营风险不断加大，企业间不得不改变你死我活的竞争关系，进行更紧密的合作。于是产生了双赢的合作竞争和企业间的战略联盟。企业间的竞争压力非常大，但这种压力是企业为了更好地发展而自我施加的。

8.1.2 企业战略联盟

战略联盟（Strategic Alliance）是企业组织创新的一种制度安排，它由美国 DEC 公司霍普罗德和管理学家罗杰・奈格尔首先提出。所谓战略联盟，是指由两个或两个以上有着对等实力或者资源互补的企业之间，出于对整个市场的预期和企业总体经营目标的考虑，为达到共同拥有市场、合作研究与开发、共享资源和增强竞争能力等目的，通过各种协议而结成的优势相长、风险共担的松散型合作组织。

结成战略联盟的企业范围广泛，它们可以来自不同的国家。这些企业在保持自身独立性的同时，通过股权参与或契约联结的方式建立较为稳固的合作伙伴关系，以谋求在某些领域采取协作行动，从而取得双赢效果。提高企业各自的核心竞争力是建立战略联盟的主要目的。一般来说，提高企业核心竞争力的途径有两个方面：一是内部的途径，即自我发展、内部积累；二是外部的途径，包括并购拥有自己所需资源的企业、发展核心竞争力和与拥有互补优势的企业建立战略联盟。开发企业的专长和技术需要较长的时间和高投入，而并购其他企业则需要处理各种复杂的关系，并购后的企业整合非常困难，且成本高。相对而言，在数字技术和信息技术发展的前提下，与拥有某种专长和技术的企业结成战略联盟，就可以克服企业自我扩张和并购的问题，从而降低成本。借助联盟内企业的资源优势和科研开发力量，来开发新技术、新工艺、新设计和新产品，将有利于企业保持长期的竞争优势。

8.2 供应链战略联盟概述

由于供应链涉及许多企业，具有复杂性和多变性，因此供应链战略联盟不同于一般的企业战略联盟，其具有自己的特点与模式。

8.2.1 供应链战略联盟的含义

供应链战略联盟是组成供应链节点的成员企业突破传统的企业界限，为有效整合企业内外资源，实现企业战略目标，而结成战略合作伙伴关系的一种松散型长期网络组织。供应链战略联盟中相对独立的企业，为满足最终消费者和使供应链整体优化，围绕供应链的总体目标，通过各种承诺、协议和契约，对其自身以及相互间关系进行多方位的整合，以实现优势互补、资源利益共享和风险共担。

在供应链中，企业间战略联盟体现了企业内外资源集成与优化利用的思想。在基于联盟关系的企业产品制造过程中，从产品的研究开发到投放市场，周期可以大大地缩短，而且客户寻向化（Customization）程度更高，模块化、简单化产品、标准化组件使企业在多变的市场中的柔性和敏捷性显著增强，企业集成从原来的中低层次的内部业务流程重组（BPR）上升到企业间的协作，即一种最高级别的企业集成模式。

在基于联盟伙伴关系的企业集成模式下，企业在宏观、中观和微观上都实现了集成。这种集成模式在宏观层面上主要表现为企业之间的资源优化配置、企业合作和委托，在中观层面上主要表现为在一定的信息技术的支持和联合开发的基础上实现信息的共享，在微观层面上则是实现同步化、集成化的生产计划与控制，并实现有效的后勤保障和服务协作等，如图 8-1 所示。

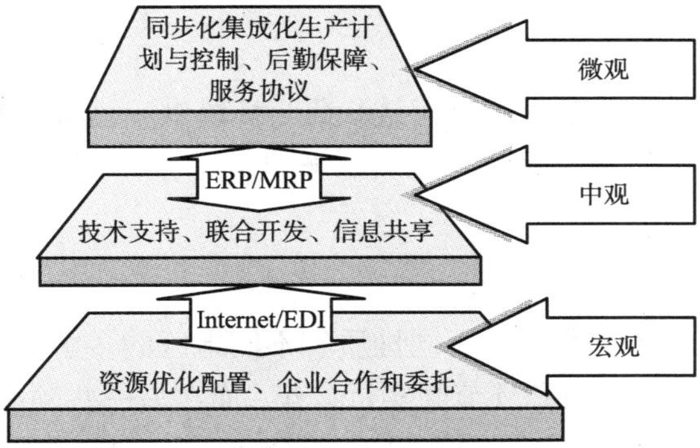

图 8-1　战略协作伙伴关系的企业集成模式

8.2.2 供应链战略联盟的特征

1. 动态性

动态性是供应链战略联盟最基本的特征。供应链的节点企业之间不存在控制与被控制的关系，它们是完全以利益为基础的企业联合，是一种松散的市场联合体，“互利”和“共赢”是其存在的基础。所以，一旦市场环境发生了变化，联合无法产生利益，企业就会自动退出，而相反，一旦联合可以产生利益，企业间的联盟就会产生。例如，以 Sun 公司为代表的 Java 联盟，原本是作为微软和 ASP（应用软件供应商）联盟的对立面出现的，但当双方都发现这种开放式编程语言在网络时代的巨大潜力时，微软反而被“邀请”加入了 Java 联盟进行共同开发，并在此基础上推出了自己的 Javascript 产品。

2. 网络性

网络性是供应链的相互交叉所产生的结果。同一个企业，往往在不同的供应链中扮演着不同的角色。以摩托罗拉公司为例，它既是移动电话、民用卫星和高精尖军用设备等多条供应链上的重要供应商和采购商，同时也是为它服务的人力资源公司、销售服务公司和应收账款管理公司各自供应链条上的重要客户。

3. 开放性

开放性体现在两个方面。一方面是理念上的，参与供应链的企业要敢于向自己的合作伙伴开放内部运作，敢于向它们授权。通过向合作伙伴开放内部运营和向它们授权，实现紧密合作和协调运营。另外，在新经济时代，技术变迁的不确定性和巨额的开发成本，使得任何一个单个企业都不可能独立地解决所有问题，因而，即使是竞争对手之间，由于各有所长，也会存在共同利益，从而带来合作的可能。另一方面是技术上的，这一点主要体现在供应链企业之间的网络互连。企业之间互通的网络要求必须相互业务公开，只有这样，企业之间才能实现即时的信息传递，实现信息共享。

4. 需求导向性

需求导向性最明显地体现了新型供应链联盟与传统供应链联盟的差别。今天，由于“买方市场”的特征非常明显，最终客户已经从原来的、处于供应链之外的“旁观者”变成了供应链中必不可少的一员。

5. 复杂性

供应链战略联盟是由不同行业、不同性质和不同地区的多个企业共同组成的。企业间既竞争又合作，它们在某些领域和环节间实行合作，而在另一些领域或环节间又相互竞争，因而相互间的关系十分复杂。同时，不同类型的企业，由于位于产业链中的位置不同，在合作方式上也各不相同。因此，供应链的合作模式也表现出一定的复杂性。

6. 风险性

参与供应链的企业在双赢的基础上，谋取各自的利益，但他们都面临着供应链不稳定性和合作伙伴之间的竞争，因而每个成员企业都必须面对供应链管理与合作的风险、为合作而投资的风险，以及核心能力丧失的风险。尤其是核心能力丧失的风险，它对企业的打击可能是致命的。由于企业参与供应链就必须进行一定程度的开放，这就容易使企业的核心技术外泄和知识产权流失。

7. 统一协调性

供应链战略联盟建立在整体利益一致性的基础上，因此，它必须在行动上实行统一协调，克服局部利益和整体利益之间的矛盾，协同一致，共同提高整体价值，提高整体供应链的市场竞争力，真正达到优势互补、资源共享和"互利共赢"。

通过与传统的企业合作关系的比较，我们可以了解供应链战略联盟在供应商选择、信息交流和技术支持等方面的特点，如表 8-1 所示。

表 8-1 供应链战略联盟与传统的企业合作关系的区别

比较的项目	传统合作关系	供应链战略联盟
相互交换的主体	物料	物料和服务
供应商选择的标准	强调价格	多标准评估（交货的质量、准时性、可靠性和服务）
稳定性	变化频繁	长期、稳定、互信
合同性质	单一	开放合同，长期
供应批量	小	大
供应商数量	大量	少而精，注重长期合作
供应商规模	小	大
供应商的定位	当地	无界限（国内和国外）
信息交流	信息专有	信息共享
质量控制	输入检查控制	质量保证（供应商对产品质量负全部责任）
技术支持	提供	不提供
选择范围	投标评估	广泛评估可增值的供应商

8.2.3 供应链战略联盟的类型

按照不同的标准，供应链战略联盟可以划分为不同的类型。

1．按照联合的职能分类

这是美国学者劳兰基（P．Lorange）的分类方法，他把产品研发和制造等视为上游活动，而把市场营销等视为下游活动。按此标准，供应链联盟可分为联合研制型、市场营销型和资源补缺型三种。

（1）联合研制型供应链联盟。联盟各方根据各自的优势，分别提供诸如资金、设备、技术和人才等要素，充分利用联盟的综合优势，联合开发新产品，以提高技术研究成功的可能性和加快开发速度，并在研制成功后，实现技术共享。联合研制型供应链联盟中的成员多为风险型企业，这类联盟在微电子、生物工程和新材料等产业中较为常见，还可以具体细分为知识联盟和产品联盟。知识联盟的中心目标是学习和创造知识，以提高核心能力。产品联盟则以产品生产为中心，合作的目的在于填补产品空白、降低资金的投入风险和项目的开发风险，以实现产品生产的技术经济要求。

（2）市场营销型供应链联盟。该类联盟多流行于汽车、食品和服务业等领域，其重点是互相利用各自供应链体系中的下游环节，目的在于提高市场营销的效率和市场控制的能力。这种联合是抢占市场的有效手段，它能够较好地适应多样化的市场需求。

（3）资源补缺型供应链联盟。即以上游活动与对方的下游活动结成的供应链联盟。这里有两种情形，一种情形是拥有独特技术的企业，为了接近海外市场或利用对方的销售网络而结成的联盟。这类联盟在取得资源互补、风险共担、规模经济和范围经济等优势的同时，往往忽视自身核心能力的提高。另一种情形是企业与用户的联合型供应链联盟。通过这种方式，企业将生产与消费、供给与需求直接联系起来。

2．按照所有权的关系分类

供应链联盟按所有权的关系可分为对等占有型和契约型两种。

（1）对等占有型供应链联盟。它是指合资生产和经营的项目分属联盟成员的局部功能，双方母公司各拥有 50%的股权，以保持相对独立性。相互持股型供应链联盟中，各成员为巩固良好的合作关系，长期地相互持有对方少量的股份。与合资、合作或兼并不同的是，这种方式不涉及设备和人员等要素的合并。这类联盟有时也可见于采取单向的、少量投资于其他公司的情况，其目的在于与这些公司建立良好的合作关系。

（2）契约型供应链联盟，又称为虚拟公司。它是由一些独立的企业在自愿的基础上，为了实现某一特定的目标而突破企业界限，在广阔范围内联合有关产品设计、工艺技术、生产制造和经营销售等方面优势的诸多企业间所形成的松散联合体。它是依靠信息技术而结成的企业间临时网络，是一种机动灵活的新型企业组合方式。常见的形式包括技术交流协议、合作研究开发协议、生产营销协议和产业协调协议，其中以联合研究开发和联合市场行动最为普遍。

3. 按企业战略联盟的层次分类

从总体上看，企业战略联盟有三个层次（见图 8-2）：产品层次、事业层次和公司层次。将这种划分与资源的三种划分结合起来，就产生了战略联盟的几种形态。

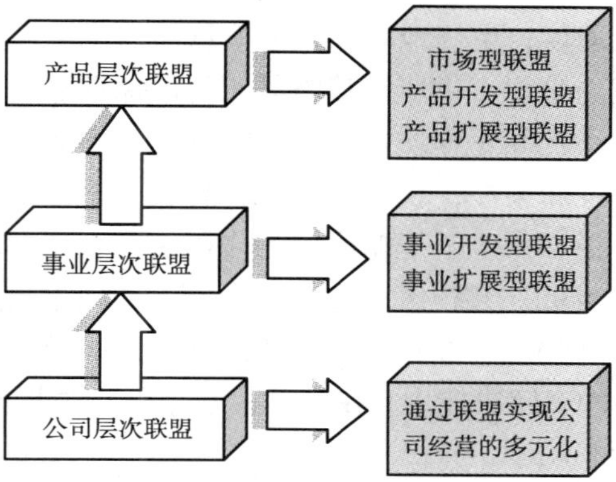

图 8-2 供应链联盟的层次

（1）产品层次联盟。产品层次的战略联盟又可分为市场型联盟，即联盟参与者所关心的是如何充分利用对方的市场优势——市场份额、人力资源或其他明示型资源；产品开发型联盟，该种联盟的主要目标是综合利用联盟双方在技术和工程方面的优势，开发新产品，开拓新市场；产品扩展型联盟，即一种以联盟双方的暗示资源为基础，联合进行产品系列开发和市场拓展的战略联盟。

（2）事业层次联盟。该种联盟是双方在某一市场或某一经营领域内的联盟，其规模和合作范围都远远大于产品层次联盟。它可以进一步被分解为事业开发型联盟和事业扩展型联盟两类。前者是双方在某一领域中在技术和生产工艺方面所结成的联盟，即联盟一方希望从另一方获得新技术、财务或生产方面的专业知识，并寻求某个事业领域的发展。事业扩展型联盟从合作的动机看，是立足于某一事业领域经营中所积累的经验和知识等战略资源，试图将这种资源扩展到其他事业领域，以达到核心能力扩散的效果。

（3）公司层次联盟，即企业联盟。其目标是通过联盟实现公司经营的多元化，并实现整个企业价值的创造。企业联盟主要目标是利用合作伙伴所拥有而自身不具备的各种战略资源，如生产、经营诀窍或独特的企业管理文化等，进入某崭新的领域，并带动整个企业的再发展或工程再造。

8.2.4 供应链战略联盟的作用

建立供应链战略联盟，对于有效地提高供应链管理水平，提升整个供应链的竞争能力具有重大的作用。

（1）对于制造商和买主来说，建立供应链战略联盟，可以有效地降低成本（降低合同成本）；实现数量折扣并实行稳定而有竞争力的价格；提高产品质量和降低库存水平；改善时间管理；缩短交货提前期和提高可靠性；制定面向工艺的企业规划；进行更好的产品设计和提高对产品变化的反应速度；更好地获取数据信息和强化管理控制。

（2）对于供应商和卖主来说，供应链战略联盟可以保证稳定的市场需求；通过信息共享对用户需求更好地了解；提高运作质量；提高零部件生产质量；降低生产成本；提高对买主交货期改变的反应速度和柔性；获得更高的利润。

（3）对于买卖双方来说，供应链战略联盟的作用主要表现在改善相互之间的信息交流状况；实现共同的期望和目标；共担风险和共享利益；共同参与产品和工艺开发，实现相互之间的工艺集成、技术和物理集成；减少外在因素的影响及其造成的风险；降低投机思想和投机概率；增强矛盾冲突解决能力；在订单、生产和运输上实现规模效益以降低成本；减少管理成本；提高资产利用率。

8.3 供应链战略联盟的建立与管理

供应链战略联盟的建立必须遵循一定的原则，企业也要为此做出许多转变，联盟成立之后，更重要的还要对联盟进行有效的管理。只有这样，才能发挥供应链战略联盟的优势。

8.3.1 影响供应链战略联盟建立的因素

影响供应链战略联盟建立的因素很多，它既包括企业外部环境，也包括企业内部因素，如国家法律、政府有关政策、信息技术和社会文化等，它们都会不同程度地影响供应链战略联盟的建立及其正常运作。但内部因素对企业选择联盟伙伴、建立战略联盟更具有重大影响，这些因素主要包括联盟伙伴的战略意图、知识的相容性及其学习能力、企业文化和领导风格与组织结构。

1. 联盟伙伴的战略意图

不同企业加入联盟的战略意图有所差异，有些是想通过联盟获得技术知识，有些仅仅只是一种缓兵之计，借以赢得时间，达到其竞争的目的。不同的战略意图会影响到联盟者未来的合作行为，这将决定未来战略联盟能否获得成功。

企业可以从多种途径获知未来联盟伙伴的战略意图。例如，该企业在历史上作为某个企业联盟的一员是如何运作的，它的可信度状态；行业分析家们所提供的关于该企业作为联盟伙伴的行为预测；企业目前所采用的战略，以及它们未来的竞争目标等信息；专门为企业提供高级管理人员招聘的猎头公司提供的信息；公开披露的行业相关数据和商业记录等，这都是了解企业战略联盟意图的信息来源。

2．知识的相容性及其学习能力

供应链战略联盟的成功依赖于伙伴之间战略资源和知识的交换，通过借用彼此的能力合作来增强竞争力。但资源和知识的获取以及相互能力的利用，特别依赖伙伴的战略意图和企业之间知识的相容性。

供应链联盟高效率运作的基础是各成员之间存在知识的相容性，知识的相容性可以确保联盟成员有能力为实现企业间的协调性和互补性而相互学习，实现供应链战略联盟的有效运作。如果供应链联盟中成员企业间的知识差异较大，对方无法准确理解和吸收知识，互相之间交流存在障碍，成员企业就无法相互学习，一方提供的产品或服务就很难满足其他成员的要求，必然影响最终产品或服务的质量和性能。因此，企业建立供应链联盟，必须考虑合作伙伴与自身在知识上的相容性，如知识上的差异性、双方对知识共享的态度和通过合作进行知识交流的可能性高低等。

3．企业文化

每个企业都具有自己独特的企业文化。企业文化是企业行为的指导思想。在建立供应链战略联盟时，企业文化的兼容性对于联盟的成败具有深刻的影响。一个联盟，如果单纯从能否实现既定目标的角度上来看可能没有问题，甚至前景光明，但如果伙伴之间存在文化上的差异，失败的阴影就会笼罩联盟。文化和战略的一致性越高，战略联盟成功的可能性就越大。

4．领导风格与组织结构

组织结构和领导风格对联盟能否顺利进行会产生影响。通常企业在选择联盟伙伴时会忽视这个因素。供应链联盟归根结底必须通过人与人之间的交流和协作来完成，其绩效来源于双方人员的顺利合作。领导风格和组织结构差异很大的合作伙伴，在进行业务合作和交流时，会因双方价值观和组织既定工作程序不同而产生分歧和矛盾。相对而言，领导风格是不容易改变的。因此，在选择合作伙伴时，必须特别注意甄别，尽可能回避具有本企业难以接受的领导风格的合作伙伴，以整体供应链业务需要为中心，充分考虑合作伙伴的组织结构和领导风格，才能保证合作在统一流程下进行。

在供应链战略联盟中，一旦选错了联盟伙伴，风险将是巨大的。然而，如果企业将选择范围限定在已有的伙伴群中，那么有可能找不到最佳合作伙伴。企业不应该为躲避风险而谨小慎微，只与现有的或熟悉的伙伴形成联盟。而应该积极地寻找、选择合适的合作伙伴，并采取适当措施进行有效的风险管理。一旦出现风险，企业能够及时中止不利的合作。

8.3.2 建立供应链战略联盟的步骤

1．明确目标

实施供应链联盟的目的在于实现企业的战略规划和目标，因此，企业首先必须明确战略目标和规划。根据战略目标进行战略规划，确定企业建立供应链联盟的运作策略。

2．环境分析

企业必须全面了解和评价企业内部和外部环境，才能认真思考企业经营战略、组织结构和人员安排等，以便能使战略联盟顺利推进。首先，根据企业创建战略联盟的目标，分析企业的优势和劣势，如企业的核心竞争力和核心能力，企业竞争优势的真正源泉，企业可以利用的资源（包括人力、财力和便利条件等），企业能够吸纳的资源等。同时，企业还必须认真分析了解目标市场目前的状态，掌握客户目前的和未来的真实需求，以及竞争对手的优势和劣势，掌握其未来发展潜力和动向等。

3．充分了解供应链联盟中的伙伴关系

供应链联盟企业之间是一种合作竞争关系，因此，对企业来说，建立战略联盟是企业成长的“双刃剑”——它既可以推动企业的发展，又有可能给企业带来重大的损失。联盟企业必须正确地认识和把握相互间的关系，坚持合作竞争的原则，在合作中提高企业竞争力。一方面，要充分信任合作伙伴，尽可能地为合作提供便利和条件；另一方面，又要注意适当保护自己拥有的核心能力，防止核心技术和核心能力被模仿。任何极端化的做法都是不可取的。只强调合作，而不注意竞争，容易在开放的状态下泄露企业的商业秘密，丧失核心竞争力；而一味地强调保护本企业的核心竞争力，处处提防合作伙伴，不能为合作伙伴提供必要的信息和合作便利，容易使合作伙伴有缺乏诚意之感，从而可能会导致联盟的破裂。

4．合理选择联盟的合作伙伴

战略联盟伙伴的选择是实施供应链战略联盟非常关键的一步。研究发现，战略联盟的失败率介于 50%～60%之间，其主要原因与伙伴的选择有关。在确立合作竞争、对自己和环境进行认真分析的基础上，根据企业所确定的战略联盟目标，对每个目标联盟伙伴进行全面的考察和分析，寻找那些能与自身实现优势互补、在企业文化和学习能力等方面有可能顺利相容的、可以帮助自己实现战略目标的联盟伙伴。具体地说，选择战略联盟伙伴应遵循以下基本原则：

(1) 合作伙伴必须具备一定的创新能力。战略联盟是企业获得新知识和增强创新能力的最佳途径。供应链战略的重要目的之一，就是实现伙伴之间资源和信息共享，加快信息的传播速度，通过共同研发，形成技术创新和技术应用的相互依赖与支持。

(2) 具备互补性的优势。优势互补是战略联盟存在的基础。合作伙伴必须有互补性的优势，只有这样才能达到双赢的效果。同时，一个有活力的组织应具有很强的学习能力，学习合作伙伴先进的组织管理经验、先进的企业文化和创新的能力等，也是企业参与供应链战略联盟的重要目标。

(3) 文化相融。供应链的运作以统一的协调行动为基础，合作各方在实现供应链整体价值基础上，实现自我价值增值。因此，它要求联盟企业有协同行动的基础。而企业文化体现企业的核心价值观念，是企业的精神支柱。合作企业必须有共同的价值观念，才能有效地实现行动的协调性。因此，价值观念的相容，以及由此决定的相容的企业文化是企业选择合作伙伴的重要因素。

5. 选择恰当的战略联盟形式

在确定自己的联盟伙伴基础上，企业应该根据自己的战略目标、自身条件和需要，与合作伙伴协商，选择并采用适当的联盟方式，如股权式联盟或契约式联盟等，并明确联盟的权利和义务关系。并对厂址选择、成本分摊和市场份额等通常的细节以及对知识创新和技术协同等方法进行约定，以确保联盟得以顺利实施。

6. 构建联盟的实施条件

供应链战略联盟实施的条件包括确立适当的战略伙伴关系模式，就运作模式、利润分配和成本分摊等问题达成一致，建立有效的绩效评价体系、解决冲突的机制和机构，以及利用信息技术和网络工具建立共同的信息交流平台等。一定程度的信息交流和信息共享，是供应链战略联盟运营的基础。合作伙伴一旦确立了战略联盟关系，就应立即着手建立共同的信息平台，建立联盟内信息共享和信息交换的通道。信息系统主要包括数据库系统与信息网络，目的在于便利信息的收集和整理，为管理阶层提供决策支持、控制与组织。

7. 实施供应链战略管理

根据供应链联盟业务需要，企业可以重新勾画自己的市场边界，对供应链关系实施有效的管理，合作开发充满活力的产品，拓展目标市场，并运用适当的绩效衡量手段，按照已经确定的评价体系，对供应链效果进行评价和监控，并将监控结果进行反馈。定期召开伙伴会议，交流并解决协作中的问题和矛盾。必要时对供应链业务流程进行重组，对供应链运营进行适当的调整和改建，在动态中管理和发展供应链联盟。

整个供应链的建立和实施过程可以用图 8-3 表示。

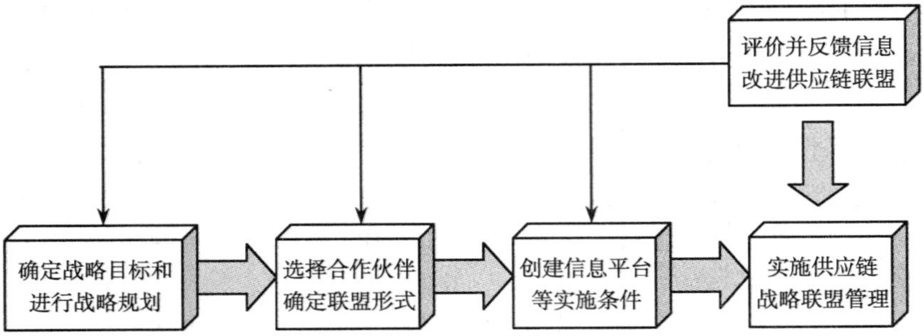

图 8-3　供应链的建立和实施过程

8.3.3　选择供应链战略联盟伙伴的方法

选择供应链战略联盟伙伴的方法较多。下面介绍几种常见的方法。

1．直观判断法

直观判断法是根据征询和调查所得的资料并结合人的分析判断，对联盟伙伴进行分析和评价的一种方法。这种方法主要是倾听和采纳与经营伙伴较为熟悉的人员的意见，这些人员包括有经验的采购人员、营销人员、对外联系的部门主管和高层主管等。

2．招标法

在选择供应商时，当订购数量大、合作伙伴竞争激烈时，可采用招标法来选择适当的联盟伙伴。招标法可以是公开招标，也可以是指定竞标。公开招标对投标者的资格不予限制；指定竞标则由企业预先选择若干个可能的合作伙伴，再进行竞标和决标。招标方法竞争性强，企业能在更广泛的范围内选择适当的合作伙伴，以获得供应条件有利的、便宜而适用的物资。但招标法手续较繁杂，时间长，不能适应紧急订购的需要。

3．协商选择法

在供货方较多，企业难以抉择时，也可以采用协商选择的方法，即由企业先选出供应条件较为有利的几个合作伙伴，同他们分别进行协商，再确定适当的合作伙伴。与招标法相比，协商方法由于供需双方能充分协商，在物资质量、交货日期和售后服务等方面较有保证。但由于选择范围有限，不一定能得到价格最合理、供应条件最有利的供应来源。当采购时间紧迫，投标单位少，竞争程度小，订购物资规格和技术条件复杂时，协商选择方法比招标法更有优势。

4．采购成本比较法

对质量和交货期都能满足要求的企业，则需要通过计算采购成本来进行比较分析，选择采购成本较低的合作伙伴。采购成本一般包括售价、采购费用和运输费用等各项支出。

5．ABC 法

通过计算合作伙伴的总成本，分析企业因采购活动而产生的直接和间接的成本的大小，选择成本最小的作为合作伙伴。

6．层次分析法

层次分析法的基本原理是根据具有递阶结构的目标、子目标（准则）、约束条件和部门等来评价方案，采用两两比较的方法确定判断矩阵，然后把判断矩阵的最大特征相对应的特征向量的分量作为相应的系数，最后综合给出各方案的权重（优先程度）。由于该方法让评价者对照相对重要性函数表，给出因素两两比较的重要性等级，因而可靠性高、误差小。不足之处是遇到因素众多、规模较大的问题时，该方法容易出现问题。例如，判断矩阵难以满足一致性要求，往往难于进一步对其分组。层次分析法作为一种定性和定量相结合的工具，目前已在许多领域得到了广泛的应用。

7．神经网络算法

人工神经网络（Artificial Neural Network，ANN）是 20 世纪 80 年代后期迅速发展的一门新兴学科。人工神经网络可以模拟人脑的某些智能行为，如知觉、灵感和形象思维等，具有自学习、自适应和非线形动态处理等特征。这里将人工神经网络应用于供应链管理环境下联盟伙伴的综合评价选择，意在建立更加接近于人类思维模式的定性与定量相结合的综合评价选择模型。通过对给定样本模式的学习，获取评价专家的知识、经验、主观判断及对目标重要性的倾向。当对联盟伙伴做出综合评价时，该方法可再现评价专家的经验、知识和直觉思维，从而实现了定性分析与定量分析的有效结合，也可以较好地保证联盟伙伴综合评价结果的客观性。

基于人工神经网络的联盟伙伴综合评价选择的处理总体流程结构模型如图 8-4 所示。

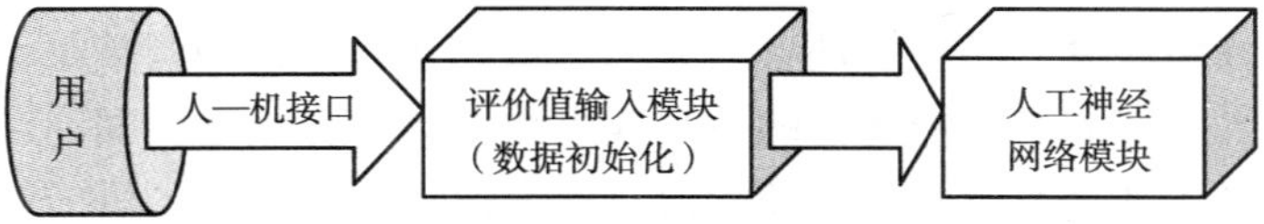

图 8-4　基于人工神经网络的联盟伙伴综合评价选择的处理总体流程结构模型

8.3.4　建立供应链战略联盟应注意的问题

1．以联盟的运作为核心，进行相应管理调整

供应链联盟是企业在合作的基础上，追求整体价值提升，并为企业带来收益。因此，每一个参与联盟的企业都应该以供应链整体目标的实现作为联合的最终目标。为此，企业必须从以下几个方面适当地调整自己：

（1）从功能管理向过程管理转变。企业内部以及企业外部供应链上游、下游各个合作伙伴的业务活动都必须实行过程管理，对流程各个环节的管理和控制，保证业务流程的顺畅进行。

（2）从利润管理向赢利性管理转变。赢利应建立在"共赢"基础上，只有供应链各方均具有较好的营利性，企业自身的营利性才能得到保证。

（3）从产品管理向客户管理转变。客户是供应链管理的核心，供应链的中心由生产者向消费者倾斜。因此，客户管理成为供应链管理的重要内容。

（4）从交易管理向关系管理转变。只有以协调的供应链关系为基础进行交易，供应链整体交易才能实现成本最小化和收益最大化。

（5）从库存管理向信息管理转变。及时的、准确的信息交流，是供应链成功运作的基础。通过良好的信息管理，在供应链流程中建立以信息为基础的"虚拟库存"代替实物库存，只在供应链的最后环节交付实物库存，这将大幅度减少供应链整体库存，提高企业的客户响应速度，大大降低企业持有库存的风险。

2．明确目标，树立耐心和信心

战略联盟的运营和效率以企业间合作为基础，因此，联盟建立后需要有一定的磨合期。这是企业相互了解和调整的过程，也是联盟运营最困难的时期。由于各企业在长期的经营过程中已经形成了自己的文化和行为习惯，相互之间发生冲突是难免的。企业只要明确了自己的经营战略，并在此基础上建立起供应链联盟，就必须从大局出发，有足够的耐心去面对供应链运营过程中出现的各种困难和冲突，并根据实际情况进行适当的调整，积极主动地与合作伙伴进行沟通和协商，尽快结束磨合期，发挥供应链联盟的最大效能。

3．高层领导的重视和参与

供应链联盟是企业战略层面的问题，它的建立和实施，有可能涉及企业组织结构、业务流程和人员的调整，没有高层管理者的大力支持和参与，这种调整是不可能的。而这些调整直接关系着供应链战略联盟运营的成功或失败。同时，战略联盟在运营过程中会出现不少困难和问题，尤其是在运营的初期阶段，双方还处在磨合期，供应链的效能还不能充分显现。只有高层领导重视并参与其中，才能真正认识和理解供应链运营中出现问题的正常性。否则，高层领导将会由于暂时看不到效果而对企业建立战略联盟产生动摇，中断建立联盟所需要的长期投入，从而导致联盟的失败。

4．给予合作伙伴足够的信任和理解

信任是合作的基础，只有相互信任，才能进行有效的沟通和合作，供应链联盟才能实现整体价值。因此，在合作过程中，企业必须信任合作伙伴，能够与合作伙伴及时沟通和交流，不能把合作伙伴当做单纯的竞争对手。同时，只要不妨碍相互间的合作，对合作伙伴保护自己核心竞争力和核心能力的相关措施等给予理解。一旦合作中出现问题，应开诚布公地与对方进行交流，通过协商解决问题。

5．注意兼容性和互补性

要使供应链合作伙伴能够高效率地协同计划和运营，就必须在经营哲学和经营风格上具有兼容性，只有这样，合作伙伴才能在合作和解决问题等方面达成一致。同时，充分发挥合作各方的优势，真正实现优势互补，才能最大限度地发挥供应链联盟的作用。因此，合作各方应在研发、生产、市场、运输和地理分布等各个方面，充分挖掘潜力优势，相互协调，互为补充。

8.3.5 供应链战略联盟的管理

1．了解和熟悉联盟伙伴

要有效地实施战略联盟，企业之间必须相互了解，明确双方的优势和劣势、战略目标、拥有的资源和能力、在行业中的位置和联盟动机等。这样，才有可能相互信任，建立健全的联盟合作机制。联盟成员之间应公开化，相互提供完全的信息，以便相互了解。

2．建立并完善监控协调机制

除了签订界定严格、目标明确、兼顾各方利益的协议外，联盟在成立时还应制定明确的阶段性目标，使联盟各方能监测联盟的发展进度，确保联盟沿着既定的方向发展。因此，联盟企业应针对联盟的运行设立监督机制，掌握联盟系统内部生产要素的生产运转和转移的情况。联盟企业还应根据联盟的不同形式，在企业的科研、开发、生产、设计和供销等方面建立配套评估机制，并制定包括检查、反馈、协调和鼓励等方面的制度，评估阶段性目标完成情况；建立完整有效的信息网络，通过积极有效的沟通，尽可能保持企业发展目标与合作目标的高度一致，使企业战略联盟能够对市场环境反应迅速，把握市场机会，实施联盟的策略。

3．建立专门的联盟管理部门

由于供应链有多方投资、多方审批、多方领导和多种渠道的特点，难以统一规划，容易产生管理散乱的问题，各成员企业必须投入专门的人力和物力，建立专门的管理机构，来处理联盟事务，保证联盟成为统一指挥的有机整体。首先，联盟管理部门应将显性的联盟管理知识予以编码，通过培训计划和联盟管理者的交流促进知识的分享，并共同制定出一套对联盟的表现系统性评估的标准。其次，应将联盟管理部门置于合适的组织层面，使它在调动各部门资源时拥有组织上的合法性，便于联盟管理人员在公司内外有效地联系，从而获得必要的资源使其成为连接企业与市场、企业与现有联盟伙伴或潜在联盟伙伴的有效的沟通渠道。

8.4 供应链战略联盟的理论支撑体系

8.4.1 企业核心竞争力

1. 企业核心竞争力的含义和特征

企业核心竞争力理论的迅速兴起源于主流企业战略理论的缺憾。20 世纪 80 年代初，迈克尔·波特提出了企业竞争战略的“五性分析模型”，即在对企业竞争者、购买者、供应者、替代者和潜在竞争者（产业潜在进入者）五种力量进行分析的基础上确定企业的竞争优势。迈克尔·波特的竞争战略理论以产业作为研究对象，将以结构—行为—绩效为主要内容的产业组织理论引入企业战略管理，解释企业如何制定战略获得持续超额利润。但遗憾的是，迈克尔·波特没有真正站在企业的角度分析企业竞争战略的制定和实施，因而不能有效地指导企业的实践。

20 世纪 90 年代，美国战略管理学家普拉哈拉德（C.K. Prahalad）和哈默（Gary Hamel）在“哈佛商业评论”上提出企业核心竞争力的概念。他们指出，企业核心竞争力就是企业不同生产技能和整合多种技术与知识，并据此获得超越其他竞争对手的独特能力。核心竞争力是企业长期形成的独有的支撑企业过去、现在和未来的竞争优势。核心竞争力一方面取决于企业的技术优势，通过产品竞争力体现出来。另一方面，从企业文化的角度看，它是企业的经营理念和核心价值观，它根植于企业内部深层次，很难被移植和模仿。因此，从这个意义上说，独特的企业文化是企业首要的核心竞争力。核心竞争力的特征具体表现为：

（1）难以模仿性。核心竞争力是企业长期培育和积淀的结果，是企业员工共同拥有的，因此，难以被竞争对手模仿。

（2）整体价值性。核心竞争力是企业科学地整合各种人力和物力资源的结果，它根植于企业内部，具有整体性，无法将其分解或带走。尤其是建立在企业整体基础上的互补性知识，是在企业良性的产权制度和激励制度保障下，企业员工基于工作岗位逐步积累和学习的结果。这种互补性知识的价值依存于企业内部，离开特定的企业，这种互补性知识的价值将无法实现。

（3）连续创新性。现代企业面临着激烈的市场竞争，产品和技术更新速度快，频率高，因此，企业核心竞争力必须具有连续创新的能力。只有这样，才能真正成为企业长盛不衰、不断发展壮大的竞争优势。

2．核心竞争力的培育

企业在供应链战略联盟环境下，要想在合作竞争中获得竞争优势，就必须具有独特的核心竞争力。因此，寻找并培育自己的核心竞争力，并使之持续发展，是企业有效利用供应链、在供应链中获得最大优势的可靠保证。对企业核心竞争力的诊断和分析首先要从外部环境开始，分析企业是否在一定的市场环境下有核心产品。企业核心竞争力的外部特征表现为：

（1）客户价值，即必须对客户所重视的价值有关键性的贡献。

（2）竞争差异化，即独树一帜，不能轻易地被竞争对手模仿。

（3）延展性，即必须能够不断推衍出一系列的新产品，具有旺盛和持久的生命力。

企业核心竞争力的独特性和持久性在很大程度上依赖其存在的基础。一般地，具有高技术难度或内化于企业整个组织体系、建立在系统学习经验基础上的专长，比建立在一般技术难度或个别技术骨干基础上的专长，更具有独特性。因此，企业首先必须根据现有的状态，分析自己的核心产品和主营业务技术优势与专长是什么，这种技术和专长的难度、先进性和独特性如何，企业是否能够巩固和发展自己的专长，能为企业带来何种竞争优势，以及竞争力强度如何等。

核心竞争力的培养过程是一个动态过程。其主要内容是培育企业核心能力，包括培育能使企业在市场竞争中具有竞争优势的核心技术，整合企业的核心业务，将资源集中投入企业的核心业务中，利用外包业务，将非核心业务转给其他企业，以有效利用外部资源。同时，注意培养和留住核心员工。通过让核心员工参与企业经营管理、营造良好企业文化和建立有效的激励机制等，使核心员工认同企业价值观念，树立与企业共生共荣的思想。

培育企业核心竞争力的具体措施包括：

（1）以客户需求为出发点，敏锐把握市场机会，根据市场需求的发展趋势，先市场而动，对人才、产品、销售渠道、价格和服务等方面进行优化配置。

（2）技术创新和管理创新、制度创新相结合。通过自我研发和收购兼并相结合的方式，构建企业的核心技术。在技术创新的同时，注意管理和制度创新，及时更新管理理念、管理方法、管理手段和管理制度等，提高管理水平。制度是维持和发展企业核心竞争力的重要保证，必须加强制度建设和创新，保证最大限度地发挥企业核心竞争力。

（3）创建学习型企业组织。学习型组织是能够熟练地创造、获取和传递知识的组织。一个学习型的企业，一般具有保障学习的良好制度体系和鼓励学习的激励机制。通过制度激励，使成员善于适应新的环境，从实践和他人经验中学习和获得新的知识。这种依赖于企业组织的学习效果，具有整体性价值，不容易被外部学习和运用。

（4）建设独特的企业文化。独特的企业文化是企业核心竞争力的重要组成部分，也是建立和发展企业核心竞争力的重要保证。企业文化体现企业的管理理念和价值观，良好的企业文化氛围，能够激发员工的责任心和创造力，帮助企业形成团队意识和团队精神，增强企业凝聚力，从而提高企业的整体效率。因此，建设企业文化，是培育企业核心竞争力的重要环节。

8.4.2 供应链联盟中的企业业务外包

企业参与供应链联盟的目的在于充分利用各个企业的核心竞争力，强调根据企业的自身特点，专门从事某一领域、某一专门业务，而把自己不擅长的业务，或者次要的、辅助性的业务或功能交由其他高效率的专业企业经营，充分利用企业外部资源，有效发挥分工的优势，这就是业务外包。

现代企业应更注重于高价值生产模式，更强调速度、专门知识、灵活性和革新。与传统的“纵向一体化”控制和完成所有业务的做法相比，企业业务外包更强调将企业资源集中于经过仔细挑选的少数具有竞争力的核心业务，也就是集中在那些使他们真正区别于竞争对手的技能和知识上，而把其他一些虽然重要但不是核心的业务职能外包给其他专业化的“专家”企业，并与这些企业共同建立紧密合作的供应链联盟。通过提高供应链整体价值，提升企业的核心竞争力和企业运作效率。研究表明，不实行业务外包公司出现财务问题的概率是实行业务外包企业的三倍。据美国《财富》杂志报道，目前全世界年收入在 5 000 万美元以上的公司，都普遍开展了业务外包。邓百氏公司的《1998 年全球业务外包研究报告》表明，全球年营业额在 5 000 万美元以上的公司在 1998 年业务外包的开支上升 27%，比 1997 年业务外包的总开支增加近 2 350 亿美元。迄今为止，全球的所有业务外包活动，约有 60%集中在美国。与此同时，欧洲的业务外包活动也在增加，其中最活跃的是英国、法国、意大利和德国。事实上，欧洲这方面开支的增长速度比美国还要快。

1．业务外包的具体理论基础

1990 年，美国战略管理学家普拉哈拉德和哈默提出了业务外包的概念，并引起其他管理学家的重视，他们从不同的角度对企业业务外包活动加以解释。主要理论包括：

（1）核心竞争力理论。核心竞争力理论强调企业集中有限的资源经营企业的核心业务，将非核心业务（但对企业具有重要意义）外包给最好的专业化公司，充分利用企业外部资源，获得分工的好处。

（2）价值链理论。价值链理论认为，价值创造过程就是一系列相互关联的不同活动的增值过程，这个过程实际上就是一个价值链。价值链上的各个环节相互联系、相互影响，每一个环节的运营质量都会影响到下一个环节的运营，从而影响整个供应链的价值增值。

因此，将企业营运的薄弱环节或业务外包给其他专业化的企业，就可以利用企业外部资源，高效率地运营企业薄弱的环节和业务，从而提高企业价值链的整体运营效率。

（3）比较优势理论。该理论认为，具有相对优势的企业，进行专业化分工协作，总可以取得比自己经营更好的效果。因此，将自己不擅长的业务或流程外包给其他企业，通过合作，就可以获得更大的利润空间。

（4）木桶理论。企业竞争力的大小是由企业最薄弱的环节决定，正如木桶，组成木桶的木条中，最短的木条决定着木桶的最大盛水量。因此，通过业务外包，由专业公司（长木板）代替经营企业薄弱的环节（最短的木板）。通过企业间的优势互补，可以有效地改善企业的经营效果。

2．业务外包的原因

（1）企业竞争环境的变化。20 世纪 90 年代以后，消费个性化的倾向更加突出，产品的更新周期越来越短，市场竞争更加激烈，企业竞争突出高质量、低成本和对客户进行快速反应。单靠企业自身的力量和资源无法适应市场竞争的需要，必须有效地利用企业外部资源，通过合理的分工协作，才能在激烈的市场竞争中生存和发展。

（2）企业经营思想的转变。随着市场环境的变化，企业的经营思想也发生了转变。20 世纪 80 年代后期，由于企业效益的持续下降，人们重新反思多元化经营的战略。许多企业认识到企业本身的资源和能力有限，不能单纯依赖企业内部资源，而必须强调专业化经营和分工协作，有效地利用社会分工，寻求企业外的合作，通过资源外向配置，整合企业内外部资源，改变敌对的竞争，追求合作竞争，与外部的合作伙伴分担风险，使企业适应不断变化的外部环境。

（3）科学技术的发展。科学技术的发展直接推动了企业业务外包活动的发展，特别是信息技术和网络技术的发展。信息技术的发展使企业之间的联系变得更加容易，而网络技术的发展则使企业之间的联系突破了空间距离的限制，信息可以通过网络迅速传到相关的企业和部门，从而使企业之间处于不同地点的业务活动的协调统一变得更加容易。

3．业务外包的实施

企业业务外包的范围很广。根据企业自身的具体情况，企业可以把研发、生产、物流、人力资源管理和后勤服务等业务进行外包。例如，1980 年，IBM 公司为了在与苹果公司的竞争中取胜，将公司的七个部门分解出去，形成七个独立的公司，这使 IBM 迸发出前所未有的创造性，最终取得了 IBM PC 的伟大成功。再如，Altera 公司是一个高密 CMOS 逻辑设备的领头企业，当时它有了一个新的产品设想，但是没有其中硅片的生产能力，就将硅片生产授权给英特尔公司，并允许英特尔公司出售 Altera 的新产品。这样，Altera 获得了英特尔的生产能力，而英特尔获得了 Altera 新产品的相关利益。而 MCI 公司则靠转包合同开发新产品，在竞争中立于不败之地。MCI 公司的通信软件包都是由其他企业完成的，而它所要做的（也就是它的核心业务）是将所有通信软件包集成在一起为客户提供最优质的服务。公司设有负责寻找能为其服务增值的企业的专门小组，公司的转包合同每年都变换，以保证公司能为客户提供最先进的服务。

（1）企业业务外包的实施步骤。

1）分析和评估企业的内部状况。分析和评估内部状况的目的在于确定企业外包业务需求，并就外包业务制定具体的实施策略。企业在确定外包业务需求过程中，首先必须明确企业的经营目标和外包业务之间的关系，业务外包必须符合企业发展战略，不影响或能够提升企业核心竞争力。切忌过分强调降低成本，而将企业具有核心竞争力的业务进行外包。从而提高企业的经济效益。例如，沃尔玛公司在全球的 40 000 多家分店通过全球网络可在 1 小时内对每种商品的库存、上架和销售量全部盘点一遍，基本实现了商店的销售与配送保持同步，配送中心与供应商运转一致，实现了零库存下的货架持续充盈，从而赢得了竞争优势。

2）选择外包业务的承包者并签订合同。外包业务的承包者对企业外包业务完成的质量至关重要。企业实施业务外包存在一定的风险，尤其是那些对企业经营非常重要的外包业务，一旦完成不好，将直接影响企业的经营，甚至导致企业经营活动的中断。因此，必须由专家进行认真的调查研究，由企业高层直接参与决定企业业务外包的承包商。

确定了承包商以后，企业就可以与承包商签订外包合同。合同必须明确清楚，内容应包括外包价格、技术要求、产品或服务质量以及违约处理条款等，并考虑可能发生的变化，规定应对变化的处理方法和程序。

3）实施和管理业务外包。确定了业务外包和承包商以后，企业进入业务外包的实施和管理过程。企业开始业务外包后，必须对业务外包过程保持经常性的监测和评估，发现问题及时解决。

（2）实施业务外包应注意的问题。成功的业务外包策略可以帮助企业降低成本、提高业务能力、改善质量、提高利润率和生产率。但同时会遇到一些问题：

1）业务外包使企业责任外移，企业必须在相互信任的基础上，与承包企业保持良好的互动性，保证能够时时监控外包企业的行为，同时必须给予承包商一定的独立性，通过必要的奖励和技术、管理上的协作与指导，主动帮助承包商解决业务问题等，与承包商建立相对稳定的合作关系，谋求共同发展。

2）避免对承包商的过度依赖。研发和信息技术等业务的外包最容易使企业对承包商产生依赖，为避免这种依赖，企业应注意将这类业务进行分层次、多点分包，以掌握企业经营的主动权。

3）注意保护自己的核心竞争力。业务外包，使企业经营产生一定程度的开放，这使企业面临核心竞争力外泄的风险。因此，企业必须在保护核心竞争力不外泄的前提下，划定外包业务范围，严格限制业务承包商在合作中的权限和义务，避免企业核心竞争力的外泄。

4）注意获得员工的信任和支持。随着业务的外包，原来从事业务外包的员工面临着工作的调整，甚至失业，这给员工造成一定程度的压力，从而影响员工的工作积极性。员工一旦知道自己的业务将被外包，就可能因担心失业而失去努力工作的动力，影响企业的生产效率和经营业绩。因此，企业应注意采取一定的方法和措施，争取获得员工的信任和支持。

本章小结

只有与其他企业建立各种形式的合作关系，企业才能实现企业间的资源互补、信息共享和利益的共享，从而提升整条供应链的竞争力。从传统的企业关系到如今的战略联盟关系，竞争的加剧使企业间的合作更加紧密。关于战略联盟产生的原因，不同的理论有不同角度的解释，企业核心竞争力理论与企业业务外包理论是两个主要的理论支撑体系。虽然理论的解释有所不同，但是提高企业的核心竞争力是建立战略联盟的主要目的之一。在供应链中，企业间的战略联盟体现了企业内外资源集成与优化利用的思想。

供应链战略联盟按照不同方法有不同的分类，建立何种供应链战略联盟主要要看企业自身的业务范围、优势与劣势及企业的核心竞争力是什么。建立战略联盟首先要选择正确、合适的合作伙伴，建立战略联盟是企业成长的“双刃剑”——它既可以推动企业的发展，又有可能给企业带来重大的损失。联盟企业必须正确地认识和把握相互间的关系，坚持合作竞争的原则，在合作中提高企业竞争力，并且在联盟建立后对联盟进行有效的管理，这样才能使战略联盟有效地发挥它的作用。

案例

解析思科的战略联盟

所谓战略联盟，是指以多种方式显著提高成员公司及其客户之间收益的一种关系。这种合作伙伴关系是思科系统公司发展战略的基石。当前，商业竞争异常激烈，产品和服务普及速度日益加快，风险也随之增高，因此客户和投资者一般都追求短期投资回报（ROI）。在横向商业模式兴起的今天，联盟关系正顺应了此潮流。思科联盟致力于帮助思科及其战略联盟合作伙伴降低成本并创造收入。

在合作方面，思科制定了风险和道路各不相同的六个发展目标。只有经过认真规划，才能通过联盟实现增加收入的最终目标。

第一步 了解联盟在构建决策或购买决策上的 ROI

计算何时应自主开发解决方案，何时应购买解决方案，何时应建立联盟或合作伙伴关系。一般在这几种情况下，思科会考虑建立联盟：合作伙伴拥有自身不具备的技术或专业优势；内部对目标技术或服务知之甚少；并购存在的障碍过大。

第二步 选择最好的合作伙伴

思科战略联盟副总裁 Steve Steinhiber 说："我们需要分析思科是否适合与潜在合作伙伴建立联盟。首先，两家公司必须能从合作中得到短期和长期利益，这是联盟之关键。但执行和运作部门的配合状况是合作伙伴关系能否成功的标准。如果没有良好的配合，合作伙伴不久就会分道扬镳。"

第三步 制定目标明确的商业计划

计划应该包括明确的客户价值取向、现实的共同目标、可执行的有效赞助关系以及与重大成效和成功紧密相关的投资。许多公司常犯的错误是，没有经过认真的分析和研究，就匆忙建立了新一轮联盟或合作伙伴关系。例如，在事先没有拟定完善的商业计划、组织模式不适用或者人力不足的情况下就签署协议。

第四步 经常分析联盟是否取得成功并与业绩挂钩

商业计划和联盟目标中需规定应审核的内容。思科战略联盟合作伙伴英特尔公司的执行副总裁 Sean Maloney 说："我们的经验表明，制定发展目标以及双方认可的审核指标是保证双方能够通过合作提高业绩的两大关键因素。"

为鉴定联盟是否取得成功，思科制定了详细的运作规程，以便衡量每种合作伙伴关系是否达到了特定的商业目标和指标。审核的指标不但包括可定量的数据，如市场份额增加值、市场加速度、收入增加额、客户满意度和推行的新解决方案，还包括非定量数据，如标准推行进度等。

第五步 掌握结束联盟的时机

合作伙伴必须按照预定指标审查联盟的成果，并确定联盟是否取得了成功。在这个阶段，大家都不愿意看到联盟因个人或公司的失败而结束，更愿意看到，合作伙伴关系在取得了预定目标之后圆满结束，或者因市场情况变化以及其中一方公司的战略变化而结束。值得注意的是，结束联盟关系也要像建立联盟时那样认真规划。联盟结束之后，客户需受到保护，正常关系也要保持下去，因为以后存在再次合作的可能。

第六步 做好善后工作

善后工作包括确定所需要的技能，聘用适当的人员，建立牢固的联盟管理系统，组织强大的联盟运作管理队伍等。

为实现这些目标，思科做了大量工作。例如，公司建立了相应的部门，可为每个新合作伙伴快速设计定制课程，使其员工能够快速了解所需要的思科知识，保证为客户提供一致的高质量服务。

组织良好的联盟通常能实现多赢。一方面客户能够获益，另一方面每家合作伙伴能继续以核心业务为重，同时将产品和服务推向新市场。

复习思考题

1. 供应链战略合作伙伴关系与传统供应商关系的区别是什么？
2. 供应链战略联盟的模式有几种？分别是什么？
3. 供应链合作伙伴选择的标准是什么？怎样选择合适的供应链合作伙伴？
4. 如何管理供应链战略联盟？
5. 什么原因会导致供应链战略联盟的失败？
6. 企业核心竞争力的内涵是什么？
7. 是什么原因促使企业业务的外包？
8. 根据案例，请分析什么是成功的战略联盟，以及战略联盟的组建对企业的供应链有什么影响。

第 9 章

供应链绩效管理与绩效评价

本章学习目标

- 了解供应链绩效管理的基本知识。
- 理解供应链绩效的影响因素、评价的原则和评价体系的构成。
- 掌握供应链绩效评价的步骤和指标体系的构成，并了解一些基本评价方法。
- 了解标杆法的基本知识和实施步骤，理解供应链的标杆管理方法。

9.1 供应链绩效管理概述

供应链绩效管理是伴随着供应链管理的产生、发展和完善的过程而产生的一种管理思想与方法。由于供应链所面临的环境极为复杂和不稳定，所以相对于一般意义上的绩效管理，供应链绩效管理具有自身的特点，是供应链管理的重要组成部分。

9.1.1 绩效与绩效管理的含义

1. 绩效的含义

目前，人们对绩效的理解存在着一定的分歧，主要集中在把绩效看做结果还是行为。一种观点认为绩效是一种结果，应当把绩效和组织中的责任、目标、任务、能力等能够衡量的因素等同起来，通过评价员工的工作结果来判断其绩效的高低。例如，伯纳丁（Bernardin）等人（1995）认为绩效是在特定的时间内，由特定的工作职能或活动产生的产出纪录。另一种观点则反对这种说法，认为过分强调结果而忽视其他一些重要的程序因素和人际关系因素是错误的，因为这些因素恰恰会对工作结果产生重要影响，所以，那些与既定目标有关的行为本身就是绩效。又如，韦氏词典就将绩效看做完成某种任务或者达到某个目标的行为，认为这种行为通常是有功能的或者是有效能的。我们认为绩效既是行为又是结果，也就是说，绩效既是组织有目的性的活动或行为，又是这些活动或行为的业绩。在企业管理中，绩效是围绕组织目标实施的管理活动或具体业务活动，同时是组织及其人员所做的贡献或工作成绩。正如布伦布拉奇（Brumbrach）（1988）所指出的："绩效指行为和结果。行为由从事工作的人表现出来，将工作任务付诸实施。行为不仅仅是结果的工具，其本身也是结果，是为完成工作任务所付出的脑力和体力的结果，并且能与结果分开进行判断。"

2. 绩效管理的含义

绩效管理就是围绕组织目标，旨在提高员工绩效进而提高组织绩效的一系列干预活动或管理过程。绩效管理能够将企业各个部门、各项业务、发展战略和技术创新等有机地结合起来，通过对组织战略的建立、目标分解和业绩评价，并将绩效成绩用于企业日常管理之中，以持续改进员工绩效和组织绩效，实现组织战略和目标。

绩效管理从绩效评价发展而来，但它又不同于绩效评价。绩效评价只是绩效管理的一个组成部分，它注重事后的绩效考核。现代的绩效管理是一个经过事前计划、事中管理和事后考核等阶段的连贯的过程，包括绩效计划制定、员工之间持续沟通、绩效评价、薪资管理、人力资源决策和调整等内容，所以绩效管理是一种新的管理方法。

9.1.2 供应链绩效管理的含义、特点和作用

1. 供应链绩效管理的含义

目前，由于供应链绩效管理实践的时间很短，其理论研究也十分有限，人们对供应链绩效管理和评价还没有统一认识，因而对其含义没有严格的界定。供应链绩效研究主要偏重于供应链管理活动的结果，因此，在多数情况下，关于供应链绩效和绩效管理方面的讨论主要偏重于供应链运作的结果或供应链管理业绩。

从价值角度来看，供应链绩效是供应链及其成员整合供应链上的资源，通过信息协调和共享，在采购管理、生产运作、市场营销、物流管理、客户服务、信息开发等活动中增加和创造的价值总和。另外，供应链绩效也可以看做为实现上述目标，供应链成员进行的各种活动，即过程绩效。

供应链绩效管理就是指从供应链整体出发，综合运用各种先进的技术与方法，开发供应链系统的各种潜能，顺次完成绩效计划、绩效监控、绩效评价和绩效改进等过程，以提高供应链整体及其成员绩效而进行的管理。通过供应链绩效管理，确定各项工作或活动的

基准，对供应链运作的质量、成本、柔性、效率和效益等方面进行计划、监控与管理，以达到或超过基准水平。

供应链绩效管理涉及绩效计划、绩效监控、绩效评价和绩效改进等方面，一般包括确定基准、设计绩效指标、度量供应链绩效、检查绩效指标完成情况、分析供应链流程存在的问题、制定改进措施和建立供应链绩效激励机制等。供应链绩效管理的目标是通过对供应链流程的监控和管理，协调各个环节和成员企业的利益分配，不断提高供应链及其成员企业运作的效率与效益，不断改善供应链性能和绩效水平。

2．供应链绩效管理的特点

（1）整体性。供应链绩效管理不是针对链中的某一个企业或某一个环节的活动，而是面向整个供应链，是对供应链运作进行综合性的、整体性的规划、监控、评价、反馈和改进的过程。

（2）复杂性。与单个企业相比，供应链有非常复杂的结构，涉及许多不同的企业和不同的业务，其运作过程和环境处于不断的变化之中，因而管理更具复杂性。

（3）动态性。供应链本身及其所处的环境都处于不断的变化状态，因此，供应链的运作过程也是不断变化的，供应链绩效管理也必然是动态的。只有不断变化的管理方法和管理手段，才能适应变化着的供应链及其运营环境，才能真正实现绩效管理的目标。

3．供应链绩效管理的作用

良好的供应链绩效管理对提升供应链整体价值具有重要的意义，主要表现在以下几个方面：

（1）激励组织行为。科学的绩效管理可以为供应链和企业带来良好的绩效，所以它可以激励供应链和企业的组织行为。例如，绩效评价可以为企业指明如何提高绩效水平的方向，同时使企业管理者明确评价方法的不足，或绩效管理其他方面的缺陷，以便采取正确的策略与行动。

（2）支持组织正确决策。良好的绩效评价体系是策略选择和优化决策的基础，它能够帮助供应链管理者进行有效的决策。完善的供应链绩效指标体系可以避免企业以成本和短期目标为导向，促使企业在有关整个供应链发展的指标方面做出正确的选择，并使供应链整体绩效达到最优。

（3）增强供应链及其成员的竞争力。通过实施绩效管理，供应链及其成员可以有效地提高管理水平，提高运作的效率与效益，从而增强市场竞争实力。

9.1.3 供应链成本控制

供应链运作成本的高低，将直接影响到供应链绩效的大小，影响到整条供应链的市场竞争力。因此，成本控制是供应链管理的重要内容。

1. 供应链成本的构成

供应链成员企业在开展各项业务活动、提供产品和有关服务中，所占用和消耗的活劳动和物化劳动的货币表现，就是供应链成本，也称供应链费用。它是供应链各项活动的成本与费用之和，也是供应链系统的总投入，具体包括以下内容。

（1）供应链总运营成本，主要包括：① 供应链通信成本，即各节点企业之间的通信费用，如电子数据交换（EDI）、Internet 的建设和使用费用，供应链信息系统开发和维护费等；② 供应链总库存费用，即各节点企业在制品库存和成品库存费用、各节点之间在途库存费用等；③ 各节点企业外部运输总费用，等于供应链所有节点企业之间运输费用总和。

（2）供应链核心企业产品成本，是供应链管理水平的综合体现。根据核心企业产品在市场上的价格确定出该产品的目标成本，再向上游追溯到各供应商，确定出相应的原材料和配套件的目标成本。

（3）供应链管理总成本，主要包括物料采购成本、订单管理成本、库存持有成本、与供应链相关的财务和计划成本及供应链管理信息系统成本。订单管理成本和物料采购成本大约占整个供应链管理成本的 2/3，订单管理成本与面向客户的供应链一端相关，而物料采购成本则与面向供应商的一端相关。与这两项几乎同样重要的是库存持有成本，通常占供应链管理总成本的大约 20%，其中包括损坏、贬值和运营资金的机会成本。与供应链相关的信息系统成本基本保持静态，大约占供应链管理总成本的 10%。随着 Internet 应用的广泛深入，信息的效用不断增加，物料采购成本、库存持有成本和订单管理成本都将被大大削减。

2. 供应链成本的控制方法

在供应链管理模式下，具有竞争力的供应链不仅能够提供最优的服务，而且还要使产品以最合理的成本进入市场。产品成本控制不仅仅是企业内部的成本控制问题，它涉及从产品形成的源头（原材料）到最终用户的全过程成本控制。所以，供应链成本控制必须着眼于整条供应链，即从整体的和系统的角度出发，建立合理的指标核算体系。通过整合供应链，对供应链管理进行革新，加大信息化力度，有效地利用整个供应链的资源，最大限度地降低成本，提高效益。

供应链成本控制方法主要是借鉴以往的成本分析方法，对供应链中发生的成本进行详细的分析。各个企业必须甄别供应链成本的项目并进行明确的分类，选择适当的符合供应链管理特点的会计核算方法，如目标成本法、作业成本法和价值链分析法等。根据计算结果，分析成本的构成和数量的变动趋势，并寻找造成变动的原因，对成本进行有效的控制。由于供应链成本反映的是供应链的总体成本，涉及的范围非常广。因此，通常通过供应链的价值增值水平来反映供应链成本，可以通过下列计算获得：

价值增值=用户价值–用户成本

用户成本=供应成本+制造成本+销售成本

式中，供应成本对应于供应链的上游运营成本；制造成本对应于企业内部成本；而销售成本对应于供应链下游营运成本。

为有效地控制供应链成本、实现供应链管理目标，在供应链成本控制过程中应注意以下问题：

（1）供应链成本控制是对总的供应成本或者总的分销成本进行控制。不应该过分强调降低购买价格，否则将会伤害供应商的利益进而损害供应链成员之间的合作关系。

（2）降低成本不应该以牺牲客户的利益为代价，不能因降低成本而影响客户对产品和服务的满意程度。

（3）选择适当的 CPQ 组合策略。在成本控制过程中，应考虑降低成本是否以减少最终销售量、降低市场价格为代价等问题，协调好成本（C）、价格（P）、销售量（Q）三方面的关系，选择满意的 CPQ 组合策略。

（4）建立统一的供应链成本的计算标准、统计口径与计算方法，避免重复计算和遗漏，保证成本核算的科学性。

（5）在整个供应链范围内培养成本控制意识。每个环节、每个成员企业的业务活动都会对供应链成本产生影响，因此，控制整个供应链的成本，需要供应链所有成员共同努力。必须在整个供应链范围内培养成本控制意识，使每个企业的每个员工都能够自觉控制内部成本和企业之间往来所造成的成本。

（6）从整体利益考虑，动态地控制成本。供应链上任一节点企业的经营活动及其成本都处于变化状态，因此，对供应链成本的控制必须是动态的。企业必须根据合作伙伴的业务变化，调整自己的业务，动态地控制营运成本。

9.2　供应链绩效评价概述

相对于单个企业，供应链绩效评价会涉及更多的企业、更多的供应链环节和更大的区域。因此，供应链绩效评价应区分这些差异，综合考虑各方面的影响因素，设计出相应的绩效评价体系和步骤，从而达到供应链绩效管理的目的。

9.2.1　供应链绩效评价的含义、特点和作用

1．供应链绩效评价的含义

供应链绩效评价是指围绕供应链管理的目标，对供应链整体、各个环节的运作状况和

各环节之间的协作关系等进行的事前、事中与事后的分析评价。其目的一是判断绩效计划的实施是否在各种约束条件下达到了预定目标，二是分析绩效计划与实际结果的差距及其原因，为进一步的绩效改进奠定基础。因此，供应链绩效评价是围绕供应链管理的目标进行的，其评价客体是供应链整体及其组成成员，其评价范围涉及供应链内部绩效、外部绩效和供应链综合绩效，其内容涉及反映供应链运作状况和运作关系的各种指标，其时间过程包括事前、事中和事后整个绩效管理的过程。

2．供应链绩效评价的特点

（1）供应链绩效评价侧重于供应链的整体绩效评估。它是根据供应链管理运行机制的基本特征和目标，反映供应链整体运营状况和上下节点企业之间的运营关系，而不是孤立地评价某一节点的运营情况；它不仅要评价该节点企业的运营绩效，而且还要考虑该节点企业的运营绩效对其上下节点企业或整个供应链的影响。例如，某一供应商所提供的某种原材料成本和价格尽管很低，但是其加工性能较差，不能满足该节点企业生产工艺要求，这势必会增加下游企业的生产成本，影响生产效率，进而影响整个供应链的成本与效率。

（2）基于业务流程的绩效评价。单个企业的绩效评价一般是基于职能的绩效评价，评价对象是企业的内部职能部门或者职工个人（见图 9-1）。供应链绩效评价一般是基于业务流程的绩效评价（见图 9-2），其目的不仅是要获知企业或供应链的运作状况，更重要的是要找出优化企业或供应链的流程。

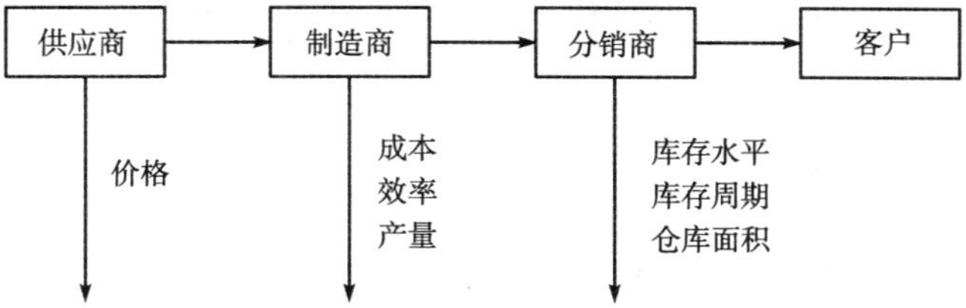

图 9-1　基于部门职能的企业绩效评价

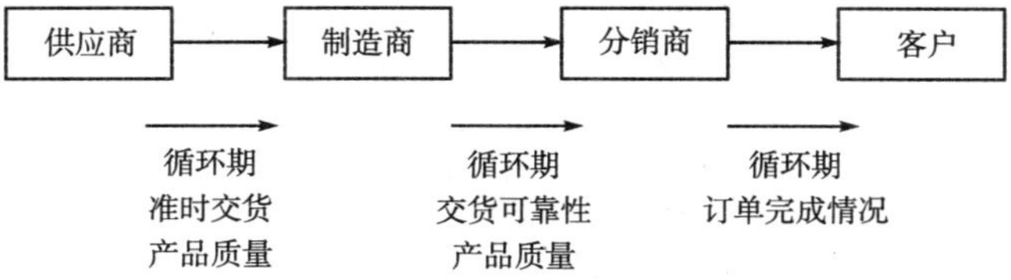

图 9-2　基于业务流程的供应链绩效评价

（3）供应链绩效评价难度较大。建立一套有效的供应链绩效评价体系对供应链的健康发展非常重要，但目前有关实施供应链绩效评价的成熟体系并不多见，其原因主要在于：

与单一企业相比，供应链的运作是非常复杂的；供应链绩效因某些方面的指标难以量化，很难建立简便、合理的绩效标准；供应链之间因差异较大而难以建立可供比较的标准。所以，供应链绩效评价尚须在理论上和实践上进一步探讨与完善。

3．供应链绩效评价的作用

（1）对整个供应链的运行效果做出评价，可以反映出供应链的整体竞争能力和供应链成员间的合作状态。通过评价，管理者能够充分掌握整个供应链的运行状况，并通过分析找出不足及其原因，为进一步改进供应链营运奠定基础。

（2）对成员企业具有督促和激励的作用。供应链绩效评价对供应链上各个成员企业的行为及其成绩做出评价，据此，可以通过吸收新的相关企业加盟，剔除不良企业，督促和激励各成员企业不断提高管理水平。

（3）为企业和社会提供更好的产品或服务。通过供应链绩效评价，促进供应链的各级企业（供应商）为客户提供更高水平的产品或服务，从而提高整个社会的产品质量水平和服务水平。

9.2.2　供应链绩效的影响因素

影响供应链绩效的因素有企业内部因素和外部因素，如图 9-3 所示。从中可以看出，优化成本结构、提高服务水平、加快市场响应速度、提高技术创新能力可以支持供应链所拥有的竞争优势。其中外层的两个同心圆表示影响供应链绩效的因素首先来自供应链外部，其次来自供应链内部。

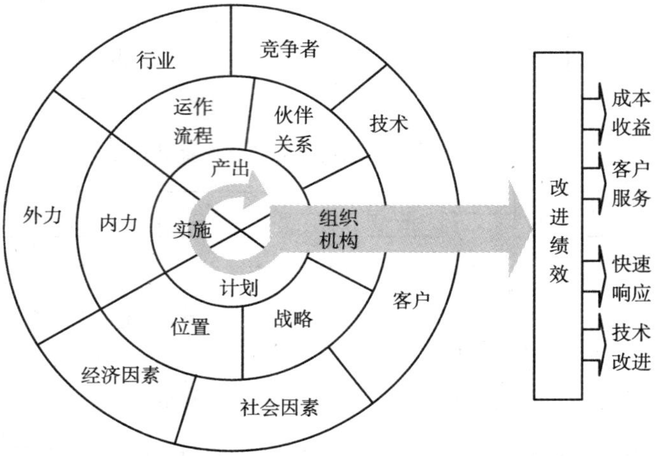

图 9-3　影响供应链绩效的因素

1．影响供应链绩效的外部因素

（1）行业。供应链涉及的行业不同，供应链的绩效管理重点也就各不相同。例如，以制造企业为主体的供应链与以零售企业为主体的供应链在供应链管理的侧重点和具体方法上会有所不同，所以其绩效管理的侧重点也有所不同。

（2）竞争者。企业竞争对手的战略变化、技术优势、产品和流程的革新、人力资源的整合等都会影响到企业自身的经营战略、组织结构、经营成本等，从而影响企业和企业所在的供应链绩效。如果能够及时找出竞争者在可能的领域对供应链的潜在威胁，就可以及时地调整自己的目标和方向。

（3）技术。技术主要通过产品/服务和信息流对供应链的绩效产生影响。先进的技术有利于产品的设计与开发以及服务水平的提高，并能够使供应链适应不断变化的环境，从而提高供应链绩效。此外，应用先进技术还可以使过去难以实施的绩效测评变得容易和可行。

（4）客户。客户需求是影响供应链绩效的重要因素。客户的个性化需求和消费偏好发生变化，会增加企业及其供应链在运作成本和生产周期上的压力。如今，客户越来越重视产品为自身带来的价值增值或成本节约，这就要求供应链上的每个节点企业，在为客户提供优良产品和服务的基础上，努力提高管理水平，降低供应链成本。

（5）经济和社会因素。它包括国内外经济、政治和社会文化等方面的现状与变化。一个国家或地区经济发展和市场需求变化，必然影响企业以及供应链的产品供应和经营成本。政治和社会文化环境的变化对企业开拓产品市场、降低经营成本，以及与供应商和客户的伙伴关系产生影响，这将直接或间接地影响企业及其供应链绩效。

2．影响供应链绩效的内部因素

（1）运作流程。不同的供应链因其产品、服务和客户的分布性特点，其业务流程的设计会有所不同。制造型企业的营运一般可分为分散采购集中制造和集中采购分散制造两种类型，它们的业务流程设计和运作就存在相当大的差异，这影响到供应链及其管理绩效。

（2）伙伴关系。供应链中的伙伴关系是影响企业以及供应链的运作效率和效益的重要因素。伙伴关系紧密，相互之间的信息沟通和协作效果就好，这将促进供应链整体绩效的提高。反之，供应链成员企业之间缺乏合作意识，相互间的信息交流不充分，就无法进行有效的协作，因而也就不能有效地整合各成员企业的资源，供应链绩效不可能提高。

（3）组织结构。如果将供应链流程分为采购/供应（S）、制造（M）、交付（D）三个大的环节，那么按照产品的模块化水平和流程的延迟原则，供应链可以分为四种类型，如图9-4所示。

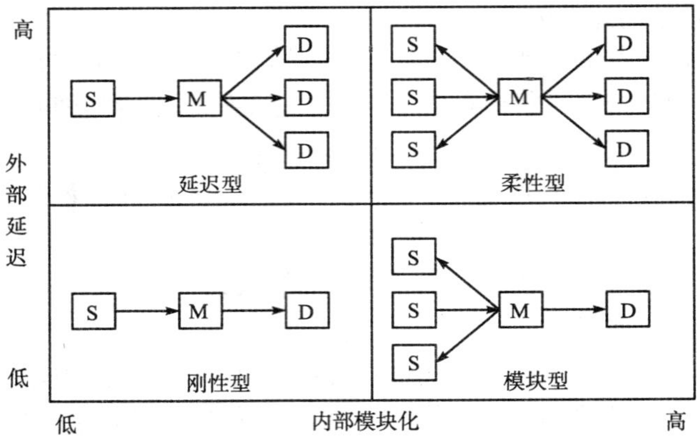

图 9-4　供应链组织结构分类模型

从图 9-4 中可以看出，刚性型供应链的特点是纵向集成，它以满足库存为目标，追求的是大批量生产的规模经济；柔性型供应链则是通过大量的外包和外协运作，制造差别化组件，分散装配，满足客户个性化需求；模块型供应链中存在大量生产组件/部件的供应商，最终分销少量完工产品，这是最典型的供应链结构；延迟型供应链以大规模定制的思想满足客户个性化需求，追求的是范围经济。四种不同的供应链结构在产品制造和业务流程上存在明显的差异，它们直接影响供应链管理以及供应链绩效管理的目标、战略和范围等。

（4）战略。供应链绩效是供应链战略的执行过程或结果，因此，供应链绩效评价必须以供应链战略目标为标准。史蒂文斯（Stevens）（1989）将供应链集成归结为四个阶段：基础建设阶段、功能形成阶段、内部集成阶段和外部集成阶段。通过四个阶段的运营，实现从单一组织向多组织协调集成，从市场反应型向市场导向型转化。

（5）位置。供应链中的企业规模大小不同，各企业在链中所具有的地位和作用也不同，这些都会影响供应链的运作和供应链绩效。不同位置的企业对供应链营运的绩效评价不同，供应商注重交货质量和交货的可靠性，而地区分销商注重产品品种、类型和价格，当地分销商注重产品送货速度和服务水平等，如图 9-5 所示。

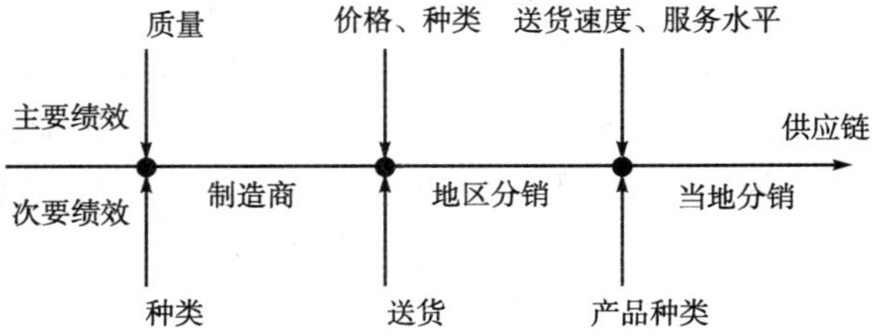

图 9-5　不同的供应链企业及其绩效要求

9.2.3 供应链绩效评价的原则和范围

供应链绩效评价在基本原则和范围上与一般的绩效评价有一定的相似之处，但是在评价范围上存在较大的差异，它的绩效评价范围远远大于单个企业的绩效评价范围。

1．供应链绩效评价应遵循的原则

（1）全面性原则。供应链绩效评价不仅要反映单个节点企业的运营情况，而且要反映整个供应链的运作情况。因此，应尽量把评价的对象扩大到供应链上所有的相关企业和所有供应链成员之间的关系。

（2）结果性与过程性绩效并重原则。对供应链业务流程进行实时评价与分析能起到事中控制的作用，同时也可以使评价过程和评价体系更加透明与互动，在一定程度上规避了评价主体的主观因素产生的风险。因此，不仅要重视定期的结果性绩效的评价，而且要重视基于供应链业务流程的过程性绩效评价。

（3）可控性原则。绩效评价应集中于可控制因素，以提高评价的可操作性和实际效果。但在构建供应链绩效评价体系时，应该注意剔除不可控因素对供应链绩效的影响。当然，可控性是相对的。例如，供货商的可控对象是供应效率，制造商的可控对象是生产效率，零售商的可控对象是销售业绩等。

（4）定性与定量相结合的原则，即评价指标应该既包括容易用定量数值表示的技术经济指标，又包括难以量化的社会环境指标，以便更加全面、客观地评价供应链绩效。

（5）经济性原则，即实施供应链绩效评价所获得的收益要大于其成本。供应链绩效评价涉及信息的收集、整理和分析，需要相应的组织体系支持，这些都是要花费成本的。另外，绩效评价是一个持续进行的过程，应根据经济性原则，合理确定绩效评价实施的时间间隔。

（6）注重长期利益与短期利益、整体利益与局部利益的权衡。从保证供应链持续健康发展的角度来讲，在进行供应链绩效评价时应注意使短期利益服从长期利益，局部利益服从整体利益，避免鼓励短期行为和局部优化的绩效评价。

2．供应链绩效评价的范围

供应链绩效评价一般应从三个方面考虑：

（1）内部绩效评价。内部绩效度量主要是对供应链上的企业内部绩效进行评价，常见的有成本、客户服务、生产率、资产、管理和质量等方面的指标。

（2）外部绩效评价。外部绩效度量主要是对供应链在企业之间的运行状况进行评价，其主要指标有用户满意度和最佳实施基准等。

（3）综合供应链绩效评价。供应链是一个复杂的系统，所以应注重对供应链总体绩效的评价。一般地，综合供应链绩效的评价主要从用户满意度、时间、成本和资产等几个方面展开。

9.2.4 供应链绩效评价体系

作为供应链管理系统的子系统，供应链绩效评价也有自己完整的体系，这个体系要解决的是谁来评价、评价什么、如何评价、评价结果怎样等问题。一个完整的供应链绩效评价体系一般由以下几部分组成。

1．评价的主体和客体

一个运作良好的供应链应该有一个强有力的评价组织。绩效评价的主体即负责领导和指挥所有评价活动的组织，一般是以供应链核心企业为发起者，由供应链中其他关键业务伙伴参与组成。绩效评价的客体即评价对象，就是整个供应链及其成员企业。

2．绩效评价目标

供应链绩效评价体系的目标是根据主体需求确定的，是整个绩效评价工作的指南。绩效评价的目标应适应于供应链管理的战略实施，服从和服务于供应链管理的整体目标。绩效评价目标的制定受时间、社会环境、供应链机构和供应链成员特别是核心成员及其变化的影响。

3．绩效评价指标

供应链绩效评价指标设立的目的是明确绩效评价的内容。客体本身具有多方面的特性，只有依据客体的特性和系统目标，选择适当的评价指标并组成指标体系，才能有效地进行供应链的绩效评价。

4．绩效评价标准

绩效评价标准是各个绩效评价指标应该达到的水平，它是评价客体绩效状态的标准。绩效标准要适当，定得过低，起不到激励和绩效改进的作用；定得过高，会令人感到可望而不可即，影响成员企业的士气。绩效标准应保持相对的稳定性，一经确立，就应该以正式文件的形式固定下来，并在一段时间内保持不变。

5．绩效评价方法

没有科学的评价方法，就不能得出正确的评价结论。供应链效绩评价方法是供应链绩效评价的具体手段。必须选择适当的方法，通过对各具体指标的评价值进行计算，得出最终目标评价值，最后再与评价标准比较，得出评价结论。

6. 绩效评价报告

绩效评价报告是绩效评价的结论性文件，是供应链实施激励措施和绩效改进的主要依据。通过比较绩效评价指标的具体数值与预先确定的绩效评价标准，可以找出差别，并分析产生差别的原因和责任，为改进供应链绩效提供客观依据。

7. 激励与改进

评价的目的在于对组织行为的激励和绩效改进。激励是对绩效评价客体的良好行为进行强化，是对良好绩效创造者所付出努力和所承受风险的补偿。绩效改进则是根据绩效评价报告的分析结果，有针对性地采取一些改进措施，以进一步提高绩效水平。

9.2.5 供应链绩效评价的步骤

一般来说，供应链绩效评价要经过几个步骤，如图 9-6 所示。

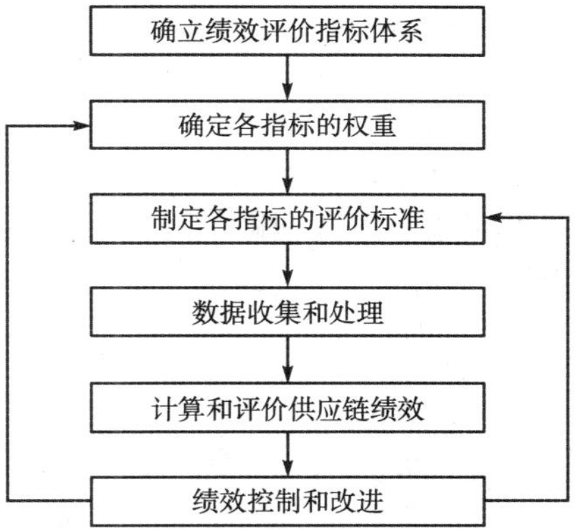

图 9-6 供应链绩效评价步骤

1. 确立绩效评价指标体系

根据供应链绩效的影响因素、绩效评价的原则和范围，采用一定的方法，如主成分分析法和二元对比排序法等，合理地选择绩效评价指标，确定相互联系的绩效评价指标体系。

2. 确定各指标的权重

根据各项指标在指标体系中的地位和作用，赋予它们不同的权重。有关权重的确定方法有很多，如层次分析法和模糊计算法等，可以根据客观实际和绩效评价工作的需要予以确定。

3. 制定各指标的评价标准

（1）历史标准，即根据供应链运作绩效的历史数据，结合供应链实时信息和市场变化等情况，确定新的绩效评价指标标准。

（2）国家标准或行业标准，即政府有关部门或行业协会制定的管理标准。

（3）标杆标准，即以业绩优秀的供应链为学习和借鉴的标杆，将其绩效指标作为评价本供应链的绩效标准。

4. 数据收集和处理

按照供应链绩效评价的要求进行数据收集。在收集数据工作中，会出现数据冗余、数据错误、数据空缺和不同源数据一致性问题，因此应对原始数据进行处理，包括去除冗余、纠错、缺值处理和属性归一处理等。

5. 计算和评价供应链绩效

选择适当的方法，根据收集和处理的数据进行计算，确定反映供应链绩效的具体指标，将绩效计算结果与绩效评价指标标准值进行比较，得出绩效评价初步结论。并由专家对各项指标进行评分，按照事先确定的权重计算供应链整体绩效的综合评分，得出整体绩效评价结果。

6. 绩效控制和改进

分析绩效评价结果，找出供应链中存在问题的环节，对其进行调整和改造。同时，根据实际情况提高或降低有关指标的标准值，或者改变某些指标在体系中所占权重，对原绩效评价体系进行修改。

9.3 供应链绩效评价的原则、指标体系和方法

供应链从结构到管理都极具复杂性，必须制定和遵循一些基本的原则，选择适当的评价指标，并将其组成完善的体系，选择和运用合理的评价方法，才能有效地评价供应链绩效。

9.3.1 选择供应链绩效评价指标的原则

绩效评价指标的选择和供应链绩效评价指标体系的构建应遵循如下原则：

（1）目的性原则。供应链绩效评价指标的选择应以实现供应链战略目标、提高供应链绩效为最终的目的。

（2）整体性原则。评价指标体系不仅能反映出供应链节点企业运行绩效和该节点绩效对整体供应链的影响，还能反映出整个供应链运作情况。

（3）层次性原则，即根据整个供应链的各个层次和各个环节的组成情况，来选择和确

定不同层次的评价指标，这样可以做到全面性与关键性指标的结合。

（4）突出重点原则，即对关键绩效指标进行重点分析。能够影响供应链战略目标实现和对供应链绩效管理有重大影响的因素都是关键因素，反映这些因素的指标即为关键绩效指标。

（5）可操作性原则。确定指标和指标体系要切实可行，易于操作。应尽量使评价指标具有清晰的含义和范围，操作简便，易于人们接受。

（6）规范性原则。绩效评价指标应设计规范、统一标准，便于在供应链内部进行绩效衡量。

9.3.2 供应链绩效评价的指标体系

根据供应链绩效评价的范围和指标选择的原则，可以将一些统计指标作为供应链绩效评价的基本指标，如表 9-1 所示。

表 9-1 供应链绩效评价的一般性统计指标

客户服务	生产与质量	资产管理	成本
饱和率	人均发运系统	库存周转	全部成本/单位成本
脱销率	人工费系统	负担成本	销售百分比成本
准时交货率	生产指数	废弃库存	进出货运输费
补充订单	破损率	库存水平	仓库成本
循环时间	退货数	供应天数	管理成本
发运错误	信用要求数	净资产回报	直接人工费
订单准确率	破损物价值	投资回报	退费成本

除了这些指标外，还要设计一些综合性的指标。

1．反映整个供应链业务流程的绩效评价指标

（1）产销率指标。产销率是指在一定时间内已销售出去的产品与已生产的产品数量的比值，反映了产品的销售情况。其计算公式为

$$\text{产销率}=\frac{\text{报告期已销售产品数量}(S)}{\text{报告期生产产品数量}(P)} \tag{9-1}$$

因为 $S\leqslant P$，所以产销率小于或等于 1。产销率指标又可分成如下三个具体的指标。

1）供应链节点企业产销率。其公式为

$$供应链节点企业产销率=\frac{报告期节点企业已销售产品数量}{报告期节点企业生产产品数量} \quad (9\text{-}2)$$

该指标反映供应链节点企业在一定时间内的经营状况。

2）供应链核心企业产销率。其公式为

$$核心企业产销率=\frac{报告期核心企业已销售产品数量}{报告期核心企业生产产品数量} \quad (9\text{-}3)$$

该指标反映供应链核心企业在一定时间内的产销经营状况。

3）供应链产销率。其公式为

$$供应链产销率=\frac{报告期节点企业已销售产品数量之和}{报告期节点企业生产产品数量之和} \quad (9\text{-}4)$$

该指标反映供应链在一定时间内的产销经营状况，其时间单位可以是年或月、日。随着供应链管理水平的提高，时间单位可以取得越来越小。该指标也反映供应链资源（包括人、财、物和信息等）的有效利用程度，产销率越接近1，说明资源利用程度越高。同时，该指标也反映了供应链库存水平和产品质量，其值越接近1，说明供应链成品库存量越小。

（2）平均产销绝对偏差指标。该指标公式为

$$平均产销绝对偏差=\sum_{i=1}^{n}|P_i-S_i|/n \quad (9\text{-}5)$$

式中 n——供应链节点企业的个数；

P_i——第 i 个节点企业在一定时间内生产产品的数量；

S_i——第 i 个节点企业在一定时间内已生产的产品中销售出去的数量。

该指标反映在一定时间内供应链总体库存水平，其值越大，说明供应链成品库存量越大，库存费用越高。反之，说明供应链成品库存量越小，库存费用越低。

（3）产需率指标。产需率是指在一定时间内，节点企业已生产的产品数量与其下一级节点企业（或用户）对该产品的需求量的比值。它具体包括两个指标：

1）供应链节点企业产需率。其公式为

$$供应链节点企业产需率=\frac{报告期节点企业已生产的产品数量}{报告期下级节点企业对该产品的需求量} \quad (9\text{-}6)$$

该指标反映上、下级节点企业之间的供需关系。产需率越接近 1，说明上、下级节点

企业之间的供需关系协调，准时交货率高。反之，则说明上一级节点企业准时交货率低或者企业的综合管理水平较低。

2）供应链核心企业产需率。其公式为

$$供应链核心企业产需率=\frac{报告期核心企业已生产的产品数量}{报告期用户对该产品的需求量} \tag{9-7}$$

该指标反映供应链整体生产能力和快速响应市场能力。若该指标数值大于或等于 1，说明供应链整体生产能力较强，能快速响应市场需求，具有较强的市场竞争能力；若该指标数值小于 1，则说明供应链生产能力不足，不能快速响应市场需求。

（4）供应链产品出产（或投产）循环期或节拍指标。当供应链节点企业生产的产品为单一品种时，供应链产品出产循环期是指产品的出产节拍；当供应链节点企业生产的产品品种较多时，供应链产品出产循环期是指混流生产线上同一种产品的出产间隔。由于供应链的各节点企业（包括核心企业）生产的产品品种较多，因此，供应链产品出产循环期一般是指节点企业混流生产线上同一种产品的出产间隔期。它可分为如下两个具体的指标：

1）供应链节点企业（或供应商）零部件出产循环期。该循环期指标反映了节点企业库存水平和对其下一级节点企业需求的响应程度。该循环期越短，说明该节点企业对其下级节点企业需求的快速响应性越好。

2）供应链核心企业产品出产循环期。该循环期指标反映了整个供应链的在制品库存水平和成品库存水平，同时也反映了整个供应链对市场或用户需求的快速响应能力。核心企业产品出产循环期决定着各节点企业产品出产循环期，即各节点企业产品出产循环期必须与核心企业产品出产循环期合拍。该循环期短，说明整个供应链在制品库存量和成品库存量都比较少，总的库存费用都比较低；另外也说明供应链管理水平比较高，能快速响应市场需求，并具有较强的市场竞争能力。

缩短核心企业产品出产循环期，可以使供应链各节点企业产品出产循环期与核心企业产品出产循环期合拍，而核心企业产品出产循环期与用户需求合拍。这种方法既不需要增加投资，又不需要增加人力和物力，而且见效快。

（5）供应链总运营成本指标。供应链总运营成本包括供应链通信成本、供应链总库存费用和各节点企业外部运输总费用，它反映供应链运营的效率。

1）供应链通信成本。它包括各节点企业之间的通信费用，如电子数据交换（EDI）、Internet 的建设和使用费用，供应链信息系统开发和维护费等。

2）供应链总库存费用。它包括各节点企业在制品库存和成品库存费用、各节点之间在途库存费用。

3）各节点企业外部运输总费用。它等于供应链所有节点企业之间运输费用总和。

（6）供应链核心企业产品成本指标。它是供应链管理水平的综合体现。根据核心企业产品在市场上的价格确定出该产品的目标成本，再向上游追溯到各供应商，确定出相应的原材料和配套件的目标成本。只有当目标成本小于市场价格时，各个企业才能获得利润，供应链才能得到发展。

（7）供应链产品质量指标。供应链产品质量是指供应链各节点企业（包括核心企业）生产的产品或零部件的质量，主要包括合格率、废品率、退货率、破损率和破损物价值等指标。

2. 反映供应链节点企业之间关系的绩效评价指标

供应链的机构属于递阶层次结构，它由不同层次供应商组成，上层供应商是其下层供应商的用户，如图9-7所示。

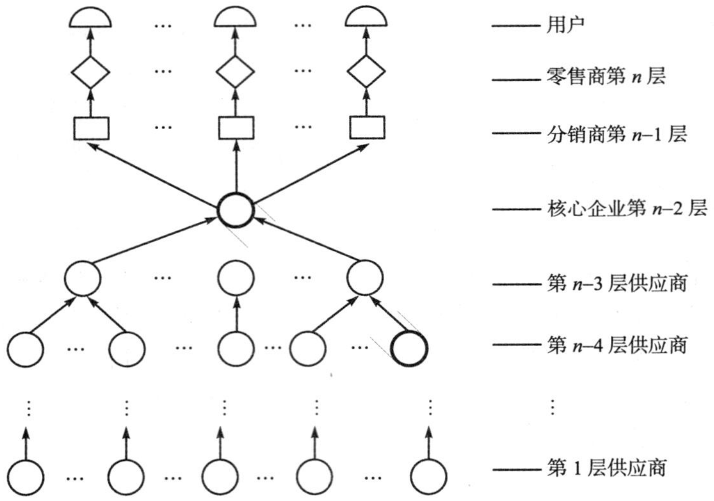

图9-7　供应链层次结构模型

按照供应链层次结构模型，确立反映供应链节点企业之间关系的绩效评价指标，对每层供应商及其相互关系实施绩效评价。根据供应链层次结构模型，可以用相邻层供应商评价法来评价各级供应商，其基本方法是通过上层供应商来评价下层供应商。由于上层供应商可以看做是下层供应商的用户，因此通过上层供应商来评价和选择与其业务相关的下层供应商更直接、更客观。以此递推，即可对整个供应链的绩效进行有效的评价。

满意度指标 C_{ij} 是反映供应链上、下节点企业之间关系的绩效评价指标，即在一定时间内上层供应商 i 对其相邻下层供应商 j 的综合满意程度。其表达式为

$$C_{ij}= a_j\times 供应商j准时交货率+\beta_j\times 供应商j成本利润率 + \lambda_j\times 供应商j产品质量合格率 \tag{9-8}$$

式中 a_j, β_j 和 λ_j——权数，且 $(a_j+\beta_j+\lambda_j)/3=1$。

准时交货率是指下层供应商在一定时间内准时交货的次数占其总交货次数的百分比。供应商准时交货率低，说明其协作配套的生产能力达不到要求，或者是对生产过程的组织管理跟不上供应链运行的要求；供应商准时交货率高，说明其生产能力强，生产管理水平高。

成本利润率是指单位产品净利润占单位产品总成本的百分比。在市场经济条件下，产品价格是由市场决定的，因此，在市场供需关系基本平衡的情况下，供应商生产的产品价格可以看做一个不变的量。按成本加成定价的基本思想，产品价格等于成本加利润，因此产品成本利润率越高，说明供应商的赢利能力越强，企业的综合管理水平越高。在这种情况下，由于供应商在市场价格水平下能获得较大利润，其合作积极性必然增强，必然对企业的有关设施/或设备进行投资和改造，以提高生产效率。

产品质量合格率是指质量合格的产品数量占产品总产量的百分比，它反映了供应商提供货物的质量水平。质量不合格的产品数量越多，产品质量合格率就越低，说明供应商提供产品的质量不稳定或质量差，供应商必须承担对不合格的产品进行返修或报废的损失，这样就增加了供应商的总成本，降低了其成本利润率。因此，产品质量合格率指标与产品成本利润率指标密切相关。同样，产品质量合格率指标也与准时交货率密切相关，这是因为产品质量合格率越低，就会使得产品的返修工作量加大，必然会延长产品的交货期，使得准时交货率降低。

式（9-8）中，各项权数的取值可随着上层供应商的不同而不同。但是对于同一个上层供应商，在计算其所有下层供应商的满意度指标时，其权数均取相同值。这样，通过满意度指标就能评价所有不同供应商的运营绩效和这些不同的运营绩效对其上层供应商的影响。满意度指标值低，说明该下层供应商运营绩效差，生产能力和管理水平都比较低，并且影响了其上层供应商的正常运营，从而影响整个供应链的正常运营。因此，对满意度指标值较低的供应商的管理应作为管理的重点，要么进行全面整改，要么重新选择供应商。在整个供应链中，若每层供应商满意度指标的权数都取相同值，则得出的各个满意度指标可以反映整个上层不同的供应商分别对其下层供应商的满意程度。同样地，对于满意度指标值低的供应商就应当进行整改或更换。供应链最上面一层为最终用户层，最终用户对供应链产品的满意度指标是供应链绩效评价的一个最终标准。其计算公式为

$$满意度= \alpha\times零售商准时交货率+\beta\times产品质量合格率+\lambda\times(实际的产品价格/用户期望的产品价格) \tag{9-9}$$

9.3.3 供应链绩效评价的方法

供应链绩效评价的方法很多，如层次分析法（Analytic Hierarchy Process，AHP）、模糊综合评价法、平衡计分卡法（Balanced Scorecard，BSC）、ROF 法（Resources，Output，Flexibility）、供应链运作参考模型法（Supply Chain Operations Reference，SCOR）和作业成本法（Activity-Based Costing，ABC）等。这里简要介绍其中几种方法。

1. 层次分析法

层次分析法是美国运筹学家、匹兹堡大学教授萨蒂（T. L. Saaty）于 20 世纪 70 年代中期提出的。其基本思路是：评价者首先将复杂问题分解为若干组成要素，并将这些要素按支配关系形成有序的递阶层次结构；然后通过两两比较，确定层次中诸要素的相对重要性；最后综合各层次要素的重要程度，得到各要素的综合评价值，并据此进行决策。层次分析法是一种实用的定性与定量分析相结合的多准则决策分析方法，特别是将决策者的经验判断予以量化，对目标结构复杂且缺乏必要的数据情况更为实用，具有实用性、系统性和简洁性等优点。

层次分析法后来被引入供应链管理领域，成为绩效评价的一种新方法。有的学者研究利用模糊数学的方法确定层次分析法指标的权重，形成了模糊层次分析法。还有的学者对模糊层次分析法加以改进，在构造评价矩阵时引入时间参数，达到动态分析评价供应链绩效的目的，形成了动态模糊层次分析法。

2. ROF 法

比蒙（Beamon）于 1999 年提出了一种评价供应链绩效的新方法——ROF 法。他使用三个方面的绩效评价指标来反映供应链的战略目标：资源（Resources）、产出（Output）和柔性（Flexibility），这三种指标都具有各自不同的目标。资源评价和产出评价在供应链绩效评价中已经得到了广泛的应用，而柔性指标则在应用中比较有限。资源评价（成本评价）指标反映了高效生产的关键所在，产出评价（客户响应）指标必须达到很高的水平以保持供应链的增值性，柔性评价指标则要符合供应链快速响应环境变化的要求。它们之间相互作用、彼此平衡，其关系如图 9-8 所示。

三种评价指标的内容是：

（1）资源评价（R），包括对库存水平、人力资源、设备利用、能源使用和成本等方面的评价。

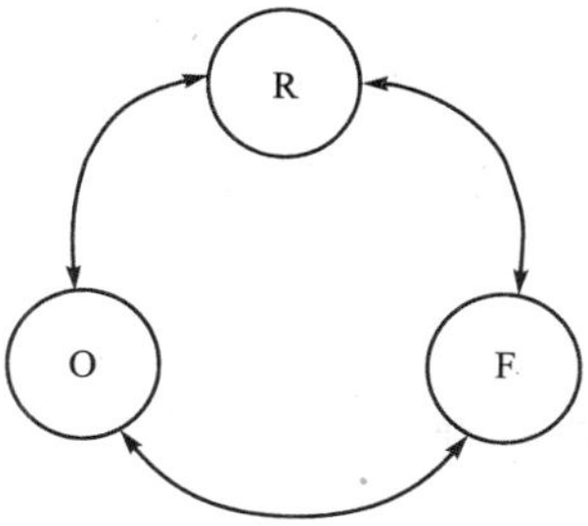

图 9-8 比蒙的平衡绩效评价

（2）产出评价（O），主要包括客户响应、质量和最终产出产品数量的评价。

（3）柔性评价（F），主要包括范围柔性和响应柔性两种评价。

3．供应链运作参考模型法

供应链运作参考模型（SCOR）是美国供应链协会于 1996 年提出的供应链管理模型，国际供应链委员会（Supply Chain Council International，SCCI）制定了 SCOR 的绩效标准，目前得到了许多国家的推广与应用。

SCOR 是第一个标准的供应链流程参考模型，它使企业间能准确地交流供应链问题，客观地评价其绩效，确定绩效的改进目标。它按流程定义分为三个等级：顶级、配置级和流程要素级，每一级都可用于分析供应链的运作。同时，根据各企业的特有流程，第三级以下还可以由第四、第五等更详细的级来描述层次，但这些层次中的流程定义不包括在 SCOR 模型中。SCOR 模型中各等级的描述具体如下：

（1）顶级，列出了供应链管理的五项基本流程（见图 9-9），即计划、采购、生产、发送和退货，它定义 SCOR 的范围和内容，设立了绩效竞争目标的基础。

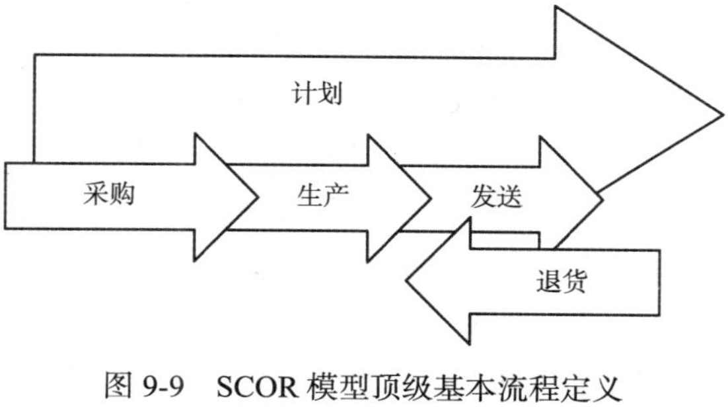

图 9-9 SCOR 模型顶级基本流程定义

（2）配置级，主要定义标准的供应链核心流程，依此对供应链的流程划分种类。企业可以从第二级定义的 30 多种流程种类中根据需要选择构造自己的供应链，据此实施运作战略。

（3）流程要素级，将配置级所定义的流程进一步分解为连续的流程单元。它定义了企业在它所选择的市场中成功竞争的能力，包括流程要素定义、流程要素信息输入与输出、标杆应用、最好实施方案和支持实施方案的系统能力。在第三级中，企业可以微调它们的运作战略。

（4）实施级，主要是流程要素分解。第四层定义了取得竞争优势和适应企业变化条件的方案。

SCOR 覆盖了从订单到付款发票等的所有客户的交互环节，以及供应商的供应商到客户的客户的所有物流活动。SCOR 集成了业务流程重组（BPR）、绩效基准（Benchmarking）和最优业务分析（Best Practices Analysis）的内涵，提供了涵盖整个供应链的绩效评价指标：

（1）物流绩效，其评价包括三个方面，即从接到订货到发运的提前期、订单完成率和订单的响应速度。

（2）柔性与响应性，其评价主要包括生产柔性和供应链提前期的评价。生产柔性被定义为非计划产出提高 20%的生产时间；供应链循环期/提前期则被定义为内部零库存生产或外包的平均时间＋生产完成到交货的平均提前期＋预测提前期。

（3）物流成本，主要包括整体的物流管理成本和订单管理成本。

（4）资产管理，主要包括库存、厂房、资金和设备的管理，可以通过库存占销售产品成本的比率、现金周转率和净资产收益率来反应资产管理的效果。此时的现金周转率是指从原材料的现金投入之后到客户端的现金收回的平均日期。

4．平衡计分卡法

平衡计分卡法是 1992 年由哈佛商学院的罗伯特·S·卡普兰（Robert S. Kaplan）教授和诺朗诺顿研究所的所长戴维·P·诺顿（David P. Norton）最早在《平衡计分卡——良好绩效的测评》一文中提出的。平衡计分卡法使用一套财务和非财务指标来描述组织的绩效，包括财务、客户、流程和创新与学习四个方面的指标。平衡计分卡强调企业的使命并找出实现战略的动因，将战略实现动因转化为具体的目标和评价指标。它能够将组织的战略目标和所有成员的工作融合在一起，并以战略目标指导各成员的行为；能够使组织所有成员都沿着创新与学习、业务流程、客户和财务目标这条因果线来不断修正自己的行为，以确保成员的日常工作与战略目标保持一致。

平衡计分卡法在企业绩效评价中的研究和应用非常普遍，近年来随着供应链管理的发展，平衡计分卡法也逐渐地被应用在供应链绩效评价中。马士华等以平衡计分卡法为基础，经过扩展形成了一种新的供应链绩效评价方法——平衡供应链计分法，从客户、流程、财务和创新与学习四个角度给出了供应链绩效评价指标。还有些学者又增加了外部价值、信息技术或供应商关系等方面的指标，对基于平衡计分卡法的供应链绩效评价指标体系不断地进行改进和完善。

9.4 供应链的标杆管理

1979年，施乐公司开始对其制造成本实施标杆法管理，然后又在各企业推广了这种方法，并获得了成功。随后，这种方法在日本和欧美国家的企业中也相继得到了普遍的应用。随着供应链管理的发展，标杆法也逐渐在供应链绩效评价中得到研究与应用。

9.4.1 标杆法的含义和种类

1. 标杆法的含义

标杆法是企业将那些出类拔萃企业的绩效作为自己的测定基准，以它们为学习的对象，意图迎头赶上并进而超过之。一般来说，标杆法除要求测量相对于优秀企业的绩效外，还要发现它们是如何取得这些成就的，然后利用这些信息作为制定企业绩效目标、战略和行动计划的基准。这里的优秀企业并非局限于同行业中的佼佼者，也可以是在各种业务流程中取得出色成绩的企业；它可以是竞争对手，也可以是非竞争对手。

2. 标杆法的种类

绩效标杆法有三种，即战略性标杆、操作性标杆和支持活动性标杆。

（1）战略性标杆，包含一个企业的市场战略与其他企业的市场战略的比较，它可以使一个企业获得占领先地位企业的市场战略。

（2）操作性标杆，是以职能性活动的各个方面为重点，找出有效的方法，以便在各个职能上都能取得最好成绩。为了解决主要矛盾，一般选择对标杆职能有重要影响的有关职能和活动，以便使企业能够获得最大的收益。

（3）支持活动性标杆，是指企业内的支持功能应该显示出比竞争对手更好的成本效益，通过支持活动性标杆控制内部间接费用和防止费用的上升。

9.4.2 标杆法的实施

1. 实施标杆法的基本要求

标杆法的成功实施受到多种因素的影响，特别是一些关键性因素的影响。实施标杆法的基本要求是：

（1）必须使绩效标杆成为能为企业全体人员所接受的实实在在的过程，受到员工的重视特别是企业高层领导的支持。

（2）必须注意收集有关数据，这是标杆法成功的关键因素之一。

（3）要确定标杆实施效果的定量分析方法。

2．实施标杆法的步骤

（1）明确标杆内容。首先明确本企业和本部门的任务是什么，即标杆管理的目标。接着应对这些任务进行具体分解，并确定标杆管理的具体内容。

（2）选择标杆企业（或部门）。应遵循两个原则：一是选择具有卓越的业绩与经济效益，并采用了有效的策略与方法的企业；二是选择与本企业或本部门有相似特点的企业，这要按照具有可比性和可操作性的标准来进行。

（3）收集资料和数据。资料和数据包括：标杆企业的资料和数据，主要是标杆企业的绩效以及优良的绩效管理方法、措施和管理诀窍等；实施标杆法的企业或部门自身的绩效和管理现状。

（4）分析差距。分析比较收集的数据，找出本企业与目标企业在绩效水平以及管理措施和方法上的差异。

（5）制定绩效目标。即确定追赶绩效目标，明确应该学习的绩效管理方法和措施等。

（6）综合与交流。将标杆管理所要达到的目标前景向全体职员通报，进行反复交流，征询意见，修正已制定的绩效目标，改进计划方案。

（7）制定具体的行动方案。主要包括计划、实施方法和技术以及阶段性的成绩评估等。

（8）标杆法的实施与连续进行。明确专人负责，要求相关人员参与，也可聘用专家指导。一次标杆管理工作完成之后，应及时总结，完善改进，以便实施下一轮的标杆管理。

9.4.3 标杆法在供应链绩效管理中的应用

标杆法在供应链绩效管理中的应用，就是将标杆法管理的思想和工作方法贯穿于从供应商、制造商、分销商、第三方物流到最终用户整个供应链过程，以此来促进供应链绩效水平的提高。根据供应链管理的特点，供应链中标杆法的实施应特别注重以下两个方面。

1．客户服务的标杆管理

在供应链绩效管理中，客户服务标杆管理中的最重要的环节是选择客户服务标杆。具体选择步骤是：

（1）明确客户倾向于把供应链企业与哪些企业进行相互参照，然后划定比较企业的范围，选定比较企业。

（2）掌握所提供的产品或服务与客户需求的差距，并找出影响客户需求的关键要素。一般情况下关键要素是指产品特性、价格、质量、交货、服务和灵活性等。

（3）将影响客户需求关键要素按照相对重要性进行排序。具体方法是将每一个关键要素细分为多项指标，用以对相关客户进行调查，同时将指标的重要性进行评定。如表 9-2 所示，在交货这一关键要素方面最重要的是准时交货，其次是按质按量交货，而交货周期则排在最后。

表 9-2 交货分项指标和重要性

指　　标	重要程度
准时交货	5
按质按量交货	3
交货周期	1

（4）将各企业的客户需求关键要素与各比较企业进行对比，分析企业对客户的满意程度。例如，客户对供应链中的企业与 A、B 和 C 三家同行的比较企业对比，满意度评价如表 9-3 所示，其中 5 分表示客户最满意，1 分表示不满意。

表 9-3 客户满意程度

指　　标	本 企 业	A	B	C
准时交货	5	4	5	3
按质按量交货	4	3	5	4
交货周期	4	5	4	4

以表 9-2 中各指标的重要程度为权数，计算各企业的客户满意程度。

供应链企业（本企业）：$5\times5+3\times4+1\times4=41$

A 企业：$5\times4+3\times3+1\times5=34$

B 企业：$5\times5+3\times5+1\times4=44$

C 企业：$5\times3+3\times4+1\times4=31$

在交货方面，客户对 B 企业最为满意（44），其次是供应链企业（41），不太满意的是 C 企业（31）和 A 企业（34）。

根据上面的分析结果，供应链企业应该将 B 企业作为标杆，向 B 企业学习，尽最大努力改进绩效，满足客户的需求。

2. 供应链流程的标杆管理

供应链绩效评价的一个显著特点是基于业务流程的绩效评价，所以供应链在实施标杆法时要从供应链流程着手，并且着重解决以下两个关键问题：

（1）供应链流程识别。由于制造业产品的原料占产品成本的一大部分，流通渠道和路径也直接影响企业的成本，因此提高供应链绩效要考虑供应链中的供应商、分销商、零售商的效率和经营成本。评价供应商的相对绩效，必须找出工作流程、职能部门的工作效率与行业领先水平或最佳类似部门的差距。不仅供应商、分销商的行为需要与领先企业相比较并予以控制，供应链界面也需要与其他竞争力更强的供应链界面相比较，分析其他供应链中的企业如何有效地在供应商与制造商间传递信息或者在制造商与分销商间协调生产计划等情况，以便向它们学习。

（2）供应链标杆管理的优先环节。供应链流程是相当复杂的，需要进行标杆管理的环节很多，所以应确定标杆管理的优先环节。选择优先环节可以从四个方面进行综合评价和选择，即对战略的影响程度、对相关企业的影响程度、对标杆管理的主观迫切性和该环节自制与外购的选择。

在将标杆法运用于供应链绩效管理与评价时，应充分考虑到供应链的复杂性和供应链绩效管理的特殊性，分析标杆法实施方法的可行性。同时，应进行详细的成本效益分析，只有在确定实施的效益将大于成本时，才能做出实施标杆法的决策。

本章小结

供应链绩效管理是企业绩效管理在供应链管理中的应用和发展，它是综合运用各种先进的技术与方法，从整体上提高供应链整体绩效，从而提高成员绩效的管理思想与方法，它在激励供应链及其成员降低成本，提高效益，优化决策，提升整体竞争实力等方面具有重要作用。

供应链绩效评价是围绕供应链管理的目标，对供应链整体、各个环节的运作状况和各环节之间的协作关系等进行的整体的、基于流程的绩效评价。供应链绩效受到诸如行业特征、技术、经济、社会文化、竞争者、用户等外部因素和供应链战略、流程、伙伴关系等内部因素的双重影响。供应链绩效评价应遵循全面性、可控性、平衡结果与过程绩效等基本的原则，围绕谁来评价、评价什么、如何评价、评价结果等问题确定供应链绩效评价体系，并制定科学合理的评价工作流程和步骤。

供应链绩效评价指标体系除了包括一些基本的统计性指标外，还应包括反映整个供应链业务流程的绩效评价指标（如产销率、产需率、总运营成本、产品成本和质量等），反映供应链节点企业之间关系的绩效评价指标（如满意度等）。供应链绩效评价还应正确地选择和运用评价方法。

标杆法是一种有效的绩效管理方法，在将其运用于供应链绩效管理时，除了把握标杆法的基本原理和要求之外，应重点抓好客户服务的标杆管理和供应链流程的标杆管理。

案 例

从两个成功案例看如何进行供应链绩效管理

在供应链绩效管理中，最具挑战性的任务往往是如何找出那些导致失控的根本原因。当例外情况被分辨出来后，必须分辨出导致这些例外的根本原因是什么。正如医生治病，诊断是关键，一旦做出正确的诊断，说明治疗的方式将是很简单的事情。供应链绩效管理（SCPM）系统也应该支持这种对任务的理解和诊断。这将允许管理者迅速找回相关数据，正确综合或分解数据，并根据地理和历史因素剖析数据。

而且，与恰当的内部人员和外部关键人员交流同样重要。信息不再为“专家们”分析和决策所独用，而是分散到组织中恰当的人那里，以使他们能够理解问题、评价可选方案，并且采取合适的行动。成功的供应链绩效管理需要受过良好的岗位教育的人和绩效管理方法，还需要创造一个合作性环境，以及将责任落实给合适的人。

让我们看看领导型公司如何在超越传统方法的绩效管理方法中获得显著的效益。戴姆勒克莱斯勒公司的 Mopar 零件集团销售额 40 亿美元，在美国和加拿大地区经营汽车零配件的分销。Mopar 有一个极为复杂的供应链，有 3 000 家供应商、30 个分销中心和每天来自 4 400 家北美经销商的 225 000 个经销商订单。然而，售后零配件销售极难预测，因为它不是直接由生产所驱使，相反是由如天气、车辆地点、车辆磨损和损坏，以及顾客对经销商促销的反应等不可预测因素决定。顾客不愿意为替换零件而花费等待的时间，因此零售商不得不寻求可替代的零配件资源以避免顾客不满和失去市场份额。为了保证经销商不使用非 OEM 零件，汽车公司一般都因订货管理、库存平衡、供应奖励收费等导致高昂的补货成本。Mopar 零件公司就面对着这样一个困境。戴姆勒克莱斯勒公司意识到了他们未来的竞争力在于他们甄别、理解、采取解决行动并防止昂贵的服务供应链出现问题的能力。因此，他们开始投入到 SCPM 系统的实施之中。

Mopar 的 SCPM 系统通过监测未来需求、库存和与预先确定的目标相关的供应链绩效关键指标来甄别出绩效例外。然后，用户利用该系统探究问题，找到个别的或相互关联的可选方案。导致问题的潜在根本原因包括非季节性天气（或者更好或者更坏）、竞争性促销、对预测模型的不准确假设。理解问题和可选方案后，系统用户就采取解决问题的行动了。Mopar 集团通过削减安全库存和不必要的“过期”运输费用每年节约数百万美元的成本。仅仅在第一年，戴姆勒克莱斯勒公司就将他们的决策周期从几个月缩短到几天，减少了超额运输成本，将补货率增加一个百分点，还节约了 1 500 万元存货。看来，戴姆勒克莱斯勒公司从 SCPM 中获得了竞争力的巨大提升。

复习思考题

1. 如何理解供应链绩效管理?
2. 试举例说明供应链绩效管理的作用。
3. 如何理解供应链绩效评价?
4. 结合本章案例，说明供应链绩效的影响因素。
5. 简要叙述供应链绩效评价体系的构成。
6. 简述供应链绩效评价的步骤。
7. 根据案例，请分析供应链绩效管理成功的关键，以及供应链绩效管理对供应链的影响。

第 10 章

全球化供应链管理

本章学习目标

- ◇ 掌握全球化供应链的基本特点。
- ◇ 掌握全球化供应链管理的设计原则、管理内容、管理决策驱动力以及管理决策和战略。
- ◇ 掌握全球化供应链及其管理发展的新趋势。
- ◇ 了解我国发展全球化供应链管理所面临的问题及其对策。

10.1 全球化供应链的特点和系统结构

信息和通信技术的发展，进一步推动了经济的全球化。所谓经济全球化，就是以科学技术的迅猛发展为动力，以跨国公司的全球运作为载体，在全球范围内进行的产业结构调整。它主要体现在三个方面：一是跨国公司的全球运作；二是科学技术的迅速发展；三是全球范围内的产业结构调整。跨国公司在全球的运作，形成新的区域的和全球的生产链与供应链，使全球的市场竞争出现了新的态势——由过去的国家与国家的竞争、企业与企业的竞争、产品与产品的竞争，转向现在的全球范围内的生产链与生产链的竞争、供应链与供应链的竞争，即形成了全球供应链运作。

10.1.1 全球化供应链的特点

当供应链的活动由国内发展到国外，产品流动穿越不同国界而遍布世界时，供应链管理人员就必须面对全球化的物流网络。从管理的观点上看，经济全球化将给供应链管理带来更多的不确定因素，从而使供应链上的企业面临着更大的经营风险和更高的经营难度，主要体现在以下几个方面。

1．更远的地理距离导致更高的库存

全球化供应链穿越不同的国家，从而使供应链的空间距离拉大，这就意味着更长的运输前置时间，这必然导致公司储备更多的存货。更长的运输时间并不只意味着会增加供应前置时间的平均长度，它也会由于各种不确定因素的增加，而使前置时间的变异性增加。例如，越过不同国家边界的商品运输，会由于各个国家烦琐的海关手续程序而拖延时间。应付各种可能存在的不确定性就需要通过增加缓冲存货来应对，这必然加剧“牛鞭效应”的程度。所以，供应链空间距离的增加将造成大量的库存，从而增加管理费用和供应链成本。

管理全球性生产工厂网络的公司在供货商具有不同地理位置的情况下，将面对如何执行及时生产的挑战。一些公司发现，如果想做到满足不同需要的紧密排程配合，时常与远程供货商进行信息回馈是非常困难的。例如，某大计算机公司要完成全球采购是如此复杂，以至于无法对销售国家实现及时交货；虽然商品在二到三天之内就可以完成通关手续，但是文件的问题会耽误二到三星期的配送，如此延误的情形通常会在一个产品上每年发生一次或两次。

2．准确预测更加困难

共同组成供应链的不同国家的企业，处在不同的文化、经济和法律环境下，并使用不同的语言，这就意味着供应链上的各个节点企业，一方面以不同的观点和预测来评估未来的市场演变，另一方面因相互间的交流和沟通更加困难，而对同一信息的理解本身就有可能存在偏差，这就可能使各个节点或部门建立在同一信息基础上而形成不同的预测结果。同时，客观的空间距离拉长导致不确定因素的增加，结果公司会发现自己正在使用高度失真的不准确信息，这必然使预测的准确度下降。因此，在全球化供应链中，往往靠增加安全存货量来调整预测误差，以应付需求的不确定性。

3．汇率和通货膨胀对全球供应链影响重大

汇率和通货膨胀是影响全球供应链的两个复杂的经济因素。汇率将影响任何国外买家、供货商或竞争对手的公司的经济状况，进而影响输入成本、销售价格与销售量。通货膨胀则影响一个国家的企业从生产到销售的全部过程。

高效的全球供应链运营可以有效消除因局部汇率和通货膨胀而给企业带来的不利影响。公司可以与许多不同国家的供应商建立关系，并采取动态管理方法，不断调整和吸收新的国际供应商。这样，公司就可以根据汇率的变化，将它的采购对象及时转移到那些能够提供输入最低成本的供应商，尤其是那些货币价值被长期低估的国家的供应商，这样就可以最大限度地获得汇率上的好处。对于存在多重生产来源和过量产能的全球供应链来说，通过网络把过量的产能在不同国家重新分配，可以有效地避免汇率波动带来的风险。

全球供应链上的节点企业，应对通货膨胀的有效方法就是及时提高价格与尽可能缩短收款期和前置时间，这样就可以确保快速和准确的配送。公司应确保与客户及时完全地沟通，这样有助于价格的提升和改变。

4. 技术障碍更大

全球供应链节点企业在不同国家经营，因而在基础设施、设备和人员等方面有可能遇到障碍，如员工技术和供货商品质等，都会影响整体供应链的运作。

（1）员工技术。员工技术的高低将会影响或改变公司在新的环境中可能采用的技术。例如，因为雇用容易训练的机器操作员和程序设计师可以取代工程师，这样就可以使用数码控制机器，大大地减少技术层级。

（2）供应商品质。原物料短缺是全球供应链遇到的严重问题。进口原物料因外汇准备不足而被限制输入，或者进口供货商组织结构和运输系统不完整，都会造成供应短缺，这样会使公司面临供应上的障碍。供应短缺或不稳定会在全球供应链的规划过程中引起混乱，如高成本原物料或在制品供应不稳定会更进一步加剧“牛鞭效应”。同时，也使得某些工厂在网络中不可能实行及时供应和生产，甚至导致公司将连续的生产过程修改成大批量的集中处理。

（3）缺少当地的加工设备和技术。在某些国家中，缺少加工设备和技术也会严重地阻碍某种产品的开发和生产过程。在这种情况下，公司不得不在当地进行研发工作，发展当地的加工设备和技术。特别是当限制进口而使发展当地的设备和技术成为必要时，问题会变得更严重。

（4）不健全的运输和通信基础设施。严重不足的运输基本设施将会延长供应链的前置时间，其结果是增加供应不确定性、配送费用和控制配送渠道的难度。信息技术的不足意味着缺少及时、可靠的信息交流，这样就会导致公司不能及时了解和全面把握市场，从而影响公司全球性的竞争战略的实施和实际的经营业务操作。

5. 供应链涉及的产品更具多变性

全球市场中，不同国家和地区所接受的产品和服务差异很大，并且由于产品种类更多，环境更复杂，所以产品变化的可能性更大。因此，这就要求全球性的供应链必须能够适应这种状况。跨国公司必须能够给许多不同国家提供高度定制化的产品与服务。通常，为制造一种适合不同市场的产品，公司会先生产一个基本产品，其中包含大部分的特性和组件，最后再稍加组装使这个成品适合不同市场的指定规格。例如，对不同国家所制造的计算机会有所不同，其电压、频率、插座规格、键盘和手册等都必须与当地情况相匹配。所以在表面上做稍微的改变，却能使公司生产上百种不同但看起来一样的计算机。

10.1.2 全球化供应链的系统结构

1. 全球化供应链的系统结构类型

全球化供应链包括从较为初始的国际供应链到较为高级的真正的国际供应链等形式，主要有下列四种：

（1）国际配送系统。这种系统的生产以国内为主，但配送系统与市场有一些在国外。

（2）国际供应商系统。原材料与零部件由海外供应商提供，但最终的产品装配在国内，或者产品装配的主要部分在海外完成，然后运回国内完成最终的产品装配。

（3）离岸加工。即产品生产的整个过程一般都在海外的某些地区，产品最终运回国内仓库进行销售与配送。

（4）国际供应链。在这种系统中，产品的进货、生产和销售的整个过程都发生在全球的不同工厂，形成真正意义上的国际供应链，物流在全球范围内越过各国国界流动。

2. 全球化供应链的系统构成

供应链系统由采购、生产、国际运输、外贸商品存储、进出口商品装卸与搬运、进出口商品的流通加工、检验和外贸商品包装等子系统组成。国际供应链主要是通过运输和储存来实现物流对象的空间效用和时间效用，满足国际性的生产、协作和销售的需要。因此，国际货物运输和外贸商品存储子系统是全球性供应链的两大支柱。

（1）采购和生产子系统。全球化供应链中的采购和生产的地理布局相对分散。它以充分利用全球资源为核心，在现代运输和通信等技术支撑下，充分考虑技术、成本和市场，生产制造尽可能靠近劳动力成本低但制造技术水平相对较高，同时市场前景广阔的新兴发展中国家。目前，发达国家人口增长普遍出现负值的情况，劳动力短缺情况十分严重，加上法律制度的约束，发达国家劳动力成本高昂，而发展中国家由于经济相对落后，劳动力过剩和劳动法律保障系统不健全等因素，劳动力极其低廉。跨国公司将生产制造环节转移到发展中国家，尤其劳动密集型的产业，可以获得巨大的成本优势。同时，利用全球竞争，实施全球采购业务，将使采购价格大幅压缩。随着经济的发展，发展中国家居民收入上升速度较快，带动了市场的急剧扩张。发达国家的公司，通过实施生产经营本地化战略，不仅可以绕过关税壁垒的限制，还可以迅速有效地在发展中国家开拓和占领新市场。

（2）国际运输子系统。国际货物运输系统是国际供应链的核心。这种国际货物运输具有线路长、环节多、涉及面广、系统复杂、风险性大、时间性强、内外运两段性和多式联运等特点。所谓国际货物两段性，是指国际货物运输分为国内运输段和国际运输段。

1）出口货物的国内运输段。出口货物的国内运输段是指出口商品由生产地或供货地运送到出运港的国内运输。国内运输段涉及货源组织、产品包装、加工、短途集运、铁路运输、配车和船期安排等各个环节，需要有统一的机构协调组织，做到车、船、货、港的有机衔接，减少压港、压站等货物流动不畅的情况。

2）国际货物运输段。国际货物运输段是国内运输的扩展和延伸，同时又是衔接出口国运输和进口国运输的桥梁与纽带，出口货物被集运到港（站、机场）办完出关手续后直接装船发运，便开始国际段运输。国际段运输可以采用由出口国装运港直接到进口国目的港卸货，也可以采用中转经过国际转运点，再运往进口国用户。

（3）外贸商品存储子系统。外贸商品的流通是一个由分散到集中，再由集中到分散的过程。在对外贸易过程中，或长或短的相对停滞状态经常出现，这主要出于对商品的保护和增值的需要。商品从生产厂家或供应部门被集中到装运出口港。为了达到一定的数量，或需要对商品进行必要的整理、换装、再加工和包装等，或为了调节在产销时间上的背离，有时会在港口仓库存放一段时间。因此，为了保证不间断的商品往来，满足出口需要，需要有一定量的周转存储、准备存储和季节存储。

（4）进出口商品装卸与搬运子系统。短距离的商品搬运一般发生在国内。进出口商品的装卸与搬运作业是仓库作业和这种短距离运输作业的纽带与桥梁，它是保证商品运输和保管连续性的一种物流活动，追求的同样也是物流的空间效益。组织好商品的装卸搬运作业，搞好商品的装船、卸船、进出库、库内搬运、清点转运与转装等，能加速国际物流的周转速度，减少运输与保管间的摩擦，充分发挥商品的储运效率。

（5）进出口商品的流通加工和检验子系统。流通加工是为了提高产品质量，更好地满足消费者需要而发展起来的一项物流业务。具体包括装袋、贴标签、配装、剪断、打孔、组装等流通性和生产性加工业务。流通加工不仅能最大限度地满足客户的多元化需求，同时可实现货物的增值。

检验是为了保证进出境商品的质量而进行的物流业务。商品质量的检验，有国内和国外标准，需要专门的技术设备和技术人员，可保证本国的出口商品达到质量要求，也保证进口商品的质量，以满足本国消费者和生产厂家的要求。

（6）外贸商品包装子系统。出口商品的商标和包装是企业的标志，关系着一个企业的信誉和命运，反映了一个国家的综合科技文化水平。商标就是商品的标志，一般都需要经过国家有关部门登记注册，并受法律保护，以防假冒，保护企业和消费者的利益。因此，在国际市场上，由于空间距离远，消费者主要通过商品来认识企业，更加注重商标。美国的杜邦定律认为，63%的消费者是根据商品的包装装潢进行购买的。

国际进出口商品商标的设计要求有标示力，能够表现一个企业（或一个国家）的特色产品的优点，简洁明晰并易看、易读、易听、易写、易记，必须有持久性，出口商品商标翻译要求传神生动，商标不得与国旗、国徽、军旗和红十字徽章等相同，不得与宗教标记和政府机关的标记相同或相近，不违背目标国市场当地的风俗习惯。

出口商品的包装设计和具体作业过程时应把包装、储存、搬运装卸与运输有机联系起来统筹考虑，全面规划，实现现代化国际物流系统所要求的“包、储、运一体化”。即在开始包装商品时，就考虑储存的方便和运输的快速，以加速物流，减少费用，符合现代物流系统设计的各种要求。

10.2 全球供应链的设计、管理及其驱动力

企业受到国际市场、技术、成本和有关国家政策等方面的驱动而进入全球市场，但会遇到客户的多样化、供应链管理的一体化等方面的挑战。所以，企业应正确进行有效的决策，选择合理的战略，从而在全球化的经营中有效地提高供应链管理的效率。

10.2.1 全球化供应链的设计

1. 全球化供应链的设计原则

当企业将它们的供应链向国际延伸时，就会面临如何设计管理全球化供应链的问题。习惯上采取分权的方式，即把企业的经营决策权分解授予战略事业单位，甚至更下一级的部门。这使当地部门拥有很大的决策权，便于当地管理和提高当地的积极性。但以分权为基础的当地决策方式不能有效地实现全球化的协调和整合。只有通过更大程度的集权才能获得国际物流的整体效率性和效益性。在现实的经济活动中，跨国公司在计划和执行全球物流战略时，一直面临总部的全球性决策和各地当地决策之间的有效平衡问题。由于不同的市场环境、不同的行业特点和不同的企业前景，人们无法找到一个对所有企业都有效的解决方法。马丁·克里斯托弗（Martin Christopher）提出了解决这一问题的四个一般原则：

（1）制定国际物流经营战略，集中管理和协调企业的国际物流活动，以便实现在全球范围内的成本最优化。

（2）客户服务的管理和控制当地化，以便满足当地市场的特定需要，获得和维持竞争优势。

（3）积极采取外部采购或外部委托的经营方式已经成为一种经营趋势，企业必须利用外部委托方式来加强在全球范围的合作。

（4）建立国际物流信息系统是同时实现国际物流成本最优化和满足当地客户需要这两

个目标的前提条件。

2. 全球化供应链组织结构的设计

为了有效地组织国际物流活动，同时实现成本最小和服务最好的目标，必须建立一个集中决策和相互协作的国际物流组织。例如，由于各国基础设施的差异、外汇汇率的变动和运输距离的长短等因素的存在，在全球什么地方设立制造工厂、装配工厂、物流仓库、营销据点、货物运输据点、货物集装据点等选址决策是关系到国际物流效率高低、效益大小的决定性因素之一。另外，选址决策还对厂房设备等固定资产的投资、对企业的收益和竞争力有长期的影响，因此，企业必须全盘统筹考虑、集中决策。

全球化企业的物流组织结构一般由具有综合计划协调功能的物流管理总部、事业部或工厂所属的物流部门和海外分厂的物流部门组成。各个层次的物流职责划分如下。

（1）物流管理总部。物流管理总部的职责主要包括：

1）制定和实施企业的物流政策、物流战略计划和物流教育计划，指导协商和协调各个事业部的物流活动等。

2）收集、整理、积累有关国际运输、物流系统、仓库管理和信息系统等方面的专门知识与技术，负责在企业内部介绍和推荐应用。收集、整理、分析有关国际物流运输状况、国际物流设施、国际物流运输的运输方式和价格费用等方面的信息情报，设计效率高、经济性好的国际物流运输方式。

3）国际贸易手续和规则，以及各国报关手续和规则等的指导与商谈。

4）与世界各国的主要物流组织保持联系，建立国际物流网络，负责与国际供应链各个参与方物流部门的联系和协调。

（2）事业部所属的物流部门。负责管理和协调不同产品种类、市场或加工过程的按事业部划分的物流活动。

（3）工厂所属的物流部门。负责国际采购的原材料进厂物流、对应准时制生产的厂内物流、产品从工厂向世界各国销售的流通物流，即整合工厂的采购、生产、流通中发生的物流活动。

（4）海外分厂的物流部门。海外分厂的物流部门负责所在国的所有有关物流的活动，包括有关产品和原材料等进出口的物流活动。具体来说有：

1）制定和执行各自国内的物流计划，与物流管理总部和其他海外分厂的物流部门沟通联络。

2）制成和管理国际贸易等方面需要的文件单据。

3）具体安排货物的运输方式。

4）国际运输货物的检查和验收、投保。

5）与当地政府、公共部门、承运部门、承运企业和代理公司等建立良好的关系。

3．外部委托合作规划

目前，企业国际经营活动的一个最大变化是外部委托方式的兴起。企业外部委托的范围也从原材料和零部件的采购发展到市场调查、营销渠道、物流等服务作业。外部委托经营方式是企业把经营资源集中用于价值链中具有竞争优势的业务（核心经营能力），对于其他的活动则采取外购或外部委托，以便提高企业竞争力和收益率的经营方式。向企业提供委托服务的第三方（Third-Party）在企业控制成本和提高服务水平方面扮演重要的角色，企业将部分业务委托给第三方，实际上也与第三方结成了合作伙伴关系。

在物流领域，外部委托的业务范围从原来的运输业务和仓库保管业务扩展到材料采购、订货接受处理、库存管理、信息系统等几乎所有的物流领域，这是现代分工发展的结果。对于生产企业来说，通过物流活动的外部委托，可以将原来作为经营资源的固定费用转化为变动费用，可以以较低的成本获得优质的服务，还可以减少对物流活动的管理，节省管理费用。对于物流企业来说，可以长期扩大物流业务，提高物流设备和人力资源的利用效率，反过来又可把物流规模扩大所带来的规模经济效益返还给客户。

企业总部和其海外公司共同参与，协作制定并建立包括外部委托战略、管理和控制的全球供应链。其一般的原则是核心企业总部集中进行战略决策，而管理和控制供应商的日常业务、与物流伙伴的日常业务联系分散在所在国当地进行。

4．全球化物流信息系统规划

对于全球化供应链来说，建立一个能获得供应链每一个层次的实际需求信息的信息系统尤为重要。从某种意义上说，全球化物流管理实质上是全球化信息流管理。在国际经营活动中，企业的生产销售据点分布在世界各地，生产据点和销售据点之间的库存往往容易掩盖实际的需要，分散在不同国家和地区的企业通过信息系统对原材料、零部件、半成品、成品等的复杂流程进行管理控制和协调，通过信息系统获得整个供应链的材料流、库存和市场需要的信息。各个节点企业通过供应链获得市场实际的需求信息，并据此管理库存补充作业。因此，全球化供应链信息系统必须能够保证不同国家和地区的企业能够及时获得准确一致的信息。为此，信息系统的设计必须充分考虑当地的基本设施设备与信息技术，保证系统在设备和技术等方面的衔接性，建立标准化的信息平台，统一培训信息管理人员，保证信息传递和信息处理的效率。

10.2.2　全球化供应链的管理

国际物流系统与国内物流系统相比，不只是范围更广，而且更加复杂。对国际物流活动单纯采取当地分散管理或单纯采取总部集中管理的组织管理方法是不可取的，企业在进行国际物流活动时既要考虑到国际物流需要集中管理协调的一面，又要考虑到各地在产品规格、市场特点和文化习俗等方面的差异，在各国应充分调动当地人民的积极性，让当地人在了解公司意图、公司理念、规章制度和应当掌握的起码技术的基础上，根据需要在当地分散管理，在全球集中管理和当地分散管理中取得平衡。成功企业的经验是“全球思考，当地行动”（The Globally and Act Locally），或者是“全球协调，当地管理”。“全球协调，当地管理”组织下具体的职责和功能划分如表10-1所示。

表10-1 “全球协调，当地管理”组织下的职责和功能划分

“全球协调”的职责	“当地管理”的职责
生产和运送等全球物流网络的优化	订货业务和客户服务管理
建立和管理全球信息系统	库存管理和控制
库存选址	仓库管理和当地配送
外部委托和外部采购决策	客户效益分析和营销成本控制
国际运送方式和运输手段的决策	与当地营销商的联系沟通和营销管理
综合分析和成本控制	人力资源管理

实行全球化供应链管理，不仅需要将人员、流程和策略整合考虑，还应该坚持做好三个方面的具体工作，即满足全球化的客户需求，跨越国界的供应链一体化，以及形成快速反应机制以应对多样化的客户需求。

1．满足全球化的客户需求

要发展竞争优势，企业所有活动都必须以客户为核心。企业经营范围从国内市场扩展到全球市场，潜在客户数量增长迅速，巨大的市场意味着巨大的发展机遇。然而，巨大的市场提供了收入和利润成长机遇的同时也提出了巨大的挑战。不管客户居住在世界的哪一部分，公司必须理解它们的需求。理解新的全球化的客户是在全球市场上有效竞争的黄金法则。

各国市场有各自的特点和特定的市场需要，因此，在企业的国际经营战略指导下，由海外分厂制定当地市场的营销策略和物流策略，是实现满足当地消费者的需要，提高客户服务水平的最佳方法。客户服务管理包括客户服务需要的管理和客户服务结果的控制，而且其管理范围已扩展到整个订货实现过程（从订货到送货）。虽然订货实现系统是一个全球性的、集中管理的系统，但并没有削弱当地客户服务管理的重要性，反而对当地客户服务管理提出了更高的要求。客户订货的获得和商品的配送都是由当地的部门来完成的，消费者需要的多样化和个性化要求当地部门进行多品种小批量、多频度小数量的配送作业，以便能及时满足需要。

公司服务成本与满足客户需求存在着一定的矛盾，根据不同细分市场的客户需求，公司服务成本会随之变化。针对复杂需求、成熟的客户，公司必须提供高成本、高价格的服务，而对简单需求、不成熟的客户，公司可以提供低成本、低价格的服务，保证实现“理想的”而不一定是最低的服务成本。很多公司已经成功地应对了这一挑战。例如，美国戴尔计算机公司通过利用网上销售，建立直销渠道模式，赢得了大量满意的回头客。要真正将客户作为供应链的驱动者，全球化供应链的管理者必须深刻理解现实的和正在出现的客户与客户需求，否则，公司不可能期望和满足多样化的需求。

2．跨越国界的供应链一体化

过去实现供应链效率的假定是以单个物流功能和地理区域效率的最大化为前提。例如，要实现制造的高效率就必须专门生产某些产品，增加运转时间，降低等待时间。然而，功能和地理区域的最优化可能导致很多分散的本地操作和整个供应链的低效率，所以并不能实现全球化供应链的最高效率。全球化供应链管理的先决条件是供应链活动的一体化。实现一体化、跨功能、全球化运作的三个重要原则包括设计和实施有效的销售渠道与网络、与供应链合伙者的合作策划和预测客户需求，以及利用第三方管理非核心活动和供应链成本。

（1）实施有效的销售渠道与网络。公司必须积极地寻找降低成本、分销产品和服务的方法。例如，戴尔公司在取得消费者直接渠道的初步成功后，和传统的增值经销商一起向小企业市场渗透，而且充分利用由增值经销商发展的同客户较深的业务关系，这与戴尔公司建立自己的营销渠道相比是一种成本较低的选择。

（2）与供应链合伙者的合作策划和预测客户需求。一般的市场预测和计划没有延伸到合作伙伴间有关市场趋势的信息共享领域。消费者水平预测没有用来计划上游供应链的活动，如分销和生产计划等。在全球市场上，这种状况将会导致灾难性后果。遍布全球的不同地点的多余库存累计起来，将会增加供应链成本，还会导致缺乏效率，系统会失去平衡。

合作、跨功能的预测是管理全球化库存水平和供需状况的根本方法。为了得到关键客户的数据，使预测更加准确，公司应同外部组织（如零售商和批发商）合作。跨功能的合作方法使得库存集中于地区和跨市场的区域，提高了库存平衡供需的能力。合作预测和计划可以产生更好的上游供应链活动计划。例如，得到改善的生产计划和更加有效率的原材料采购等。

（3）利用第三方管理非核心活动和供应链成本。第三方管理者允许公司集中在核心竞争能力上，在降低复杂环境的管理成本上发挥了重要作用。例如，日本通用电子与KOJIMA结成合伙关系，KOJIMA是一个折扣零售商，它使通用公司省去了日本分销系统烦琐的、多层次的事务；在印度和菲律宾，通用公司找到了能够服务全国的制造商作为合作伙伴。

这种利用第三方管理者的策略使通用公司没有形成在亚洲投资固定资产的高成本，而且充分利用了合作伙伴拥有的能力。

3．实现快速反应机制以应对多样化的客户需求

全球市场快速变化的本质决定了公司实现快速反应运作的重要性。客户需求的变化，决定了供应链运作也必须不断变化去留住客户并获得持续的客户满意。未来的供应链管理重点是：利用客户水平数据理解客户如何购买和使用产品或服务；重新设计供应链以利用巨大的全球化的资源，有效地管理全球化供应链；根据客户需求及其变化选择组织形式、人员和业务流程。

（1）建立快速反应组织。为充分利用公司内部和来自不同国家的专门技能，满足多样化的客户需求，公司应该建立灵活的组织结构。例如，惠而浦公司建立“虚拟团队”（Virtual Team），与世界范围的专家沟通共同设计和开发新的冰箱。该公司的绝缘技术来自欧洲的企业，压缩技术来自巴西的合资厂，设计和制造则在美国进行。同样在得克萨斯仪器公司，利用现代通信技术和网络技术，美国和印度的工程师全天候24小时共同开发新产品，以缩短产品开发到上市的时间。

（2）建立快速反应的人力资源。使员工理解不同国家的文化差异、接受多样化的工作和掌握多方面的技能是实现快速反应运作的关键。职员应该形成这样一种思想：变化是他们日常工作的一部分。行为激励、工作描述和人员的选聘与培训都应该体现这种思想。例如，通用汽车为了打入新的市场，正在采取在发展中国家设厂的全球化制造策略，而这种策略的一个关键因素就是正确选聘和培训员工，使他们能够从事多种不同的工作，能够负责组装生产的整个过程。

（3）采取快速反应策略。有很多不同的方法可以实现快速反应运作。例如，本田公司为了将产品打入全世界的市场，在产品开发上设计出一种可以变化的平台。也就是说，一个平台可以为全世界制造汽车，如在美国市场上提供中型汽车，而在日本和欧洲市场上提供体积更小、运动型的轿车。这种策略极大地提高了世界范围供应链的灵活性，降低了成本，使供应链更有效率。

10.2.3 全球化供应链管理的驱动力

多尼尔认为，存在着多种驱动力，可以促使企业向全球化转变和寻求全球供应链管理。这些驱动力具体有以下几种。

1．国际市场

国际市场驱动力来自两个方面：海外消费者提供的机遇和海外竞争者带来的压力。

目前，许多公司已转变成为全球性的公司，提供适合全球消费者需求的产品或服务，雇用来自世界各国的高素质的员工。就经济发达国家而言，新兴市场与海外市场需求增长迅速，并有极大的潜力，与此同时，本国和本地区在全球消费市场中所占的份额逐渐下降。进入海外和新兴市场，尽管存在很大的经营风险，但为了保持在全球的竞争地位，必须尽全力而为之。

全球市场往往成为跨国公司的竞技场。为了在激烈竞争的市场中占有一席之地，跨国公司不得不发展领先技术与新产品。例如，要想成为软件市场的佼佼者，必须进入美国市场参与竞争。同样，在德国与日本市场上，机械工具与家用电器的竞争十分激烈。

即使对一家没有海外业务的公司而言，外国公司在本国市场上的出现，也会极大地影响自身的经营业务，这必然对其造成巨大的压力。

2．技术力量

随着先进技术在全球的转移和扩散，许多国家与地区都能完成相同的零部件生产。跨国公司为了高效地利用这些资源，将产品研发、设计与生产靠近这些生产地区或最终消费市场。

跨国公司在世界各国或地区建立研究发展机构，变得越来越普遍。其中，主要有两个原因：

（1）由于产品生命周期的缩短，敏捷制造变得日益重要。若研究机构建在制造工厂附近就十分方便，这既有利于技术从研究机构向制造厂的转移，又能及时解决转移过程中出现的问题。

（2）不同的地区拥有不同技术专长的专家。例如，微软公司在英国剑桥设立了一个研究实验室，以充分利用欧洲专家的技能。

3．全球成本

成本问题往往决定着公司海外设厂投资决策。成本低廉的技术劳动力正在逐渐成为海外设厂的主要原因。例如，美国咨询公司的许多分析软件与程序设计软件都在印度生产，因为那里的程序设计成本更为低廉。降低成本的另一个有效办法，是将供应链的不同参与方在地理上就近安排，以降低运输成本，提高供应链运营的可靠性。

此外，在海外建立新厂时资本成本方面的考虑往往更多，甚至超过对劳动力成本的考虑。许多政府提供减税方案或优惠政策，对跨国公司有很大吸引力。

4．政治和经济

国家和地区间的自由贸易协议，会促进地区之间供应链的融合。在欧洲地区、环太平洋地区与北美自由贸易地区内，无论进口原材料还是直接在区域内组织生产，都会比在其他国家或地区便利，税收费用也较低。

反之，国家和地区之间采用贸易壁垒政策，会对全球供应链产生负面影响。关税与贸易配额会影响产品的进口，也会导致公司考虑在出口国或地区开设工厂。贸易保护政策或地方保护政策，都会影响供应链的发展。

10.2.4 全球化供应链管理的决策与战略选择

1. 全球化供应链管理的决策

（1）制造全球性产品还是地区性产品。全球性产品，指能够同时适应不同国家和不同市场需求的产品。地区性产品，指专门为某一地区所设计与制造的产品。例如，计算机制造生产是一种全球性产品，计算机制造商向全球提供相同规格的集成芯片、内存和外存配件等。又如，轿车设计是一种地区性产品。1998 年，日本本田雅阁（Honda Accord）公司有两种基本的车型，一种是针对欧洲与日本市场的小车型，另一种是针对美国市场的较大车型。

在其一特定的市场需求条件下，确定制造哪种产品更为恰当，并且选用相应的供应链管理方式；反之，若对全球性产品采用地区性产品供应链管理模式，或者，对地区性产品采用全球性供应链管理模式，其后果将是灾难性的。

（2）本土化管理还是集中式管理。集中式管理在利用某些供应链战略时十分重要，但在某些情况下应该采取地区自治式供应链管理。有时地区性工厂独立运作十分成功，但公司总部不能忍受这种与系统不协调的举动，结果业绩受损。另外，管理者也许更情愿依据当地的老习惯，从而丧失一些根据全球性供应链运作的知识进行运作所可能得到的机会。

（3）开发和推广全球性产品。真正全球性产品，应该在全球任何一个地区销售时，不需要做任何改进，如可口可乐饮料、麦当劳和汉堡包等。可口可乐与麦当劳等全球性产品，大多采取本土化生产、瓶装与本土化配送网络。而其他一些全球性产品，拥有全世界一致的生产体系与配送体系。

2. 全球化供应链管理的战略选择

全球化供应链管理还面临着战略的选择问题。布鲁斯科格特认为，开展全球化供应链管理，可以采用三种不同的战略，即冒险战略、抵消战略和柔性战略。

（1）冒险战略（Speculative Strategies)。冒险战略是一种积极进取和具有投机性的企业战略。冒险战略的成功与否，以某些假设条件的出现为基础，如果该假设条件在现实并不存在，冒险战略必然失败。

例如，20 世纪 70 年代后期和 80 年代早期，日本汽车制造商认为，把生产地设在日本更为有利。其假设前提为，尽管日本本国的劳动力成本比较高，但汇率、生产力和投资方面的有利条件，足以弥补劳动力较高成本。这一战略在一定时期内十分有效。然而，当日本劳动力成本居高不下，日本货币汇率持续坚挺，厂商则蒙受重大损失，不得不在海外设厂。

（2）抵消战略（Hedge Strategies）。抵消战略即通过合理设计和配置供应链，使得供应链上任意一部分的损失，都能够被该供应链上其他部分的盈余所弥补。例如，大众汽车在美国、巴西、墨西哥和德国等地均设置制造厂，这些国家和地区也是大众汽车的主要销售地。由于国家宏观经济条件的差异，某些地区的制造厂盈利较高，另一些地区则较低。采用抵消战略，总有一些地区的生产线获利，而另一些地区则出现亏损。

（3）柔性战略（Flexible Strategies）。柔性战略即能够应用于不同场合，充分利用各种有利因素，进而配置供应链。一般而言，采用柔性供应链，需要在不同国家寻找多家代理商或制造商，生产能力较为充裕。另外，工厂设计具有流动性，如果因为经济环境的原因而不得不转移，采用柔性战略的转移成本最小。

建立国际物流网络应注意以下问题：

（1）在规划网络内建库数目、地点和规模时，都要紧密围绕着商品交易计划，乃至一个国家宏观对外贸易政策的总体规划。

（2）明确各级仓库的供应范围、分层关系和供应或收购数量，注意各层仓库间的有机衔接。诸如，生产厂家仓库与各中间商仓库、港（站、机场）区仓库以及出口装运能力的配合和协同，以保证国内外物流畅通，少出现或不出现在某一层仓库储存过多、过长的不均衡状态。

（3）国际物流网点规划要考虑现代物流技术的发展，留有余地，以备将来的扩建。为发展外向型经济，扩大国际贸易，增强商品在国际市场上的竞争力，建立健全高效、通畅的国际物流体系，实现国际物流合理化和国际贸易扩大化。

10.2.5 全球化供应链形式和管理的发展趋势

1. 全球化供应链形式的发展趋势

从当今国际物流的实践看，全球化供应链出现了三种形式的发展趋势：

（1）作为全球化的生产企业，在世界范围内寻找原材料和零部件来源，并选择一个适应全球分销的物流中心和供应关键物料的集散仓库，在获得原材料和分配新产品时使用当地现有的物流网络，并推广其先进的物流技术与方法。

（2）生产企业与专门第三方物流企业的同步全球化，即随着生产企业全球化的进程，将以前所形成的、完善的第三方物流网络也带入到全球市场。例如，日资背景的伊藤洋华堂在打入中国市场后，其在日本的物流配送伙伴伊藤忠株式会社也跟随而至，并承担了其配送活动。

（3）国际运输企业之间的结盟。为了充分应对全球化的经营，国际运输企业之间开始形成了一种覆盖多种航线，相互之间以资源、经营的互补为纽带，面向长远利益的战略联盟。这样，不仅使全球物流更能便捷地进行，而且使全球范围内的物流设施得到了极大的利用，有效地降低了运输成本。例如，起始于 1997 年，目前正在展开的国际航空业的大联盟正是这种全球化经营的一种形式。

2. 全球化供应链管理的发展趋势

供应链管理作为一种新的管理理论和方法，还在不断的发展中。在当今经济全球化的环境中，供应链管理的发展趋势主要有：

（1）供应链反应向快速化和灵敏化方向发展。成功的供应链应该能够协调并结合供应链中的所有活动，最终成为无缝连接的一体化的整体。一体化的、协调的供应链应具有高度的反应力，能迅速支持一个伙伴公司的快速发展。所有供应链伙伴分享业务计划、预测信息和库存信息等，采取跨公司职能部门的平行管理，将多余的交接工作、垂直管理的弊病、不确定性和延误降到最少。

对供应链效率的不断追求越来越强调分散与集中相结合的结构和方式，即集中与分散执行相协调的模式。这对供应链的实施可视性提出了更高的要求，供应链必须具备基于事件监控管理和快速反应的机制，对出现的问题进行迅速调整和补救。这样就可以对环境中的变化灵敏地反应。

（2）供应链技术向电子化和智能化方向发展。现代供应链管理的核心内容是通过客户和供应商的网络进行有效的协作。完全的电子化供应链将把企业、客户和供应商在全球范围内紧密结合起来，这样，快速、集成的信息流可以使供应链中的每一个实体及时响应客户需求和相应调整实际的物流，并可以大量地节省因手工单据处理而导致的成本费用和管理失误。

随着信息技术在供应链管理中的运用与发展，供应链管理可能会引入更多富有智能化的增值功能，从而导致一个真正“无摩擦”经济时代的到来。新技术会积累大量的交易数据，它们也会有能力利用这些数据来预测未来的事件，而不仅仅局限于对现有运作中的低效率再做出简单的反应。这种智能程度意味着作业能力的改善、手工流程的减少、运作的优化和成本的降低。

（3）供应链向需求链的转变。传统的供应链起始于产品的制造，随着零售商出售、制造商开发、批发商供应的产品，供应链终止于对消费者的销售。在这条链中，决定产品通过供应链移动的是那些远离消费市场的制造商。更普遍的，这些产品的生产并非源于市场的特别需求或消费者的偏好，而是来自制造商的实力背景、资源和营销能力。传统的供应链是一个线性的、从左至右的序列，消费者被动地位于接受的末端，其最大问题主要是无力向最终用户传递他们确实需要的且会实际购买的产品。

随着消费者在供应链中的主导地位不断增强，一些学者和企业提出了需求链的概念，即一种新型供应链，以使既处于供应链起点又是终点的消费者的需求得到满足。随着供应链管理从一国之内延伸到世界范围，更多的企业将把关注的焦点从供应链转移到消费需求上，实现供应链向需求链的转变，这将是供应链管理发展中的一种新的趋势。

10.3 新环境下我国供应链管理面临的问题与对策

供应链管理在国外虽然已经被当做一项重要的战略来实施，但在我国还是一个相对较新的概念。由于我国经济发展在诸多方面还存在很多不足，因此给供应链管理的实施也带来了许多困难。在新的环境中，只有解决现实中存在的问题，才能有效地推动我国供应链管理的发展。

10.3.1 新环境的特点

1. 突发事件层出不穷

近年来，一些难以准确预测而突然爆发的、对社会产生重大影响的突发事件是人们普遍关心的焦点，如传染病、地震、火灾、空难、海啸等，各种各样的突发事件层出不穷。无论什么性质和规模的突发事件，都必然不同程度地给企业造成经济损失。因此，要求企业在面临突发事件时能快速反应，调整产品供应，迅速应对，这必然对企业的供应链管理提出更高的要求。

2. 信息与科学技术发展迅速

新技术、新工艺的不断涌现，使企业的产品不得不随着市场的需要变化；信息不断更新，使企业必须加快市场信息的收集和处理，在交易中，供应链中的企业加强信息化有助于企业的发展。

3. 全球化与国际化进程加剧

经济全球化的市场竞争使企业面临着严峻的生存和发展挑战。企业之间的关系更加密切，企业间的竞争更加激烈。供应链可以将不同的企业，无论是供应商、分销商还是制造商进行很好的连接，增强了整条供应链以及各个成员企业的市场竞争力。随着全球的竞争由企业之间的竞争转向了供应链之间的竞争，进入国际市场的企业，特别是跨国大公司以及他们所形成的供应链，其竞争的程度更加激烈。

10.3.2 新环境下我国供应链管理发展的策略

面对新环境，针对我国企业的特点，可以从提升迅捷性、灵活性、协作性入手，增加企业价值，提升竞争优势。

1．增强企业供应链管理的迅捷性（Agility）

国内、国际上的突发事件可能会影响到企业的产品销路、品牌形象，甚至企业战略。企业供应链管理迅捷性是指面对层出不断的突发事件，企业能迅速反应，调整策略，就能规避风险，减少损失。

2．强化企业供应链管理的灵活性（Adaptability）

信息与科学技术的发展会影响到市场需求和消费者行为，企业一直致力于能够保证产品、服务在数量上和品质上满足市场。企业供应链管理灵活性要求企业供应链要具有弹性，针对市场供应多样的产品和优质的服务。

3．实现企业供应链管理的协作性（Alignment）

在国际化大背景下，全球经济环境的不确定性和波动性更需要密切的供应链关系，这将使企业对市场变化和竞争对手的竞争行为做出反应时更加注重供应链之间的协作。供应链管理的协作性、联盟化是指供应链上各个实体打破单个企业的绩效界限，通过相互协调和统一，创造出最合适的物流运行联盟结构。这样就体现了竞争的活力，可以达到资源优化组合，提高整个社会的经济效益，实现双赢和多赢的局面。

本章小结

随着经济全球化的发展，现代企业的市场竞争由国内扩展到全球，企业管理也必须面向全球。全球化供应链管理是企业通过参与国际分工与合作，提升企业竞争力的一种新的有效方法。企业要想在竞争中取胜，就必须充分了解目标市场。而由于各个国家和地区在经济发展水平、政治制度、法律、文化和风俗习惯等方面存在着巨大的差距，其市场也表现出巨大的差异。为适应全球化的竞争市场和环境，企业通过创建全球化供应链，在全球范围内寻找战略合作伙伴，充分利用企业外部的优势资源，集中力量发展自己的竞争优势，在全球范围内进行资源整合。本章重点介绍了全球化供应链具有距离更远、影响的因素更多，信息容易扭曲和不准确而导致预测不准确，技术障碍大等特点；全球化供应链管理和规划的中心通过建立跨国界的一体化供应链，在战略决策、组织结构和信息系统等方面建立快速反应系统，满足全球客户需要。现代社会，全球化供应链管理正在朝着快速灵敏化、电子智能化的方向发展，在形式上趋向于以消费需求为中心的多元化发展，供应链更多地表现为需求链。我国供应链的发展刚刚起步，企业必须从观念上改变传统的管理体系和管理方法，加强人力资源的培育和管理，积极参与国际供应链，加强国际间的合作，有效地利用国际分工和外部资源。只有这样，企业才能在全球化竞争中立于不败之地。

案 例

高露洁的全球供应链管理

高露洁公司作为一家知名的跨国公司，以其正确的发展策略为业内称道。为综合管理其供应链，该公司于 1999 年 11 月建立了高露洁全球供应链管理系统，希望通过该系统，进一步完善全球供应链管理，提升对客户的服务水平。

在全球供应链管理系统中，高露洁确定了三个主要的供应链战略：一是推出 VMI 项目，大幅削减库存和循环时间；二是实施跨边界资源计划，将地域性模式拓展为全球性模式，提高企业的预测能力，减少非盈利股份，凝聚资产，平衡公司的全球业务；三是实施与下游企业的协同计划，来管理供应链中的市场需求，协调各项活动。

高露洁公司根据 VMI 系统提供的每日消费需求与库存信息，对各消费者中心进行补货。目前 VMI 系统的重点在北美，北美的 VMI 系统管理来自 5 个工厂 40%的集装箱，以及 40 个分销中心和 12 个消费区。VMI 系统由 mySAPSCM 供应网络支持，mySAPSCM 使高露洁可以更加准确地掌握供给与需求信息。每天，来自消费分销中心的库存量和需求信息都会传递到 mySAPSCM，对需要补充的订单数进行统计，有效降低了成品库存。

高露洁（美国）采用的 mySAP.com 需求规划系统的功能和 mySAPSCM 的协同引擎，能够向供应商传达公司的需求信息，并在供应链网络中制定协调计划。mySAPSCM 能够计算出基本需求，相应增加因市场推广带来的业务增长。对市场推广带来的额外需求增长的管理独立于基本需求管理之外，是进行生产、产品后整理和分销的重要依据。这种协同引擎通过最新计划信息的交流、偶然事件的管理、对预测准确性等功能测试的跟踪等，对市场推广带来的需求增长进行协同管理。

高露洁供应链战略的三个主要组成部分由 mySAP.com 的实时集成模式支持，股票、订单和其他市场指数都能及时在客户、企业内部 ERP 系统和 mySAPSCM 之间更新。供应链信息的顺畅，可以使公司获得更准确、更及时的数据信息，进而为决策提供依据。

通过采用供应链管理系统，高露洁提高了市场竞争力，在全球业务拓展和市场推广中更具优势。同时，公司通过协同加强了与全球客户的联系，进一步降低了成本。此外，公司还通过电子商务进一步加强了企业内部整合，密切了与合作伙伴和客户的关系。

面对已经取得的成绩，高露洁并没有停止前进的脚步，而是不断加大对供应链管理系统的研究与应用力度，确保企业的可持续发展。除在全球范围内使用 VMI、CBS 和协同引擎外，高露洁正与 SAP 一起在 mySAPSCM 内开发可重复制造功能和各种进度细分功能。这一研究成功后，仅用一张物料订单（BOM）就可以完成整个生产过程的往复运作，使原料需求更加灵活，生产更适应短期需求变化。由于在以推广为主的商业环境中，供需情况会随时变化，第三方供应商在高露洁业务中的地位日益重要，高露洁希望使用 mySAPSCM 的协同引擎加强与这些供应商的联系，并计划采用 mySAPSCM 的运输规划和进度规划功能来优化运输网，降低运输成本。此外，高露洁还将通过参加各种能够提供协同需求、盈利、后勤计划等方面交流的消费品行业市场，与客户和合作伙伴进行多元化的合作。

目前，高露洁已经通过全球供应链管理系统实现了很多目标，如提高可视供应链、规划循环的速度，通过全球化资源利用降低成本、改善客户服务等，实现更为有效的资本利用。

复习思考题

1. 全球化供应链管理有什么特点？如何设计？
2. 全球化供应链管理的发展趋势是什么？
3. 什么是需求链？它的基本思想是什么？
4. 我国的供应链管理面临怎样的问题？如何解决这些问题？
5. 根据案例，请分析全球化供应链管理的难度是什么，以及高露洁是如何取得全球化供应链管理的成功的。

后　记

新的世纪之交是世界经济发生巨大变革的时代，其中，物流业的发展是一颗耀眼的明星，物流管理被看做企业利润的第三源泉。我国政府、学术界和企业界以极大的热情关注物流产业。近年来，我国企业物流、物流服务、第三方物流等迅速成长壮大。但相关的物流教育显现出严重的滞后性，物流人才奇缺。为此，国家加大发展物流教育的力度，包括各种各样的社会职业培训和在高校设立各层次的相关专业等。南开大学滨海学院于 2004 年设立了物流经济管理专业，并招收第一批物流经济管理专业本科生。为了提高教学质量，给社会培养合格的应用型物流管理人才，我们注重每一个教学环节。在挑选专业教材的过程中，我们发现，现有的教材体系和内容与我们的人才培养计划和目标存在很大的差距。为确保教学质量，从 2010 年春季开始，我们就着手对已经出版三年的 21 世纪物流管理系列规划教材进行改版修订。

本次修订版教材在南开大学滨海学院有关领导的大力支持下，经过全体编写人员的共同努力，终于和广大读者见面了。在此，我们感谢南开大学滨海学院苏利春副院长，他从我们萌生编写该套教材的意愿开始，就给予了热情的鼓励和支持；感谢南开大学滨海学院经济管理系主任张仁德教授，尽管工作繁忙，但他还是一直关注并支持我们这套教材的策划和组织工作；非常感谢南开大学物流研究中心主任刘秉镰教授，他以其锐利的眼光和丰富的工作经验给予了我们大量的指导和帮助。

修订版教材的出版得到了电子工业出版社的大力支持，特别是电子工业出版社常淑荼和杨洪军两位编辑为本套教材的出版倾注了大量心血。她们的坦诚、热情和对工作的投入给我留下了深刻印象。感谢她们为这套教材出版所做的一切。

修订版教材的出版正值春季。虽然春天不是收获的季节，但春天是一年的开端，她在人们心中永远是美好的。对于编写人员来说，本套教材的出版是一种收获。但既然与春天联系在一起，就把它看成我们继续在物流教育领域耕耘的开始吧。就像春天，一个美丽的开始。天道酬勤，相信我们不懈的耕耘定能取得更加丰硕的果实。

王昭凤

参考文献

[1] 马士华，林勇，陈志祥．供应链管理[M]．北京：机械工业出版社，2000.
[2] 陈兵兵．供应链管理——策略、技术与实务[M]．北京：电子工业出版社，2004.
[3] 朱道立．物流和供应链管理[M]．上海：复旦大学出版社，2001.
[4] 王淑云，李艳丽，李振杰．供应链管理——理论、方法与对策[M]．北京：中国物资出版社，2004.
[5] 张宗成．现代物流信息化[M]．广州：中山大学出版社，2001.
[6] 张铎，柯新生．现代物流信息系统建设[M]．北京：首都经济贸易大学出版社，2003.
[7] 安忠，佟志臣．管理信息系统[M]．北京：中国铁道出版社，2003.
[8] 王耀球，施先亮．供应链管理[M]．北京：机械工业出版社，2005.
[9] 骆温平．物流与供应链管理[M]．北京：电子工业出版社，2002.
[10] 陈荣．物流供应链管理[M]．大连：东北财经大学出版社，2001.
[11] 董千里．供应链管理[M]．北京：人民交通出版社，2002.
[12] 侯书森，孔淑红．企业供应链管理[M]．北京：中国广播电视出版社，2002.
[13] 阎子刚，吕亚君．供应链管理[M]．北京：机械工业出版社，2003.
[14] 阎子刚，赵继新．供应链管理[M]．北京：机械工业出版社，2004.
[15] 刘伟．供应链管理[M]．成都：四川人民出版社，2002.
[16] 刘慧．供应链管理[M]．北京：中国人民大学出版社，2002.
[17] 董蕊．供应链管理与第三方物流策划[M]．北京：中国经济出版社，2003.
[18] 高本河，缪立新，沐潮．供应链管理[M]．深圳：海天出版社，2004.
[19] 上海现代物流人才培训中心．现代物流管理[M]．上海：上海人民出版社，2002.
[20] 现代物流管理课题组．供应链管理[M]．广东：广东经济出版社，2002.
[21] 宋华．物流供应链管理机制与发展[M]．北京：经济管理出版社，2002.
[22] 周国华，井润田，武振业，等．生产与运作管理[M]．成都：西南交通大学出版社，2000.

［23］ 孙宏岭，戚世钧．现代物流活动绩效分析[M]．北京：中国物资出版社，2001．
［24］ 刘伟．供应链管理[M]．成都：四川人民出版社，2002．
［25］ 孙元欣．供应链管理[M]．上海：上海财经大学出版社，2003．
［26］ 侯方森．供应链管理[M]．北京：对外经济贸易大学出版社，2004．
［27］ 兰洪杰，等．供应链与企业物流管理[M]．北京：清华大学出版社，交通大学出版社，2004．
［28］ 刘刚．供应链管理[M]．北京：化学工业出版社，2005．
［29］ 林玲玲．供应链管理[M]．北京：清华大学出版社，2004．
［30］ 北京大学联泰供应链研究与发展中心．中国供应链现状：理论与实践[M]．北京：北京大学出版社，2006．
［31］ 林榕航．供应链管理（SCM）教程[M]．厦门：厦门大学出版社，2003．
［32］ 赵林度．供应链与物流管理理论与实务[M]．北京：机械工业出版社，2003．
［33］ 邹辉霞．供应链物流管理[M]．北京：清华大学出版社，2004．
［34］ 彼得·贝利，大卫·法摩尔，大卫·杰塞，大卫·琼斯．采购原理与管理（第8版）[M]．王增东，杨磊，译．北京：电子工业出版社，2003．
［35］ 唐纳德·J·鲍尔索克斯．供应链物流管理[M]．李习文，王增东，译．北京：机械工业出版社，2002．
［36］ 森尼尔·乔普瑞，彼得·梅因德尔．供应链管理——战略、规划与运营[M]．李丽萍，等译．北京：社会科学文献出版社，2003．
［37］ 安德鲁·伯杰，约翰·加托纳．网际时代的供应链管理[M]．马士华，等译．北京：电子工业出版社，2001．
［38］ 汉斯·克里斯蒂安．物流前沿——实践 创新 前景[M]．张计划，李铁倩，陈晖，译．北京：机械工业出版社，2004．
［39］ 肖尚纳，柯林，等．战略供应链管理[M]．汪蓉，译．北京：人民邮电出版社，2006．
［40］ 乔尔·D·威斯纳，等．供应链管理[M]．朱梓齐，译．北京：机械工业出版社，2006．
［41］ 戴夫·纳尔逊，等．供应链管理最佳实践[M]．刘祥亚，等译．北京：机械工业出版社，2003．
［42］ 大卫·伯特，等．世界级供应链管理[M]．何明珂，张海燕，张京敏，译．北京：电子工业出版社，2003．
［43］ 查尔斯·C·波里尔．电子供应链管理[M]．谢冬梅，等译．北京：机械工业出版社，2002．
［44］ Simchi-Levi D, Kaminsky P, Simchi-Levi E, 苏雄义．供应链之设计与管理[M]．台北：

麦格罗·希尔国际股份有限公司台湾分公司，2003.
[45] 但斌，张旭梅，刘飞，等．基于 CPFR 的供应链体系结构和运作研究[J]．计算机集成制造系统，2000（4）.
[46] 李玉良，绍新宇，李培根，等．CPFR——供应链库存管理技术的新趋势[J]．机械设计与制造工程，2001（5）.
[47] 杨立青，刘秋生．MRP Ⅱ与商业采购[J]．商业研究，2003（16）.
[48] 张子刚，张伟．刘华．需求链管理——供应链管理的新趋势[J]．物流技术，2005（5）.
[49] 姜大立．供应链管理的发展趋势[J]．现代物流，2002（2）.
[50] 申文江，冯俊文，王丽娟．供应链管理的发展趋势[J]．经济论坛，2003（23）.
[51] 汪琳姝．供应链管理模式的创新方向[J]．企业活力，2004（6）.
[52] 邹富发，张光宇．浅析供应链战略联盟[J]．江苏商论，2005（3）.
[53] 王旭东．供应链中建立战略联盟的必要性[J]．现代物流，1999（11）.
[54] 单兴，陈恩．略谈供应链战略联盟的内涵、类型与管理[J]．经济师，2003（5）.
[55] 谢卓君，徐学军，李金华．系统视角的供应链绩效管理[J]．价值工程，2005（2）：52~55.
[56] 徐红琳．绩效管理的理论研究[J]．西南民族大学学报，2005（2）：158~160.
[57] 潘悦．集成供应链的绩效管理[J]．经济师，2005（4）：151~153.
[58] 仲理峰，时勘．绩效管理的几个基本问题[J]．南开管理评论，2002（3）：15~19.
[59] 盛运华，赵宏中．绩效管理作用及绩效考核体系研究[J]．武汉理工大学学报，2002（2）：92~94.
[60] 刘莉．绩效管理与组织承诺的相关研究[D]．苏州：苏州大学，2004.
[61] 戎维莉．供应链绩效评价体系研究[D]．南京：南京航空航天大学经济与管理学院，2005.
[62] 黄菊．供应链绩效评价体系研究[D]．重庆：重庆大学机械工程学院，2004.
[63] 李愈．供应链绩效评价方法研究[D]．成都：西南交通大学，2005.
[64] 徐桂颖．供应链绩效评价体系研究[D]．成都：西南交通大学，2004.
[65] 查敦林．供应链绩效评价系统研究[D]．南京：南京航空航天大学，2003.
[66] 李雷宇．供应链绩效评价体系与方法的研究[D]．武汉：武汉理工大学管理学院，2004.
[67] 李志雄．如何提升大型零售企业信息系统．中国国家企业网.
[68] 中国机械网物流频道．http://wuliu.jx.cn/.

反侵权盗版声明